DANIEL D. ECKERT

WELTKRIEG DER WÄHRUNGEN

DANIEL D. ECKERT

WELTKRIEG DER WÄHRUNGEN

Wie Euro, Gold und Yuan um das Erbe des Dollar kämpfen

FinanzBuch Verlag

Bibliografische Information der Deutschen Nationalbibliothek
Die Deutsche Nationalbibliothek verzeichnet diese Publikation in der Deutschen Nationalbibliografie;
detaillierte bibliografische Daten sind im Internet über **http://d-nb.de** abrufbar.

Für Fragen und Anregungen:
eckert@finanzbuchverlag.de

2. Auflage 2010

© 2010 FinanzBuch Verlag GmbH
Nymphenburger Straße 86
D-80636 München
Tel.: 089 651285-0
Fax: 089 652096

Lektorat: Moritz Malsch, BUCH CONCEPT
Korrektorat: Rainer Weber
Umschlaggestaltung: ZERO Werbeagentur, München
Satz: HJR, Manfred Zech, Landsberg am Lech
Druck: CPI – Ebner & Spiegel, Ulm

ISBN 978-3-89879-595-1

┌ *Weitere Infos zum Thema* ─────────────────────

www.finanzbuchverlag.de
Gerne übersenden wir Ihnen unser aktuelles Verlagsprogramm

Du lebst im Abgrund und du ahnst es nicht.

Theiresias zu Oidipus (Sophokles)

INHALT

INHALT

Einleitung: Weltkrieg der Währungen

Währungen sterben langsam. Selten gibt es jenen dramatischen Augenblick, da sie mit einem hyperinflationären Todesschrei von uns gehen, wie es 1923 der ehedem stolzen Mark des Deutschen Reichs widerfuhr. Heute ist es der amerikanische Dollar, der ums Überleben kämpft. Sein Dahinscheiden vollzieht sich fast unmerklich. Der Greenback, über Generationen Inbegriff von Einfluss und Wohlstand, verabschiedet sich als Hartwährung durch die Hintertür der Geschichte.

Amerika wird noch auf Jahre die größte Wirtschaftsmacht der Welt sein, doch seine Währung ist unheilbar krank. Als Todesursache wird man dereinst eine Überdosis an Schulden vermerken: 14 Billionen Dollar hat sich allein der amerikanische Staat aufgeladen, dazu kommen die Verbindlichkeiten der Sozialkassen, der Unternehmen, der Privaten, die sich konservativen Berechnungen zufolge auf weitere 50 Billionen Dollar summieren. Insgesamt türmen sich die Schulden der USA auf das Vierfache ihrer Wirtschaftskraft. Amerikas Sucht nach Kredit macht den Greenback von Jahr zu Jahr kränker, schwächer, hinfälliger.

Eine Banknote ist nichts anderes als ein Schuldschein, und immer mehr Menschen auf der Welt zweifeln daran, dass Amerika sein Versprechen wird einlösen können, all das viele geborgte Geld zurückzuzahlen. Die Devisenmärkte reagieren unmittelbarer als die schwerfälligen Ratingagenturen, die für die Kreditwürdigkeit eines Staates Noten vergeben – und sich dafür von dem Benoteten bezahlen lassen. Während Amerika weiter mit dem Spitzenrating »AAA« protzen kann, sprechen die Devisenmärkte eine andere, unverblümte Sprache. Der Wechselkurs des Dollar weist allen kleinen Gegenbewegungen zum Trotz nach unten.

Noch wirken die Wertverluste zu anderen Währungen nicht spektakulär. Zum Euro hat sich der Dollar seit dem Jahr 2000 um ein gutes Fünftel abgeschwächt, zum Schweizer Franken sogar um mehr als ein Drittel. Doch sagen diese milden Verluste, die für die Welt der Devisen so milde nicht sind, mehr über die gleichzeitige Schwäche der anderen als über die Stärke des amerikanischen Geldes. Auch die übrigen Währungen leiden unter der exzessiven Kreditaufnahme ihrer Regierungen, auch die übrigen Währungen werden durch die Überdosis an Schulden vergiftet. Das »griechische Drama«, die Pleitegefahr in der Ägäis, gemahnt die Europäer daran, dass auch der Euro sterblich ist.

Keine Währung jedoch ist so angeschlagen wie der Dollar. Wie ernst es um den Greenback steht, offenbart der Goldpreis. In Unzen des Edelmetalls gemessen, hat der Dollar in der zurückliegenden Dekade über drei Viertel seines Wertes eingebüßt. Der traditionellen Währung Gold fliegt das Vertrauen der Anleger zu. Münzen und Barren aus Edelmetall wird zugetraut, Werte zu erhalten, Sicherheit zu bieten, überall akzeptiert zu sein – Eigenschaften, auf die der Greenback noch vor nicht allzu langer Zeit das Monopol zu haben schien. Das gelbe Metall wird zum Anti-Dollar und damit zur Nemesis Amerikas.

Bis 1971 bildeten Gold und Dollar eine Einheit. Der Greenback war stark, weil er sicher auf den Edelmetall-Massen in Fort Knox ruhte. Dann löste Richard Nixon diese Bindung mit einem Federstrich auf. Die Amerikaner lernten, die unerträgliche Leichtigkeit des Papier-Dollar zu lieben. Mehr als das: Nixon und seine Nachfolger entdeckten, wie gut sich eine Leitwährung als Machtmittel einsetzen ließ: Amerika überflutete die Welt mit Schuldscheinen – und schuf so geopolitische Abhängigkeiten. Der Dollar wurde zur entscheidenden Division des Washingtoner Machtapparats im weltweiten Kampf um ökonomische Dominanz.

Nun kehren sich die globalen Abhängigkeitsverhältnisse um. Die Entscheidungen über das Wohlergehen des Dollar fallen längst nicht mehr in Washington allein. Eingeweihte blicken nach Peking: China hat die amerikanische Währung in den vergangenen Jahren wie kein anderes Land gestützt. Unentwegt kaufte das aufstrebende Reich der Mitte Dollars und

Dollar-Papiere. Die Supermacht des Kommunismus hilft der Supermacht des Konsumismus. So konnte sich der Greenback über Wasser halten. Bisher.

Äußerlich betrachtet ist die Volksrepublik ein Schwellenland, das seine Währung eng an die globale Leitwährung Dollar gebunden hat. Äußerlich betrachtet will Peking damit Handel und Geldwert des Yuan stabilisieren. Äußerlich betrachtet befinden sich die amerikanische und die chinesische Ökonomie in einem Prozess der »Superfusion«[1] zum Vorteil beider. Doch wer unter die Oberfläche blickt, erkennt: Die Dollarbindung des Yuan ist alles, nur kein Zeichen echter freundschaftlicher Verbundenheit.

Die Konsumenten in Los Angeles, Chicago und New York mögen sich über die billigen Produkte »made in China« freuen. Weit mehr noch aber freuen sich die kommunistischen Machthaber in Peking. Die Währungsehe zwischen Yuan und Dollar könnte sich für Amerika (und andere Handelsnationen) als Umarmung des Todes erweisen. Nie war eine Großmacht finanziell stärker von einer anderen Großmacht abhängig als heute Amerika von China.

Trotz der vorgeblichen »Flexibilisierung« vom Juni 2010 ist der Yuan praktisch an den Dollar gekoppelt. Das gilt jedoch auch umgekehrt: Der Dollar ist an den Yuan gefesselt. Pekings Devisenprotektionismus erlaubt es den Exporteuren des Riesenreichs, Konkurrenten sukzessive zuerst zu unterbieten, als nächstes auszuschalten und auf diese Weise einen strategischen Markt nach dem anderen zu erobern.

Pekings Strategie erinnert an das listige Vorgehen Tokios in der Zeit nach dem Zweiten Weltkrieg – nur dass China einen um den Faktor zehn größeren Machtblock darstellt als Japan. Wenn das Reich des Tenno mit seinen 130 Millionen Einwohnern binnen einer Generation zur zweitgrößten Wirtschaftsnation der Welt aufsteigen konnte, welche Strategie mag dann das Reich der Mitte mit seinen mehr als 1,3 Milliarden Menschen verfolgen?

Dieser »Weltkrieg der Währungen« bedroht in erster Linie Amerika, aber nicht nur. Die Fesselung des Dollar an den Yuan macht es Amerika unmöglich, die ökonomischen Ungleichgewichte zu beseitigen, die seine Gesellschaft langsam, aber sicher zersetzen und obendrein gefährliche Spannung in der Weltwirtschaft erzeugen. Während die Defizite der USA schwindelerregende Höhen erreichen, blähen sich Chinas Devisenreserven auf bedrohliche Weise auf.

Mit zweieinhalb Billionen Dollar hat dieser größte Staatsschatz der Geschichte eine kritische Masse erreicht, die Peking eine beispiellose Autorität über die Finanzmärkte der Welt verleiht. Sollte sich die Volksrepublik in einem geopolitischen Konflikt provoziert fühlen, ihre Dollar-Papiere auf den Markt zu werfen, so hätte dies die Wirkung einer finanziellen Atombombe.

Im großen Währungskrieg des 21. Jahrhunderts scheint der Euro nur ein Nebendarsteller zu sein. Theoretisch hätte die Gemeinschaftswährung das Zeug, zum ruhenden Pol der Devisenmärkte zu werden, zur Zuflucht der Enttäuschten, vor allem der vom Dollar Enttäuschten. Doch ehe das europäische Geld Schwerkraft entwickeln kann, muss es seine Existenz behaupten, und die ist als Spätfolge der Finanzkrise ungewisser denn je. Der Streit um die Hilfe für Hellas und andere Peripherieländer hat alte ideologische Gräben wieder aufbrechen lassen. Am tiefsten sind jene zwischen Paris und Berlin.

Frankreichs Mission und Deutschlands Konfession treffen unversöhnlich aufeinander: Soll der Euro möglichst weich sein, damit er als Kitt der europäischen Integration fungiert? Oder muss er hart sein wie die Mark, um das Vermögen und das Vertrauen der Bürger zu schützen? Und gesetzt den Fall, man entscheidet sich für Letzteres: Was, wenn diese Härte für die finanzschwachen Randländer unerträglich wird? Müssen sich die Deutschen dann auf milliardenschwere Ausgleichszahlungen an Athen, Lissabon, Dublin und Madrid einstellen, auf Jahr für Jahr zu leistende Stabilitätskompensationen?

Gut ein Jahrzehnt nach der Einführung des Euro verwandelt sich die Währungspolitik für die Europäer einmal mehr zur Kampfzone. Der Euro

wird zum politischen Schlacht-Geld. Und der Ausgang des Kampfes um
den Zusammenhalt der Währungsunion und die Festigkeit des Gemein-
schaftsgeldes ist unabsehbar. Für die Bürger bleibt der Euro ein Zahlungsmittel voller Risiken und voll möglicher Reue.

Viele Menschen projizieren ihre Hoffnungen daher auf jene Währung, die
von keiner Regierung und keiner Notenbank kontrolliert wird: auf Gold.
Kann das gelbe Metall den Kristallisationskeim einer neuen Weltwährungsordnung bilden? Kann es für eine Währung stehen, die nicht durch
nationale und internationale Machtinteressen korrumpiert wird? Für Politiker kommt die Vorstellung von der Wiederkehr eines Goldstandards
einem Albtraum gleich. Die Regierungen werden alles tun, um eine Edelmetallwährung zu verhindern. Aber sind die Mächtigen wirklich stärker
als das berechtigte Bedürfnis der Bürger nach Sicherheit und Geldwertstabilität?

Dieses Jahrzehnt wird einen Kampf um die Vorherrschaft auf dem Devisenmarkt erleben, wie es die Welt seit dem überraschenden Aufstieg des
Dollar vor einem Dreivierteljahrhundert nicht gesehen hat. Es geht um
viel. Es geht darum, welche Kapitale die globalen Finanzströme lenkt, welche Notenbank den Preis des Geldes, den Zins, vorgibt und welches System die Gesetze des Welthandels bestimmt. Es geht um die Stabilität des
internationalen Finanzsystems. Es geht um die Weltmacht Leitwährung.
Und es geht ganz konkret darum, in welcher Valuta unsere Ersparnisse in
Zukunft sicher sein werden.

Der Weltkrieg der Währungen hat begonnen. Niemand kann sich ihm
entziehen. Er betrifft jeden Einzelnen von uns, als Arbeitnehmer, Anleger und Bürger. Dieses Buch berichtet von den Schauplätzen, auf denen
die entscheidenden Schlachten geschlagen werden. Und es handelt davon, was Sie tun können, um Ihr Vermögen zu schützen.

Berlin, im Juli 2010

TEIL I:
AUF- UND ABSTIEG DES DOLLAR

Well I broke down in E. St. Louis
On the Kansas City line
And I drunk up all my money
That I borrowed every time
...
It was a train that took me away from here
But a train can't bring me home

Tom Waits

1. Bescheidene Anfänge

Blick zurück in Angst

Jede Nation hat ihr wirtschaftliches Trauma. Für die Deutschen ist es die doppelte Geldentwertung einmal nach dem Ersten und dann noch mal nach dem Zweiten Weltkrieg. Das amerikanische Trauma hingegen ist nicht die Geldentwertung, obwohl die Geschichte der Vereinigten Staaten einige Beispiele hierfür kennt, sondern die Weltwirtschaftskrise. Die »Große Depression«, wie sie jenseits des Atlantiks genannt wird, war die bisher größte Erschütterung des amerikanischen Traums überhaupt. Die Industrieproduktion ging um fast 50 Prozent zurück, ein Viertel aller Männer war ohne Arbeit.[2] Erst 25 Jahre später würde der Leitindex und Wohlstandsgradmesser Dow Jones den Stand vor dem Absturz wieder erreichen. Und ohne den für Amerika äußerst konjunkturanregenden Effekt des Zweiten Weltkriegs hätte die wirtschaftliche Erholung noch viel länger auf sich warten lassen. In zahlreichen Büchern und Filmen haderte Amerika noch Jahrzehnte später mit der Großen Depression, obwohl es unterdessen längst seine Rolle als »Führungsmacht der freien Welt« gefunden hatte.

Die Traumata von Nationen bestimmen ihr Tun und Lassen. So erklärt sich auch der Krieg, den die amerikanische Regierung und Notenbank seit 2008 gegen die Krise führen. Ein rigider Sparkurs, wie ihn Deutschland und einige andere Länder der Europäischen Union nun praktizieren, ist in den USA nicht mehrheitsfähig, ja politisch nahezu undenkbar – eben wegen der Erfahrungen der Großen Depression.

Die politische Elite der USA ist davon überzeugt, dass fiskalische und monetäre Restriktionen nach dem Crash von 1929 den Abschwung verschärften. Erst die übertriebene haushälterische Disziplin der Zeitgenossen habe die Rezession in jene ökonomische Katastrophe umschlagen lassen, die die Lebenschancen einer ganzen Generation vernichtete.

In den kommenden Jahren werden die USA, ähnlich wie heute Europa und Großbritannien, vor der Wahl stehen, den Staatshaushalt zu sanieren und damit eine Deflation zu riskieren oder sich der Schuldenlast auf andere Weise zu entledigen: Nach den Erfahrungen der vergangenen Jahre und Jahrzehnte deutet vieles darauf hin, dass Washington klar auf die Inflationskarte setzen wird. Allein das Wort Deflation weckt in den USA grausige Erinnerungen an die Große Depression und ist den Amerikanern daher ein Gräuel.

Bereits jetzt ist die Unabhängigkeit der US-Notenbank Federal Reserve stark eingeschränkt. Dieses Schicksal teilt die Fed mit der Europäischen Zentralbank, der Bank of England und der Bank of Japan. Auch die Währungshüter der anderen Industrieländer sehen sich seit der Finanzkrise erhöhtem Druck ausgesetzt, die »stimulierende« Regierungspolitik zu unterstützen, indem sie die Geldschleusen öffnen. Wegen der historischen Prägung ist jedoch die Neigung, den Geldwert zu vermindern und die Schulden »leichter« zu machen, für die USA besonders groß. Und niemand verkörpert die Deflationsangst der Amerikaner besser als der Chef ihrer Notenbank, Ben Bernanke.

Helikopter-Ben

Schon Jahre, bevor er 2006 Fed-Vorsitzender wurde, beschwor Ben Bernanke die Gefahr, dass die US-Wirtschaft in eine deflationäre Kältestarre fallen könnte. Fünf Jahre vor Ausbruch der Finanzkrise formulierte er in einer programmatischen Rede (mit der er sich nach Einschätzung vieler Beobachter für seinen jetzigen Job qualifizierte) eine radikale Gegenstrategie: Wenn alles andere nicht mehr helfe, müsse die Fed zur Not Dollarscheine aus Helikoptern regnen lassen oder zumindest das Äquivalent davon tun: nämlich Staatsausgaben mit frisch gedrucktem Notenbank-Geld finanzieren.[3] Dieser Dollar-Regen werde einer möglichen Geldknappheit in Amerika ein Ende bereiten, werde die Deflationsgefahr bannen.

Die unter Bernankes Ägide inzwischen beschlossenen Maßnahmen – von der Senkung des Leitzinses auf nahe null über den Staatsanleihen-Kauf bis hin zur Bilanzverlängerung der Fed – kommen dem Abwerfen von Dollarnoten aus Helikoptern schon recht nah. Dennoch rutschen die USA offenbar weiter der deflationären Eiszeit entgegen. Im Juni 2010 lag die Preissteigerung, gemessen an der Kernrate (also ohne die volatilen Preise für Lebensmittel und Energie), nur bei 0,9 Prozent: gefährlich nah an der Grenze zur Deflation.

Warum funktionierte die Strategie nicht? Um im Bild zu bleiben: Bernanke kann zwar säckeweise Geld drucken lassen, aber wenn die Helikopter wegen eines Pilotenstreiks oder wegen technischer Defekte nicht abheben, hilft das wenig. In einem solchen Fall ist jeder Versuch, die Preise künstlich nach oben zu bringen, zum Scheitern verurteilt. Die Hubschrauber, die »Helikopter-Ben« braucht, sind die großen Kreditinstitute, die ihren Namen nicht umsonst tragen, vielmehr wesentlichen Anteil an der Geldschöpfung haben. Bernankes Hubschrauber sind vollgepackt mit Dollar-Säcken, doch die Piloten weigern sich zu starten – oder können es nicht, weil die Rotoren defekt sind.

Da das Amerika des neuen Jahrzehnts immer mehr dem Japan der verlorenen Dekade ähnelt, ist damit zu rechnen, dass Bernanke und die Seinen bald eine neue Stufe im Kampf gegen die Deflation ausrufen werden. Dann sind von der Fed noch unkonventionellere Maßnahmen zu erwarten: Es ist dann nicht ausgeschlossen, dass die amerikanische Notenbank den Weg der deutschen Reichsbank in den frühen Zwanzigerjahren geht und die staatlichen Defizite direkt über die Notenpresse finanziert. Es ist ein Weg, der direkt in eine starke Inflation oder gar Hyperinflation führen könnte. Und es ist ein Weg, der den Dollar als Weltleitwährung von innen heraus aushöhlen würde. Es wäre nicht das erste Mal. Die Geschichte zeigt, dass die größten Bedrohungen für die amerikanische Währung aus der Mitte der amerikanischen Gesellschaft kamen. Die USA waren von Beginn an ein monetär tief gespaltenes Land.

Im Anfang war die Inflation

Die Geschichte des amerikanischen Geldes beginnt mit einer großen Inflation. Die erste originäre Währung der Vereinigten Staaten hieß nicht

Dollar, sondern »Continental«. Als Keimzelle der unabhängigen amerikanischen Nation gab der neu gegründete Kontinentalkongress in den Siebziger- und frühen Achtzigerjahren des 18. Jahrhunderts Papiergeld auf seinen Namen heraus, um den Kampf gegen die britische Kolonialmacht zu finanzieren. Als die Kosten des Unabhängigkeitskrieges stiegen, verfiel der Kongress darauf, immer mehr »Continentals« in Umlauf zu bringen. Dem Mehr an Scheinen stand kein Mehr an Vermögenswerten gegenüber. Ein inflationärer Prozess kam in Gang, der durchaus mit der späteren Kriegsfinanzierung des Deutschen Reiches durch die Notenpresse nach 1914 vergleichbar ist. Am Ende war der Wert des »Continental« auf ein Minimum seines ursprünglichen Wertes abgesunken. Statt Geld hielten die Bürger der Vereinigten Staaten wertloses Papier in den Händen. Diese Erfahrung ging sogar in den Sprachschatz der Amerikaner ein, die man noch heute sagen hört: »It's not worth a Continental«[4], wenn sie meinen, etwas sei »keinen Pfifferling wert«. Das Fiasko des Continental pflanzte den US-Bürgern im 19. Jahrhundert ein tiefes Misstrauen gegen Papiergeld ein. Jene Immunisierung hatten die Amerikaner fortan mit den Franzosen gemein, die mit den wertlos gewordenen Assignaten der Revolutionszeit ähnlich leidvolle Erfahrungen gemacht hatten. Nach dem siegreichen Krieg um die Unabhängigkeit gegen die Briten und dem verlorenen Kampf um den Wert des Continental lag für die Amerikaner zweierlei auf der Hand: Das Geld der neuen Nation würde nicht auf dem Britischen Pfund, der Währung der früheren Kolonialherren, basieren, und es würde durch Edelmetall oder einen anderen Sachwert gedeckt sein müssen.

Der nahe liegende Ausweg bestand anfänglich darin, schlicht jene Währung zu übernehmen, die im Westatlantik zu einer Art Handelswährung geworden war: den spanischen Silberdollar. Ehe sich die Amerikaner daranmachten, eigene Stücke zu prägen, verwendeten sie einfach die im Umlauf befindlichen Münzen der Spanier. Die jungen Vereinigten Staaten von Amerika verwendeten ein fremdes Geld als Landeswährung, ähnlich wie in unserer Zeit zum Beispiel Ecuador den Dollar nutzt oder das Kosovo den Euro, erstaunlich reibungslos übrigens. An dieser Episode lässt sich die zentrale Funktion des Geldes schön ablesen: die eines ultimativen Tauschmittels. Grundsätzlich eignet sich dazu alles, was von einer genügend großen Zahl von Menschen als wertvoll anerkannt wird. In der Praxis muss es zudem haltbar, transportierbar und möglichst gut teilbar sein. Es ist kein Zufall, dass fast alle Kulturen auf Edelmetall als Basis ihres bevorzugten Tauschmittels verfielen.

Das Wort Dollar selbst ist vermutlich die iberische Abwandlung des deutschen »Taler«, was wiederum auf eine Münze zurückgeht, die ursprünglich mit Silber aus dem Joachimstal geprägt wurde. So ist der Dollar zumindest etymologisch entfernt deutscher Abstammung. Nach den Erfahrungen des Unabhängigkeitskriegs stand fest, dass die neue Währung der jungen United States of America ein Edelmetall-Geld sein würde. Nicht entschieden war jedoch die Frage: Gold oder Silber? Welches der beiden zur Verfügung stehenden Metalle würde nicht nur den Wert des Geldes gewährleisten, sondern auch in ausreichender Menge zur Verfügung stehen, um Wirtschaftswachstum zu erlauben? Mit dem Rückgriff auf den spanischen Silberdollar war die Frage nur vorläufig beantwortet. In der wilden Zeit der Pioniere erlaubten die Vereinigten Staaten das Zahlen mit Silber oder Gold, die in einem festgelegten Wertverhältnis zueinander standen. Der Dollar war durch ein bestimmtes Gewichtsverhältnis zu beiden Edelmetallen definiert, die Prägung bestätigte im Grunde nur den Feingehalt der Münze. Dieses Verhältnis konnte schwanken. Jeder konnte das Metall zur Münze bringen und sich ausprägen lassen. Zusätzlich zu dem metallischen Geld kursierte eine Vielzahl von Banknoten, im ursprünglichen Wortsinn Bestätigungen von Banken über einen in Form von Edelmetall hinterlegten Wert.

Gold oder Silber?

Beide Edelmetalle waren eine Zeitlang parallel im Umlauf, wobei manchmal die Silbermünzen und manchmal die Goldmünzen den Gebrauch dominierten. Bestimmt wurde das Wechselspiel der beiden Metalle durch neue Funde, die bald das Angebot des Goldes, bald die des Silbers ausweiteten, wie auch durch die gelegentliche Neufestsetzung des Umtauschverhältnisses. Im Jahr 1837 wurde ein Golddollar als 23,22 Gran Gold definiert, ein Silberdollar als 371,25 Gran Silber, wobei ein Gran oder »grain« 0,0648 Gramm entspricht. So ergab sich zwischen beiden Metallen ein Wertverhältnis von 15,988 zu 1.[5] Da die beiden Metalle aber am freien Markt in einem Verhältnis von 15,5 zu 1 gehandelt wurden, war der Rohstoff Silber wertvoller als die Silber-Währung. Das führte ab den späten Dreißigerjahren des 19. Jahrhunderts dazu, dass sich für Zahlungszwecke verstärkt die Goldmünzen durchsetzten.

Dennoch sollte die Streitfrage, ob Gold oder Silber oder eine Kombination der beiden, in den nächsten Dekaden die amerikanische Politik weit über die Sphäre der Geld- und Finanzpolitiker hinaus bestimmen. Die Diskussion war ein Vorgeschmack auf das große Dilemma des folgenden Jahrhunderts: dass nämlich die Landeswährung der USA ein Spielball Washingtoner Machtcliquen und innenpolitischer Interessengruppen ist. Was im 19. Jahrhundert noch ein regionales amerikanisches Problem war, sollte im 20. und 21. Jahrhundert ernst zu nehmende globale Verzerrungen nach sich ziehen. Wie in so vielem sind wir unfreiwillige Erben der Kämpfe des 19. Jahrhunderts.

Nicht nur in den jungen Vereinigten Staaten, auch international hatte das monetäre System in der ersten Hälfte des 19. Jahrhunderts noch keine feste Form gefunden: Um das Jahr 1800 war Silber das am weitesten verbreitete Währungsmaterial auf dem Planeten.[6] In den meisten Staaten der Erde waren Münzen aus dem weißen Metall in Gebrauch, zuweilen ergänzt durch Gold oder Kupfer. Wegen seines höheren Preises und seiner größeren physikalischen Dichte – 19,3 Gramm pro Kubikzentimeter – hatte Gold den Nachteil, dass Münzen für Alltagstransaktionen häufig zu klein ausfielen. Kupfer brachte das gegenteilige Problem mit sich: Da das rote Metall relativ günstig war und eine Dichte von lediglich 8,9 Gramm pro Kubikzentimeter aufwies, erforderten größere Geldtransaktionen immense Mengen von Kupfermünzen, die teilweise ganze Wagenkolonnen füllten. Silber war mit einer Dichte von 10,5 zwar nur unwesentlich schwerer, qualifizierte sich durch seinen höheren Handelswert aber als Währungsmetall für den seit der Entdeckung Amerikas und der europäischen Kolonisation rasant wachsenden Welthandel.

Noch heute repräsentieren in fast allen Geldsystemen der Welt farblich an Kupfer angelehnte Münzen kleinere Werte, silbern glänzende Stücke dagegen größere. Auch bei den Euro-Münzen repräsentieren die »Roten« niedrigere Werte als die »Weißen«, und bei der D-Mark war es ähnlich. Allerdings bestehen die weißlich schimmernden Stücke längst aus Stahl- oder Nickel-Legierungen. Reines Silber wird heute nur noch für Gedenkmünzen verwendet, da es für die umlaufenden Münzen des täglichen Bedarfs zu teuer geworden ist. Die letzte deutsche Umlaufmünze aus dem weißen Edelmetall, der »Silber-Adler« (fünf D-Mark), wurde am 1. August 1975 außer Kurs gesetzt.

Ein Rechenunfall macht Geschichte

Obwohl es dafür prädestiniert gewesen zu sein schien, das Währungsmetall der Welt zu werden, sollte Silber bis zum Ende des 19. Jahrhunderts vom Gold aus dem Feld geschlagen werden – in Amerika und anderswo. Der Grund für diese überraschende Entwicklung ist in England zu suchen. Der Aufstieg des gelben Metalls begann mit einem Rechenfehler, den niemand Geringeres als der Physiker Isaac Newton beging. Als Master of the Mint (Münzmeister) erhielt Newton 1717 den Auftrag, das Wertverhältnis zwischen Gold und Silber neu zu bestimmen. Der Physiker rechnete und legte schließlich fest, dass eine goldene Guinea-Münze exakt 21 silbernen Shilling entsprach und genau zu diesem Kurs zu wechseln sei.[7] Damit hatte er den Preis des Goldes im Verhältnis zum Silber jedoch als viel zu hoch angesetzt. Als Folge von Newtons Fehlkalkulation verschwanden im England des 18. Jahrhunderts langsam alle »unterbewerteten« Silbermünzen aus dem Verkehr. Sie wurden weggelegt und gehortet, vielleicht für den Tag, da die Regierung das richtige Wertverhältnis wiederherstellen würde, oder sie wurden schlicht eingeschmolzen. Gleichzeitig versuchte jedermann, die ebenfalls umlaufenden »überteuerten« Goldmünzen so schnell wie möglich weiterzugeben. Dazu verdammt, von niemandem geschätzt zu werden, blieben sie im Umlauf und dominierten ab Mitte des 18. Jahrhunderts entgegen früherem Usus das Geldsystem auf der Insel. Dieser Prozess, dass »schlechtes« Geld »gutes Geld« verdrängt, ist unter Fachleuten als Gresham'sches Gesetz bekannt. Das Ergebnis war, dass das Bimetallsystem von Gold und Silber in Großbritannien über die Jahre ungeplant zu einem von Goldmünzen dominierten Zahlungsverkehr evolvierte.

Das Vermächtnis des Newton'schen Fehlers wäre womöglich eine Fuß-
note der Geldgeschichte geblieben, hätte sich England nicht aus anderen Gründen zum Mutterland der Industrialisierung entwickelt. Durch
seine industrielle Kapazität konnte jenes Land, das durch einen Rechen-
unfall in den Goldstandard hineingestolpert war, das größte Imperium aller Zeiten errichten. Indem sich das Britische Empire zur Herrin über die
Meere und damit zur globalen Macht aufschwang, wurde London zu *dem*
Finanz- und Handelszentrum schlechthin. Für andere Staaten, die sich
ihren Anteil am internationalen Handel sichern wollten, lag es nun nahe, selbst zum Goldstandard überzugehen. Teilweise wurde Großbritanniens augenfällige Überlegenheit in einem logischen Zirkelschluss sogar
auf dessen gelb glänzende Währung zurückgeführt. So verdankt das Gold
seinen Nimbus nicht zuletzt dem Zufall.

Die Goldwährung hatte keinen innewohnenden Vorteil gegenüber der Sil-
berwährung. Aber wie 100 Jahre später beim Triumph des Dollar über
das Pfund spielte im 19. Jahrhundert der Netzwerk-Effekt eine wichtige
Rolle: Es hat einen hohen Reiz, sich an der Währung der größten und
wichtigsten und am besten »vernetzten« Nation des globalen Systems zu
orientieren. Zu Beginn des 19. Jahrhunderts war der Sieg des Goldes über
das Silber als Währungsmetall indessen noch nicht absehbar. Am wenigsten vielleicht in Amerika. Denn gerade hier gab es gute Gründe, am Silber
festzuhalten. Und als sich Washington schließlich doch für das goldene
Metall entschied, forderte das einen hohen Preis. Der Kampf um das richtige Geld sollte das Land politisch fast zerreißen.

Netzwerk Britannia

Im zweiten Drittel des 19. Jahrhunderts beherrscht Großbritannien die
Wellen und dank seiner Seehoheit einen Großteil des internationalen
Handels. Das Reich von Queen Victoria war nicht nur die bedeutendste
Kolonialmacht auf dem Planeten mit Besitzungen, die von den Falklandin-
seln bis nach Hongkong, von Neuseeland bis nach Neufundland reichten,
sondern auch die fortschrittlichste Industrienation, weit vor dem kolonialen Konkurrenten Frankreich oder dem damals provinziellen Deutsch-

land. Die Vettern auf der anderen Seite des Atlantiks mochten erstaunliche ökonomische Fortschritte machen, waren einstweilen aber noch mit der Eroberung des eigenen Kontinents beschäftigt. Der Lebensstandard im Land von Queen Victoria war höher als anderswo und das Bankwesen besser organisiert. Dank eines für damalige Verhältnisse riesigen Anleihenmarkts war die City of London der finanzielle Nabel der Welt, und die 1694 gegründete Bank of England – damals noch eine private Organisation – genoss größten Respekt als Hüterin einer stabilen Währung. Zum Nimbus der britischen Finanzmacht trug bei, dass das Inselreich im 19. Jahrhundert sämtliche in den Napoleonischen Kriegen aufgehäufte Schulden ordnungsgemäß zurückzahlte.

All dies waren Gründe dafür, dass andere Nationen England und den englischen Goldstandard als Blaupause für ihr eigenes Geldsystem betrachteten. Im Jahr 1868 war das gelbe Metall lediglich in Großbritannien und einigen vom Empire wirtschaftlich abhängigen Territorien – Portugal, Ägypten, Kanada, Chile und Australien – die alleinige Grundlage des Geldwesens gewesen[8]. Eine Generation später dagegen sah sich nahezu die gesamte Welt als eine große monetäre Ordnung, deren Basis das gelbe Metall war. Nur noch China, Persien und eine Handvoll mittelamerikanischer Länder klammerten sich an den kleinen Bruder des Goldes, das Silber. Wenn zwischen dem Jahr 1868 und dem Ersten Weltkrieg praktisch alle großen Staaten vom Silberstandard oder Bimetallstandard zum Goldstandard wechselten, lag das aber nicht allein am leuchtenden Vorbild der Bank of England. Es gab noch einen anderen, damit verwandten Grund: die Expansion des Welthandels unter britischer Vorherrschaft.

Die Zeit vor 1914 sah ein bis dahin beispielloses Wachstum des internationalen Warenverkehrs. Damit der internationale Austausch von Gütern und Dienstleistungen effizient funktionierte, war eine internationale Währung gefordert. Es lag nahe, auf jenes Zahlungsmittel zurückzugreifen, über das ohnehin schon ein Großteil des überseeischen Handels abgewickelt wurde: das goldgedeckte britische Pfund. Durch die Übernahme des britischen Modells setzte sich der Goldstandard in Europa und schließlich auch in Amerika durch. Eine Einheit der Landeswährung wurde durch eine bestimmte Menge Gold definiert. Da dieses Verhältnis festgelegt war, ergaben sich daraus über die Landesgrenzen hinweg fixierte Wechselkurse.

Greenback gegen Greyback

Die Vereinigten Staaten gingen 1879 zum Gold-Dollar über. Bis dahin hatte es den Dollar, wie wir ihn heute kennen, nicht gegeben. Zuvor waren Gold- und Silbermünzen, aber auch die unterschiedlichsten Banknoten im Umlauf gewesen, deren Wert mit Edelmetall unterlegt war. Aus heutiger Sicht hatte ein buntscheckiges Durcheinander geherrscht, das nur deshalb funktionieren konnte, weil Gold und Silber (gleich in welcher Ausprägung) seit Jahrhunderten bewährte Zahlungsmittel waren, deren Wert sich im Zweifelsfall per Waage ermitteln ließ. Die verschiedenen Formen von Papiergeld bezogen ihren Tauschwert aus dem Edelmetall, das sie verbrieften. Wie so oft in der Geschichte des Geldes brachte ein militärischer Zusammenstoß dieses relativ ruhige Nebeneinander aus dem Takt.

Mit dem Ausbruch des amerikanischen Bürgerkriegs 1861 bestand für beide Konfliktparteien, Nord- wie Südstaaten, die Notwendigkeit, immense Ausgaben für Truppen und Material zu stemmen. Wie in vielen anderen Kriegen verlegten sich die Generäle aufs Papierdrucken: Die Notenpressen des Nordens spuckten Scheine aus, die wegen ihrer moosgrünen Rückseite bald »Greenbacks« genannt wurden. Das Geld, das die Druckmaschinen des Südens auswarfen, wies dagegen graue Rückseiten auf: der »Greyback« der Konföderierten war geboren. Bei beiden Währungen war die Edelmetall-Deckung de facto aufgehoben. Durch einen Krieg kehrte Amerika so zu einem Papiergeldstandard zurück – oder besser: zu zwei konkurrierenden Papiergeldstandards.

Ein unbeteiligter Beobachter hätte allein anhand der Kursentwicklung von Green- und Greyback darauf schließen können, welcher Partei das Kriegsglück hold war. Die grünbedruckten Scheine des Nordens verloren gegenüber dem weiter umlaufenden Edelmetallgeld deutlich an Wert, doch dem grauen Südstaaten-Dollar erging es schlimmer: Er erlebte einen Sturz ins Bodenlose. Für ein Stück Seife zum Beispiel mussten schon bald 50 Konföderations-Dollar hingeblättert werden. Mit der Kapitulation der Südstaaten 1865 wurde der Greyback vollkommen wertlos. Dem vielen Papiergeld stand keine ökonomische Substanz gegenüber, die seinen Wert unterfüttert hätte. Für die Konföderation war der Bürgerkrieg auch an der Notenpresse verloren gegangen.

Nach dem Ende des Sezessionskriegs 1865 machten sich die Washingtoner Politiker daran, das amerikanische Geldwesen neu zu ordnen. An eine Rückkehr zum Edelmetallstandard war in der schwierigen Zeit des Wiederaufbaus lange nicht zu denken. Das Vertrauen in den Greenback sollte wiederhergestellt werden. Doch das dauerte seine Zeit. Noch lange nach dem Ende des Krieges notierte Papiergeld mit einem deutlichen Abschlag zu seinem edelmetallenen Nennwert. Unterdessen gewannen jene Kräfte die Oberhand, die das Doppelgeldsystem ablehnten und Amerika nach britischem Vorbild auf Gold als alleiniges Währungsmetall festlegen wollten.

Das »Verbrechen von 1873«

Im Jahr 1873 verabschiedete der US-Kongress ein Gesetz, das ganz auf der Linie der amerikanischen »Gold Bugs«, der Goldanhänger, lag. Der Coinage Act trat 1879 in Kraft und schrieb den Gegenwert einer Unze Gold auf 20,67 Papier-Dollar fest.[9] Vom Inkrafttreten des Münzgesetzes an war das Schicksal des amerikanischen Dollar fast ein Jahrhundert lang an das des gelben Metalls geknüpft. Auch wenn diese Parität später einige Male verändert werden sollte (zunächst auf 35 Dollar je Unze, dann auf 42,22 Dollar je Unze), galt fortan, dass der Dollar »so gut wie Gold« war. Die Ehe von Gold und Dollar sollte bei allen Höhen und Tiefen bis zum 15. August 1971 währen, als ein in die Ecke gedrängter Richard Nixon die Verbindung kraft seiner präsidialen Autorität löste.

Der Übergang der USA zum Goldstandard entsprach einer allgemeinen Tendenz der Epoche, er war gewissermaßen Ausdruck des monetären Zeitgeists. Auch die europäischen Großmächte Deutschland und Frankreich wechselten in den Siebzigerjahren des 19. Jahrhunderts zu diesem

System. Nirgendwo verlief die Umstellung ohne Friktionen. Auf amerikanischem Boden sollte dem Goldstandard jedoch besonders erbitterter Widerstand entgegengebracht werden. In den nächsten beiden Dekaden stand das gelbe Metall in Amerika nicht gerade für Reichtum und Wohlergehen. Aus Sicht weiter Bevölkerungsteile wurde es vielmehr zum Inbegriff für Elend und Verarmung. Für einen Großteil der Bevölkerung repräsentierte Gold ein Metall, das die reiche Ostküste, die Handels- und Finanz-Aristokratie begünstigte, das amerikanische Hinterland aber in die Misere stieß. Die Frage des Goldstandards geriet zum heiß umkämpften Politikum. Es kam zu einem heftigen inneramerikanischen Währungsstreit.

Zwischen 1875 und 1896 machten die USA eine starke Deflation durch. Die Preise für Waren des täglichen Bedarfs sanken, vor allem landwirtschaftliche Güter verbilligten sich. Die größten Leidtragenden waren daher die Farmer: Sie erzielten auf den städtischen Märkten nicht nur weniger, sie litten auch unter der Last hoher Schulden: Häufig musste das Saatgut zu hohen Zinsen auf Kredit erworben werden. Bei sinkenden Einnahmen und hohen Zinsen lasteten die Verbindlichkeiten doppelt auf ihnen.

Phasen der wirtschaftlichen Flaute hatte es schon vorher gegeben, aber diese Krise schien kein Ende mehr zu nehmen. Im Schnitt gingen die Preise während der Deflation jährlich um 1,7 Prozent zurück, und das über einen Zeitraum von mehr als zwei Dekaden. Agrarprodukte verbilligten sich sogar um 3 Prozent pro Jahr. Man kann sich leicht vorstellen, wie schwer gerade landwirtschaftlichen Betrieben unter diesen Bedingungen das Überleben fiel. Schuld an der Misere hatte nach Ansicht der Farmer der neu eingeführte Goldstandard. Schwere und Dauer dieser »Großen Deflation« rührten ihrer Meinung nach von dem Mangel an billigem Geld her. Darin lag mehr als ein Körnchen Wahrheit: In dieser Zeit der rasanten industriellen Entwicklung und des starken Bevölkerungswachstums hinkte die weltweite Goldförderung hinterher. Geld war während dieser Phase in der Tat relativ knapp.

In den Vierziger- und Fünfzigerjahren des 19. Jahrhunderts waren in Kalifornien und Australien noch große Funde gemacht worden. Der berühmte »Goldrausch« von 1849 hatte Tausende Abenteurer und Glücksritter an die Westküste gelockt. Doch seit den Glücksfunden der »Forty-Niners« ließ die Erschließung neuer großer Vorkommen auf sich warten. Das Goldangebot blieb hinter der Nachfrage zurück. Indem das Volumen des zur Verfügung stehenden Geldes von der Menge des Edelmetalls in den Tresoren der Banken abhängig war, herrschte eine allgemeine Geldknappheit in der Wirtschaft, die durch die Expansion des Finanzsektors nur partiell ausgeglichen werden konnte. Erst nach 1890 sollten ein neues Abbauverfahren, das auf Cyanid zurückgriff, und die Entdeckung neuer Lagerstätten in Südafrika die Angebotssituation auf dem Goldmarkt entspannen helfen.

Auch andere Volkswirtschaften litten unter der Großen Deflation. Deutschland machte nach einem kurzen Boom direkt im Anschluss an die Reichsgründung von 1871 eine schwere »Gründerkrise« durch. Der zeitliche Zusammenhang mit der Übernahme des Goldstandards ist mehr als ein Zufall. Dennoch wurde der Kampf um das gelbe Metall in den Vereinigten Staaten besonders erbittert ausgetragen. Viele Menschen nannten das Gesetz von 1873, das Amerikas Umschwenken auf den Goldstandard vorbereitet hatte, schlicht das »Verbrechen von 1873«. Statt des allzu knappen gelben Metalls solle das reichlich vorhandenere Silber das monetäre Rückgrat des Landes werden, forderten sie.

Wahlkampf ums weiße Metall

Die Unzufriedenheit mit den deflationären Effekten des Goldstandards gipfelte im Präsidentschaftswahlkampf von 1896, in dem die Geldpolitik zum beherrschenden Thema der politischen Auseinandersetzung wurde. Die Demokratische Partei stellte mit dem 36-jährigen William Jennings Bryan einen Kandidaten auf, der die Abschaffung des Goldstandards zu seinem wichtigsten Wahlziel ausrief. In Chicago hatte Bryan die Delegierten des Nominierungsparteitags mit einer feurigen Rede für sich gewonnen, bei der er folgende, berühmt gewordene Worte ins Publikum schleuderte: »Du sollst die Menschheit nicht an ein goldenes Kreuz schlagen.«[10] Allein mit der Rückkehr zu Silber könne die Deflation beendet werden, verkündete Bryan. Trotz seiner gewaltigen rhetorischen Fähigkeiten und trotz der Unterstützung zweier weiterer Parteien, der Populist Party und der National Silver Party, verlor Bryan die erbittert umkämpfte Wahl. Schuld daran waren interne Flügelkämpfe, die seine Kampagne schwächten: Teile seines eigenen politischen Lagers, die an der Ostküste konzentrierten »Gold-Demokraten«, spalteten sich ab und stellten einen eigenen Kandidaten auf. Außerdem vergraulte sein missionarischer Ton, der im ländlichen Mittleren Westen so gut ankam, viele städtische Wähler an der Ostküste. So blieb der Goldstandard in Amerika erhalten.

Trotz Bryans Wahlniederlage war der Kampf der Silber-Anhänger wider die Herrschaft des Goldes nicht völlig erfolglos. Die Befürworter des weißen Metalls fanden im politischen Establishment Amerikas vor und nach 1896 immer wieder Gehör. Im US-Kongress verstummten die Forderungen nicht, den amerikanischen Silberproduzenten Kompensationen dafür zu gewähren, dass ihr Metall den Kampf verloren hatte. Die Macht der Silberbewegung resultierte nicht so sehr aus der Festigkeit ihrer Argumente. In der Tat würden manche Ökonomen später behaupten, mit einem Silberstandard oder einer Kombination von Gold und Silber als Basis der Währung hätte sich die Große Deflation vermeiden lassen. Dem hätten jedoch andere Nachteile gegenübergestanden, zum Beispiel das Ausscheren aus einem internationalen Geldsystem, das sich seit Anfang der Siebzigerjahre immer mehr um Gold konfigurierte. Ein Bimetallstandard brachte seine eigenen Probleme mit sich: Immer war er dafür anfällig, dass eines der Metalle gehortet wurde, weil der Marktpreis über den Nennwert der Münzen gestiegen war. Der eigentliche Grund für die Stärke der Weißmetall-Anhänger war ohnehin ein institutioneller: Gemessen an ihrer Bevölkerungszahl waren Staaten mit eigener Silberförderung und agrarisch geprägte Bundesstaaten (ihre natürlichen Verbündeten) im politischen Gefüge der USA überrepräsentiert. Bei wichtigen Abstimmungen gab die Silber-Lobby häufig das Zünglein an der Waage ab. So konnten sie ganz nach der Art des politischen Kuhhandels Gegenforderungen für ihr günstiges Votum stellen.

Ihren größten Triumph erzielte die Bewegung mit dem Sherman Silver Purchase Act von 1890. Dieses Gesetz verpflichtete die US-Regierung, beträchtliche Mengen Silber auf dem freien Markt aufzukaufen, um den Preis zu stützen. Die Praxis wurden bis ins 20. Jahrhundert fortgesetzt. Milton Friedman, der große Theoretiker des Geldes, sollte 100 Jahre später die These aufstellen, dass Amerikas staatliche Subventionierung des weißen Metalls weitreichende und unvermutete weltpolitische Folgen nach sich zog. Der verzerrte Silberpreis habe in den Dreißiger- und Vierzigerjahren zu einer Inflation in China geführt und das Regime von Chiang Kai-shek destabilisiert, das mit Washington verbündet war. Folgt man Friedmans Argumentation, hätte sich Amerika in der Tat den ultimativen Bärendienst erwiesen, den Forderungen der Silberlobby nachzugeben. Denn mit dem Sturz von Chiang gelangten die chinesischen Kommunisten unter Mao Zedong an die Macht. Mao gründete 1949 die Volksrepublik China, die zwei Dekaden lang (noch vor der Sowjetunion) der erbittertste ideologische Feind der USA war und Amerika in zwei Kriegen – in Korea und Vietnam – schmerzhafte Verluste zufügen sollte.

Selbst wenn die Kausalkette vom Wirken der Silber-Lobby im Kongress bis hin zum Sieg von Maos Kommunisten in China etwas weit hergeholt erscheinen mag: Der Streit um den Goldstandard gibt einen Vorgeschmack auf spätere Konflikte um Amerikas Zahlungsmittel. Der Dollar sollte im US-Parlament auch im 20. Jahrhundert ein eminent wichtiges Streitthema bleiben. Doch da sollte er keine rein amerikanische Währung mehr sein, sondern die Leitwährung der Welt, von deren Gesundheit die Prosperität und auch die Sicherheit von Milliarden Menschen abhingen. Innenpolitisch motivierte Entscheidungen sollten sich über den Dollar-Wechselkurs auf die gesamte Weltwirtschaft übertragen wie beim Nixon-Schock von 1971, beim Plaza-Abkommen von 1985 oder später bei der amerikanischen Hypothekenkrise.

Doch ehe es zu diesem diffizilen Wechselspiel zwischen amerikanischer Innenpolitik und Außenwert des Dollar kommen konnte, musste der Dollar erst zur Leitwährung aufsteigen. Trotz der beträchtlichen ökonomischen Fortschritte der Vereinigten Staaten war der rasante Aufstieg des Dollar um das Jahr 1900 noch nicht abzusehen. Zur Jahrhundertwende galt Amerika zwar als die größte Volkswirtschaft auf dem Planeten. Manchen Schätzungen zufolge lag das amerikanische Bruttoinlandsprodukt schon 1890 über dem britischen. Wegen der Binnenorientierung der amerikanischen Wirtschaft war die US-Währung jedoch weiterhin eine lokale Größe. Wie konnte der Dollar binnen weniger als 50 Jahren von einem regionalen Zahlungsmittel zu der unangefochtenen Handels- und Reservewährung schlechthin avancieren?

2. Die Geburt einer unerwarteten Weltwährung

Als sich im November 1918 der Pulverdampf über den Schützengräben Europas verzog, standen die Verlierer der großen Völkerschlacht fest: das geschlagene Deutsche Reich und seine Verbündeten, die Achsenmächte. Weniger klar war hingegen, wer sich zu den Siegern zählen durfte. Manche, die sich im November 1918 am Triumphgefühl des gewonnenen Krieges berauschten, sollten sich schon wenige Jahre später um die Früchte ihres Sieges betrogen wähnen, allen voran die Italiener. Ein unzweifelhafter, wenngleich überraschender Gewinner des Ersten Weltkriegs war der US-Dollar. Er hatte gewissermaßen mit den G.I.s (im Jahr 1918 standen zwei Millionen amerikanische Soldaten auf europäischem Boden) den Atlantik überquert und den Kampf um die Vorherrschaft auf dem alten Kontinent mitentschieden. Doch während die amerikanischen Soldaten schon bald nach dem Ende der Schlacht in ihre Heimat zurückkehrten, blieb der Dollar Europa als Machtfaktor erhalten. Der alte Kontinent wurde zur monetären Dependance der ehemaligen Kolonie in Nordamerika – nicht immer mit stabilisierender Wirkung, nicht immer zum Vorteil der Nationen.

Die Schwäche der anderen

Seine Stärke bezog der US-Dollar – wie noch so oft im weiteren Verlauf der Geschichte – aus der Schwäche der anderen Währungen: Nach dem Waffenstillstand vom November 1918 war die Weltwirtschaft noch lange nicht zur Ruhe gekommen. Im Gegenteil: Vielfach wurde der Krieg mit anderen, ökonomischen Mitteln fortgesetzt. Der sich endlos hinziehende Streit um die deutschen Reparationsverpflichtungen vergiftete das Klima und impfte dem internationalen System einen Zug permanenter Missgunst und anhaltenden Misstrauens ein. Auch heftige Devisenmarktturbulenzen verunsicherten und putschten die aggressive Stimmung immer wieder auf.

Im Zentrum der Spekulation stand viele Jahre lang der Französische Franc, die Währung der zweitgrößten Volkswirtschaft auf dem Kontinent. Ehe sich sein Außenwert in der zweiten Hälfte der Zwanzigerjahre stabilisierte, stieg und fiel er mit dem Auf und Ab der zahlreichen Regierungen der Dritten Republik. Aber auch die wechselnden Aussichten auf die Zahlung deutscher Reparationen lösten heftige Bewegungen im Franc-Kurs aus. Hoch verschuldet wie Frankreich war, befand sich die kontinentale Siegernation ihrerseits in einem fiskalischen De-facto-Abhängigkeitsverhältnis vom Geldstrom aus dem im Krieg niedergerungenen Deutschland. Flossen die Wiedergutmachungen, ging es mit dem Außenwert des Franc bergauf, stockten sie, taumelte er. Die Marktakteure trieben den Kurs der französischen Währung teilweise so sehr in die Tiefe, dass für einen Dollar 30 Franc gezahlt werden mussten. Unmittelbar nach dem Waffenstillstand waren es lediglich 5,40 Franc gewesen. Den französischen Exporteuren kam diese Hetzjagd auf den Franc zugute, da sie auf dem Weltmarkt als Preisbrecher auftrumpfen konnten. Aber insgesamt riefen die Schwankungen große politische und gesellschaftliche Verunsicherung hervor.

Den Zeitgenossen kamen die Schaukelbewegungen geradezu ungeheuerlich vor: Das halbe Jahrhundert vor dem Weltkrieg hatte in den Ländern des internationalen Goldstandards (und damit den meisten Staaten der Welt) nicht nur weitgehende Preisstabilität gesehen, sondern eine geradezu überirdische Festigkeit der Devisenkurse. Ein Dollar kostete 1910 ziemlich genauso viele Franc wie 1890, und Gleiches galt für die Mark oder das Pfund. Wechselkurs-Korrekturen kamen vor, aber sie waren selten und fielen meist nicht allzu heftig aus. Auch diese alte Ordnung, die Ordnung des soliden Geldes und vor allem das länderübergreifende Vertrauen darauf, hatte der große Völkerkampf in Europa zerstört.

Der größte Gläubiger der Welt

Vor dem Ersten Weltkrieg hatte der Dollar als Reserve-Währung keine große Rolle gespielt. Die Vereinigten Staaten waren eher eine Nation, die Kapital importierte, als dass sie Kredite nach außen vergab. Die Wall Street hatte sich zu einem wichtigen Finanzzentrum entwickelt, wurde von der City of London aber weit in den Schatten gestellt. Die Weltwährung, die nach Überzeugung vieler Historiker letztlich sogar dem internationalen Goldstandard seine Stabilität verlieh, war das Britische Pfund. Das Vereinigte Königreich stellte die Kreditgeber-Nation par excellence dar. Die City hatte einen hervorragenden Ruf als Finanzplatz, die großen Geldhäuser waren bevorzugte Partner für internationale Projekte, weit vor den deutschen Großbanken, deren Erfolge – wie die Finanzierung der Bagdad-Bahn – sich im Vergleich alles in allem bescheiden ausnahmen.

Das alles änderte der große militärische Zusammenstoß, der auf die Schüsse von Sarajewo folgte. Seine Finanzstärke machte es Großbritannien zwar leichter als dem Deutschen Reich, die monetären Lasten der Hochrüstung zu schultern. Aber je mehr sich der Stellungskrieg in Frankreich und Belgien in die Länge zog, desto mehr erschöpften sich auch die finanziellen Ressourcen des Empire. Nachdem London britische Auslandsinvestitionen aufgelöst und zur Kriegsfinanzierung in die Heimat zurücktransferiert hatte, boten amerikanische Bankiers Hilfe an. So groß der Geldbedarf der kriegführenden Parteien in Europa war, so groß war das Geschäft, das Amerikas Kreditinstitute witterten. Insgesamt transferierten sie während der vier Kriegsjahre rund zwölf Milliarden Dollar über den Ozean.[11] Nach heutiger Kaufkraft wären das 175 Milliarden Dollar, allerdings waren die damaligen Volkswirtschaften weitaus kleiner, sodass die relative Belastung gewaltig war. Teils kamen die Darlehen direkt den Briten zugute, teils fungierte London als Vermittler für andere alliierte Nationen. Nach 1918 setzten die transatlantischen Verbindlichkeiten einen am Ende verhängnisvollen politischen und wirtschaftlichen Kreislauf in Gang. Siegreich, aber hochverschuldet zwangen die Entente-Mächte dem Deutschen Reich, das sie im Versailler Vertrag zum Hauptschuldigen des Krieges gebrandmarkt hatten, hohe Kompensationen auf. Es war die Finanzmacht des Dollar, die den Krieg für die Alliierten mitgewann.

Die Reparationsleistungen, denen sich Deutschland unterwerfen musste, beliefen sich am Ende auf 132 Milliarden Mark. Das überstieg die Leistungsfähigkeit der ausgebluteten deutschen Volkswirtschaft. Die Alliierten bestanden jedoch aus prinzipiellen politischen Gründen darauf, dass Berlin für sämtliche Kriegsschäden aufkommen müsse. »Le boche payera tout«, hieß es in Paris. Der Deutsche wird alles zahlen. Gleichzeitig hatten sie die Reichsregierung nicht ganz ohne Grund in Verdacht, die wirtschaftliche Lage im Land bewusst eskalieren zu lassen, um sich mit dieser politischen Finte der Reparationen durch die Hintertür zu entledigen. Die Lösung hätte in einem Schuldenmoratorium liegen können. Im nationalistisch aufgeheizten Klima der Zwanzigerjahre erklärte sich dazu jedoch keiner der Gläubiger bereit. Auch die Amerikaner waren, zumindest in den ersten Jahren nach dem Krieg, keineswegs willens, auf einen Teil ihrer Forderungen zu verzichten. »They hired the money, didn't they?« Sie haben sich das Geld doch bei uns geliehen, oder etwa nicht?, wies US-Präsident Calvin Coolidge eine entsprechende Anfrage brüsk ab.[12]

Dollarsonne über Europa

Schließlich verfielen die Konfliktparteien mit dem Dawes-Plan von 1924 auf einen Kunstgriff, der im Nachhinein absurd anmutet: Amerika stellte den Deutschen Kredite zur Verfügung, mit denen sie ihrerseits die Reparationen (deren Zahlung gestreckt wurde) begleichen konnten. Aus den von Deutschland geleisteten Wiedergutmachungen bedienten die Alliierten ihre Raten an amerikanische Banken. Das nach New York zurückfließende Geld streckten sich die USA gleichsam selbst vor. Es war die vielleicht erste Form von großangelegtem Dollar-Recycling im 20. Jahrhundert, aber beileibe nicht die letzte. Nach der Stabilisierung der europäischen Volkswirtschaften Mitte der Zwanziger flossen auch private Gelder im großen Stil von der Neuen in die Alte Welt. Geliehenes Kapital ermöglichte es so mancher deutschen Kommune, ein Stadttheater oder ein Sportstadion zu errichten. Amerikanische Dollars ließen die Goldenen Zwanziger Jahre in Europa erst glänzen. Der Kontinent strahlt im Licht der »Dollarsonne«, wie es in einem zeitgenössischen Bonmot hieß. Doch der Glanz war so schnell vorbei, wie er begonnen hatte. Denn das Kapital war schon damals stets hektisch auf der Suche nach der höheren Rendite. Die aber lockte ab 1927 mehr und mehr an der Wall Street, die sich in einem noch nie dagewesen Höhenflug befand. Wie ein Magnet zog die große Spekulationsmaschine das Geld an. Die amerikanische Notenbank Federal Reserve sah keine andere Möglichkeit, als die Leitzinsen zu erhöhen und das Geld damit weiter zu verknappen. Die Folgen für Europa und vor allem für das durch die Reparationen geschwächte Deutschland sollten katastrophal sein.

Es war das gleiche Spiel wie immer, wenn kurzfristige Kredite in langfristigen Projekten angelegt werden. Rund ein Drittel der drei Milliarden Dollar, die sich deutsche Schuldner zwischen 1924 und 1928 geliehen hatten, waren »heißes Geld«, also von einem auf den anderen Moment kündbare Darlehen. Als der Wind an der Wall Street drehte und Europa nicht mehr »angesagt« war, wurden die Kredite zurückgefordert. Zahlreichen Schuldnern drohte nun der Konkurs, weil sie auf die Schnelle nicht genügend Liquidität aufbringen konnten.

An der Wende zum Schicksalsjahr 1929 befanden sich die amerikanische Wirtschaft und Börse in euphorischer Stimmung. Es war die Zeit, als Ökonomen von einer neuen Ära sprachen, die »ein dauerhaft hohes Aktienmarktniveau« rechtfertige. Es war die Zeit, als Forderungen wie »Jedermann sollte reich sein« in den Ohren der Zeitgenossen nicht absurd klangen. Doch während Amerika noch in Träumen von ewigem Massenwohlstand schwelgte, waren die »Goldenen Zwanziger« in weiten Teilen Europas schon am Schwinden. Die deutsche Ökonomie war bereits Anfang 1929 in die Rezession gerutscht. Hochverschuldet und finanziell geschwächt, wie der ganze Kontinent war, hätten von jetzt an nur noch positive Nachrichten von jenseits des Atlantiks kommen dürfen. Was dann aber wirklich von Amerika übersprang, war die größte Implosion des globalen Finanz- und Währungssystems in der Geschichte, die Weltwirtschaftskrise.

Das Ende einer Ära

Am 24. Oktober 1929, einem Donnerstag, stürzten die Kurse am New Yorker Aktienmarkt ins Bodenlose. Wie jeder Crash kam dieser Einbruch erwartet und unerwartet zu gleich. Eine Korrektur der Wall-Street-Manie war beiderseits des Atlantiks regelrecht herbeigesehnt worden. Was damals niemand ahnte: Diesmal war tatsächlich alles anders. Die politisch durchaus begrüßte Bereinigung der spekulativen Übertreibungen entglitt zu einer allgemeinen Systemkrise. An jenen Tagen im Oktober 1929 gingen nicht nur die goldenen Zwanzigerjahre, jenes Jahrzehnt der vibrierenden Hoffnungen und Illusionen, zu Ende, sondern auch eine Ära der altkapitalistischen Ordnung. In den folgenden drei Jahren wuchs sich der Crash zu einer weltweiten Wirtschaftskrise aus, die auch das weltweite Währungssystem in seinen Grundfesten erschüttern sollte. Nach dem Beben würde sich nur noch eine Währung aus den Ruinen erheben: der amerikanische Dollar.

Ein sich als globale Ordnungsmacht verstehendes Amerika hätte strauchelnde Länder im Angesicht der wirtschaftlichen Misere gezielt gestützt. Genau das tat Washington zwei Jahrzehnte später, nach dem Zweiten Weltkrieg, wirklich. Doch an eine Art Marshallplan war Anfang der Dreißigerjahre nicht zu denken. Zu dem Zeitpunkt verstanden sich die USA noch nicht als globale Führungsmacht, zumindest waren sie noch nicht bereit, die damit zusammenhängenden Kosten und Verpflichtungen auf sich zu nehmen. Die isolationistischen Tendenzen in der öffentlichen Meinung und im Kongress überwogen. Amerika war nicht einmal Mitglied des Völkerbunds geworden, jener Organisation, die entscheidend auf eine Initiative des eigenen Präsidenten Woodrow Wilson zurückging.

So gerieten denn die Volkswirtschaften 1929, nach dem Platzen der großen Spekulationsblase, der Reihe nach ins Taumeln. Jeder fiel für sich, ohne Aussicht auf eine helfende Hand. Der vielleicht entscheidende Unterschied zu 2008, als eine zweite Weltwirtschaftskrise um Haaresbreite verhindert werden konnte, war der Mangel an Kooperation und Koordination unter den Staaten. Dazu konnten sich die westlichen Länder erst zum Ende des Zweiten Weltkriegs aufraffen, nachdem Amerika infolge der kriegerischen Verwerfungen zur unumstrittenen Supermacht geworden war, um die sich der Rest der westlichen Nationen scharte. Man mag es als Ironie der Geschichte lesen, dass der Kollaps der Weltwirtschaft, der 1929 von Amerika ausging, jene Ereigniskette nach sich zog, die den Aufstieg des Dollar zur weltweiten Ankerwährung ermöglichte.

Eine besondere Beziehung

Trotz des Bedeutungsgewinns des Dollar galt in den Zwanzigerjahren das
Britische Pfund noch als internationale Leitwährung. Jenes Vertrauen, das
sich der Sterling als Wertaufbewahrungsmittel in mehr als hundert Jahren
erworben hatte, war durch den Waffengang von 1914 bis 1918 zwar demo-
liert, aber nicht gänzlich zerstört worden. Die britischen Staatsfinanzen wurden durch den Weltkrieg auf eine extreme Belastungsprobe gestellt. Nach
dem Ende der Kampfhandlungen auf dem Kontinent war das Vereinigte Königreich mit rund dem Doppelten seiner Wirtschaftsleistung verschuldet.[13]
Wie die anderen kriegführenden Staaten Europas hatte auch England gleich
nach Beginn des militärischen Konflikts die Bindung seiner Währung an das
Gold aufgehoben. Seit 1914 war das Britische Pfund eine Papierwährung,
die Behörden hatten die Möglichkeit, Banknoten gegen Edelmetall einzu-
tauschen, ausgesetzt. In den Kriegs- und unmittelbaren Nachkriegsjahren
kam es denn auch zu einer Inflation, die allerdings längst nicht so stark wie
in Deutschland oder anderen Ländern des Kontinents ausfiel. Alles in allem zeigte sich das Pfund als relativ robuste Devise, die nach dem Ende der
Kampfhandlungen auch nicht die gleichen nervösen Fluktuationen erlebte
wie der Französische Franc oder die Deutsche Mark. Das lag nicht zuletzt
an der Autorität der Bank of England, jener mehr als 200 Jahre alten Institution, die den Namen Währungshüterin zu Recht trug.

Zu Beginn der Zwanzigerjahre stand die britische Regierung vor einer
schweren Entscheidung: Sollte man sich mit der kriegsbedingten Inflatio-
nierung des Pfundes abfinden oder versuchen, einen Teil der Abwertung
wieder rückgängig zu machen? Konzessionen an die Politik des weichen
Geldes würden die Arbeitnehmer und Unternehmen der Exportindustrie begünstigen, die damals noch einen nennenswerten Anteil an der britischen Wirtschaftleistung hatte. Ein Zurückdrehen der Inflation würde
wiederum das Vertrauen all jener Anleger auf dem Globus stärken, die ihr
Vermögen in britischen Wertpapieren angelegt hatten. Der Gradmesser
für das Pfund war der Goldpreis und damit indirekt der Dollarkurs. Anders als den weitaus tiefer ins Defizit gerutschten Europäern war es den
Amerikanern gelungen, die Gold-Bindung ihrer Währung über den Abgrund des Krieges hinweg aufrechtzuerhalten.

Vor dem Krieg hatten 4,86 Dollar einem Pfund entsprochen. Dieses Umtauschverhältnis war den Zeitgenossen wie gottgegeben erschienen. »Old Lady of Threadneedle Street« wurde die Bank of England wegen ihres hohen Alters und ihres Sitzes in der vornehmen Straße respektvoll genannt. Jetzt war die Old Lady gefordert. Wollte die Notenbank ein kraftvolles Zeichen setzen, dass der Sterling sich von den Folgen des Weltbrands erholt hatte, so musste nicht nur der Goldstandard wiederhergestellt werden, sondern das auch zur alten Parität. Für London repräsentierte der Pfund-Kurs weit mehr als nur eine wirtschaftliche Größe. Da sich Glanz und Gloria des Empire nicht zuletzt in der Festigkeit seiner Finanzen ausdrückten, war der Goldgehalt des Sterling von nicht zu unterschätzendem symbolischen Wert. Eine souveräne Rückkehr zum alten Kurs würde signalisieren: Das Vereinigte Königreich ist unversehrt aus dem Krieg hervorgegangen.

Gleichzeitig war unübersehbar, dass die englische Ökonomie dringend einen monetären Schub brauchen konnte. Bereits vor 1918 war das Mutterland der Industrialisierung auf vielen Gebieten von aufstrebenden Konkurrenten überholt worden. Neue Wirtschaftszweige wie der Automobilbau oder die Chemie- und Elektrobranche wurden eher von den Vereinigten Staaten oder von Großbritanniens kontinentalen Konkurrenten Deutschland und Frankreich dominiert. In traditionellen Branchen wie der Textilindustrie hatte das Vereinigte Königreich langsam, aber sicher an Wettbewerbsfähigkeit eingebüßt. Eine Fixierung des Pfund-Kurses auf zu hohem Niveau würde diesen unbefriedigenden Zustand zementieren und in der Folge die Gefahr von Arbeitslosigkeit, von Streiks und sozialen Unruhen erhöhen. All das hatte das Vereinigte Königreich in den frühen Zwanzigerjahren bereits erlebt.

Sollte Großbritannien zu Vorkriegsbedingungen zum Goldstandard zurückkehren? Die politische Elite des Landes war tief zerstritten über diese Frage. Lange wurde diskutiert, lange wurde die Entscheidung aufgeschoben. Die Würfel fielen 1925 bei einem denkwürdigen Abendessen im Haus Winston Churchills, der kurz zuvor überraschend zum neuen britischen Schatzkanzler ernannt worden war. Nach Anhörung beider Positionen entschied Churchill am Ende, dass er seinem Vaterland am besten diene, indem er das Pfund zu den alten Konditionen wieder ans Gold kettete. Die mächtigen Anhänger des Edelmetallstandards jubilierten. Einer von ihnen, der sonst eher zurückhaltende Chef der Bank of England, Montagu Norman, verstieg sich sogar zu dem Ausruf: »Ich mache Sie zum goldenen Kanzler!«[14] Churchills Votum war eine Bauchentscheidung. Sie sollte sich, wie er später selbst einräumte, als der größte Fehler seines Lebens herausstellen.

Vom Goldstandard zum Währungskrieg

Die Rückkehr zum Kurs von 4,86 Dollar je Pfund hatte fatale Folgen. Es bedeutete, dass das britische Geld gemessen an der Kaufkraft überbewertet war. Um einen Goldabfluss von London nach New York zu verhindern, mussten die Zinsen im Vereinigten Königreich fortan tendenziell höher sein als in den USA. Selbst in den guten Zeiten setzte das die kränkelnde britische Ökonomie einem permanenten Finanz-Stress aus. Und es wurde schlimmer: Die Weltwirtschaftskrise setzte in den frühen Dreißigerjahren Kräfte frei, die die Stützung des Pfund zu einem Ding der Unmöglichkeit machten. Selbst die Bank of England konnte sich diesen Gewalten nicht entgegenstemmen.

London verzeichnete einen Aderlass seiner Goldreserven und sah im Herbst 1931 keine andere Wahl, als dem erst sechs Jahre zuvor wiedereingeführten Edelmetallstandard den Rücken zu kehren. Die Nachricht schlug weltweit ein wie eine Bombe. Viele, die sich auf Londons Festhalten am Gold verlassen hatten, traf die überraschende Entscheidung wie ein Schlag ins Gesicht. Dazu zählten die niederländischen Währungshüter. Noch tags zuvor hatte ihnen die Bank of England versichert, die Parität sei unverrückbar. Als am nächsten Morgen der Handel mit dem vom Gold losgelösten Pfund begann, sackte der Kurs in die Tiefe – und mit ihm der Wert der holländischen Devisenreserven, die zum Großteil aus Sterling bestanden.[15] Die Niederländer waren nicht die einzigen, die sich verraten fühlten: Mit dem Ausscheren Londons aus dem Goldsystem brach das monetäre Chaos aus. Die an der Edelmetalldeckung und damit der Politik des harten Geldes festhaltenden Franzosen und Amerikaner sahen sich um ihre Wettbewerbsvorteile betrogen. Nun lastete der Druck auf ihren Ökonomien und Währungen.

In den folgenden Jahren sollten auch sie gezwungen sein, der Gold-Konvertibilität den Rücken zu kehren: 1933 die USA und 1937 schließlich Frankreich – als letztes großes Land. Die erste Hälfte der Dreißigerjahre sah eine grimmige neue Dimension der Währungspolitik: Jede Nation versuchte durch Abwertung und ergänzende protektionistische Maßnahmen die heimische Industrie zu schützen. »Beggar thy neighbour« – schröpfe deinen Nachbarn, war die Devise. Später bildeten sich um die großen Mächte Währungsblöcke, die sich mittels Kapitalverkehrskontrollen gegeneinander abschotteten. Die Welt zerfiel in Währungs- und Handelszonen, die sich unfreundlich gegenüberstanden.

Einer dieser Blöcke war die mitteleuropäische Zone, die sich um das 1933 nationalsozialistisch gewordene Deutsche Reich gruppierte. Ein anderer war der Pfund-Block, der Großbritannien, seine weiß besiedelten Dominions und seine sonstigen Kolonien umfasste. Auch Frankreich konnte sich auf seine kolonialen Territorien und wirtschaftlich abhängigen Gebiete stützen. Und natürlich gab es die zunehmend an Bedeutung gewinnende Dollar-Sphäre. Der Zerfall des weltweiten Währungssystems war ein Ausfluss des Protektionismus und des Wirtschaftsnationalismus, deren Keim in der Kriegs- und Nachkriegszeit gelegt worden war. Nach dem Ende der relativ guten Jahre von 1924 bis 1929 begann diese Saat zu wuchern. Die offenen Güter- und Kapitalmärkte aus der Zeit vor 1914, die in Teilen in die Zwanzigerjahre hinübergerettet werden konnten, gab es nicht mehr. Die Dreißigerjahre brachten eine Generalmobilmachung auf dem Feld der Zölle und Devisen, der am Ende des Jahrzehnts eine Generalmobilmachung mit Panzern und Bombern folgte. Der Zweite Weltkrieg war auch durch einen Weltkrieg der Währungen vorbereitet worden.

Nach 1945 sollten die politischen Führer der freien Welt viel Energie darauf verwenden, diese gegenseitige Abkapselung der kapitalistischen Volkswirtschaften zu durchbrechen. Erst in den Neunzigerjahren des 20. Jahrhunderts erreichte der internationale Handel wieder einen Grad an Globalisierung, der mit dem vor dem Jahr 1929 vergleichbar war.

3. Der Dollar auf dem Zenit seiner Macht

Ein kleiner Ort in Neuengland

Während auf Europas Schlachtfeldern noch gekämpft wurde, trafen sich die Vertreter von 44 Nationen im Juli 1944 in Bretton Woods, einem Ferienort im US-Bundesstaat New Hampshire, um eine neue finanzielle Nachkriegsordnung zu schmieden. Allein die Wahl des Tagungsortes in Neuengland zeigte die neue Machtverteilung auf dem Globus. Die ehedem eurozentrische Welt hatte sich binnen einer Generation in eine von Amerika dominierte Welt verwandelt – das »amerikanische Jahrhundert« war angebrochen.

Die Delegierten im Mount Washington Hotel sahen sich mit einer Herkulesaufgabe konfrontiert: Auch auf monetärem Gebiet galt es, den größten Wiederaufbau der Geschichte zu bewerkstelligen. Durch Krieg und Besatzung waren fast alle großen Währungen der Welt zerrüttet – mit Ausnahme des Dollar, der im 20. Jahrhundert nun schon zum zweiten Mal zum Nutznießer eines Weltenbrands wurde. Zudem war das internationale System voller Schlacke aus der Vorkriegszeit. Die Abgesandten waren darauf bedacht, die beiden Extreme der Zwischenkriegszeit zu vermeiden: Weder das Chaos der Zwanzigerjahre noch die Gängelung der Dreißigerjahre sollten sich auf den Devisenmärkten wiederholen.

Abgesehen von den Vertretern der Sowjetunion, deren Land am Ende keinen Beitrag zum Gelingen der Konferenz leistete, herrschte unter den Delegierten weitgehend Einigkeit, dass die autoritäre Starre der Devisenbewirtschaftung eine Sackgasse war. Andererseits war auch die völlige Freigabe der Währungen keine Basis, auf der in einer zerstörten Welt voller Mangel eine Nachkriegsordnung aufgebaut werden konnte. Um das Wachstum des in der Großen Depression eingebrochenen Welthandels zu beschleunigen, so weit ging man konform, sollten Wechselkurse möglichst fest sein, wie sie es in der Zeit vor dem Ersten Weltkrieg gewesen waren.

Eine Neuerrichtung des internationalen Goldstandards schien jedoch weder machbar noch wünschenswert. Zum einen verfügten die meisten Staaten nach den Zerstörungen des Krieges ohnehin nur mehr über kleine oder minimale Edelmetallbestände. An eine Goldwährung auf internationaler Basis war also nicht zu denken. Zum anderen war der Edelmetallstandard durch die Geschehnisse der späten Zwanziger- und frühen Dreißigerjahre in Verruf geraten. Ihre »goldenen Fesseln«, lautete nun die allgemeine wissenschaftliche Interpretation, hätten die Notenbanken der Welt, allen voran die Fed, daran gehindert, genügend Liquidität zur Verfügung zu stellen, um Bankenkrisen und das Abgleiten der Wirtschaft in die Depression zu verhindern. Etwas übertrieben ließe sich sagen, dass die Weltwirtschaftskrise dem gelben Metall angelastet wurde. Das »Scheitern« des Goldes ließ die Experten nach einem anderen, flexibleren Währungsanker Ausschau halten.

Auftritt Keynes

Einen Vorschlag zur Verbesserung und Modernisierung des Systems brachte niemand Geringeres als John Maynard Keynes mit nach Bretton Woods. Der berühmteste Ökonom seiner Zeit war als Kopf der britischen Delegation angereist. Im Koffer hatte er einen voll ausgearbeiteten Plan zu einer groß angelegten monetären Reform. Keynes zufolge sollte kein einzelner Staat die Kontrolle über das globale Finanzsystem besitzen. Stattdessen sollte eine supranationale Reservewährung namens Bancor geschaffen werden, in der alle Länder ihren Staatsschatz sicher würden anlegen können. Die Verfügungsgewalt über diesen Bancor war einer Art internationaler Zentralbank zugedacht, die auch Staaten in Liquiditätsschwierigkeiten mit Überbrückungsdarlehen helfen sollte. Durch die supranationale Hoheit über den Bancor sollte eine Geldknappheit und ein Gerangel um die Reserven wie im Goldstandard der Zwanziger Jahren ausgeschlossen werden.

Keynes' Plan zielte noch auf einen anderen Punkt ab: In den Zwanzigerjahren hatten sich manche Staaten mittels eines zu niedrigen Wechselkurses unfaire Handelsvorteile verschafft und riesige Reserven aufgehäuft.

Das Paradebeispiel war Frankreich, das dank des unterbewerteten Francs die größten Gold- und Devisenbestände Europas akkumulieren konnte. Zu Beginn der Weltwirtschaftskrise spielte diese übervolle Kriegskasse eine unheilvolle Rolle, indem sie die Liquiditätsnöte anderer Länder des Goldstandards verschlimmerte. Die Franzosen entzogen den anderen schlichtweg die Munition, mit der sie die 1929 einsetzende Krise hätten bekämpfen können. Keynes schlug also einen Mechanismus vor, solche Handels- und Reservenungleichgewichte zurückzudrängen oder gar nicht erst entstehen zu lassen.

Die in Bretton Woods versammelten Delegierten standen neuen Ansätzen aufgeschlossen gegenüber. Sie waren bereit, Lehren aus der Geschichte zu ziehen. Anders als nach dem Ersten gab sich am Ende des Zweiten Weltkriegs niemand der Selbsttäuschung hin, man brauche nur an ein vormaliges »goldenes Zeitalter« anzuknüpfen, und alles werde gut. Der Versuch, in den Zwanzigerjahren den *Status quo ante* des internationalen Goldstandards wiederherzustellen, hatte in den Dreißigerjahren einen wenig rühmlichen Ausgang genommen. Jedoch wurden alle Versuche mit frei schwankenden Währungen als äußerst problematisch wahrgenommen. Gesucht wurde ein internationales Währungssystem, das nicht so starr war wie der Goldstandard und nicht so chaotisch wie das »Floating«.

Das unerreichte Ideal

Der Versuch, den Goldstandard nach dem Ersten Weltkrieg wiederherzustellen, war nach Einschätzung der Zeitgenossen kläglich gescheitert. Dennoch blieb die Weltwährungsordnung der Zeit vor 1914 das Ideal, von dem ein neues monetäres System abgeleitet werden sollte. Daher lohnt ein Blick auf die Grundzüge des klassischen Goldstandards.

Gold war in den Siebzigerjahren des 19. Jahrhunderts als Währungsmetall etabliert worden. Die folgenden vier Jahrzehnte bis zum Ausbruch des großen europäischen Kriegs im Sommer 1914 waren von einer außergewöhnlichen Stabilität des monetären Gefüges gekennzeichnet. Das lag daran, dass der Goldstandard einen eingebauten, quasi automatischen Ausgleichsmechanismus für weltwirtschaftliche Schieflagen und Ungleichgewichte kannte: Baute ein Land einen Handelsüberschuss auf, exportierte es also mehr als es importierte, flossen ihm umfangreiche Goldbestände aus dem Ausland zu. In dem Überschussland stieg daraufhin die Geldmenge: Die Wirtschaftsaktivität wurde angeregt und damit auch die Inlandsnachfrage nach ausländischen Erzeugnissen. Bedingt durch die höhere Geldmenge (und in der Regel niedrigere Zinsen) stiegen gleichzeitig die Preise und Löhne, was die Wettbewerbsfähigkeit der Unternehmen dämpfte. So wirkten der verstärkte Binnenkonsum und die erhöhten Preise heimischer Produkte auf den ausländischen Märkten dem Handelsüberschuss entgegen. Bei einem Land mit Handelsdefizit funktionierte der Prozess umgekehrt: Durch die Goldabflüsse verminderte sich die Geldmenge. Die Zinsen stiegen, Kredite für Investitionen wurden knapper und Konsum war schwerer zu finanzieren. Als Folge nahm die Nachfrage nach Produkten aus dem Ausland ab, und auch die Inflation ging zurück. In beiden Fällen wirkten die Prozesse den Ungleichgewichten so lange entgegen, bis sich ein neues internationales Gleichgewicht einstellte.

In der Theorie war der Goldstandard eine wunderbare Konstruktion. In der Praxis funktionierte er allerdings nicht ganz so gut wie in der Theorie, nicht zuletzt, weil sich Notenbanker und Regierungen manchmal aus innenpolitischen Gründen genötigt sahen, den Leitzins niedriger zu fixieren, als dies die schwindenden Goldbestände des Landes rechtfertigten. Ein hohes Zinsniveau dämpft tendenziell die Wirtschaftsaktivität und erhöht die Arbeitslosigkeit. Doch selbst mit einem nur unvollkommen funktionierenden Goldstandard konnten vor 1914 extreme Handelsungleichgewichte vermieden werden. Auch internationale Finanzkrisen, wie sie für die Zwanzigerjahre oder auch spätere Epochen kennzeichnend waren, blieben aus – und das, obwohl es in der Epoche durchaus nicht an Börsencrashs wie etwa der »Panik von 1907« mangelte.

Keynes wollte diese Wirkung des Edelmetallstandards simulieren, ohne dass sich die Staaten einmal mehr »goldene Fesseln« anlegen lassen mussten. Die ausgleichende Funktion der Ab- und Zuflüsse sollten seinem Plan zufolge Strafzahlungen übernehmen: Wies ein Land permanente Überschüsse auf, würde ihm ein bestimmter Prozentsatz seines Bruttoinlandsprodukts in Rechnung gestellt, und gleiches blühte Ländern mit notorischen Defiziten. Dem Wirtschaftsdenker schwebte eine Strafgebühr von einem Prozent des Defizits oder des Überschusses vor. Das sollte den Staat disziplinieren und ihn dazu bringen, Maßnahmen gegen die Ungleichgewichte zu ergreifen. Ein Überschussstaat könne zum Beispiel die Inlandsnachfrage anregen oder seine Währung aufwerten, ein Defizitstaat die gegenteiligen Maßnahmen ergreifen, meinte er.

So stringent Keynes' Gedanken waren, ihnen haftete ein großes Manko an: die Provenienz ihres Urhebers. Der Ökonom gehörte der britischen Delegation an und nicht der amerikanischen. Gegen Kriegsende wurde immer klarer, wie sehr die Nachkriegsordnung von Amerika dominiert werden würde. Keynes' Konzeption hatte daher kaum Aussichten, sich auf der Konferenz durchzusetzen. Die Amerikaner, deren Delegation von dem stellvertretenden Finanzminister Harry Dexter White angeführt wurde, konnten jetzt ihre Machtposition ausspielen, da sie der mit Abstand größte Financier einer internationalen Notenbank und die Heimstätte des neuen internationalen Geldsystems sein würden. Warum sollten sie sich auf das Abenteuer einer neuen Reservewährung einlassen, die von einer supranationalen Institution ausgegeben wurde? Aus Sicht der Amerikaner gab es die geforderte globale Währung doch längst – ihr Name lautete United States Dollar.

Den Wünschen der Vereinigten Staaten konnte sich in Bretton Woods niemand entziehen. Als die Konferenz am 22. Juli 1944 nach dreiwöchigen intensiven Verhandlungen zu Ende ging, stand fest: Der Dollar war das Geld, um das sich die monetäre Nachkriegsordnung zentrieren würde, der Dollar war die neue Leitwährung auf dem Globus. Die übrigen Zahlungsmittel des Systems waren nicht mehr durch ihre Unterlegung mit Gold bestimmt, sondern allein durch ihren Kurs zum Greenback. Durch Devisenmarktinterventionen würden die Notenbanken dafür Sorge tragen, dass die Paritäten innerhalb einer Schwankungsbreite von einem Prozent blieben. Um der neuen Ordnung einen festen Wertanker zu geben, wurde der Dollar an das gelbe Metall gebunden, und zwar zu einer Parität von 35 Dollar je Feinunze (31,1 Gramm). Ausländische Notenbanken erhielten das Recht, sich ihre Forderungen an Amerika in Gold transferieren zu lassen. Die von Keynes geforderten Strafgebühren fielen gänzlich unter den Tisch. Sie waren für Washington letztlich nicht akzeptabel gewesen. Die USA hatten guten Grund zu der Annahme, nach dem Krieg als die mit Abstand stärkste Wirtschaft über viele Jahre hohe Gold- und Devisenzuflüsse auf sich zu ziehen. Und warum sollte Amerika dafür diszipliniert werden, dass seine Ökonomie leistungsfähiger war als die anderer Länder?

Während sich Keynes weder mit der Idee einer supranationalen Reservewährung noch mit der Einführung möglicher Strafzahlungen durchsetzen konnte, war dem Konzept einer globalen Zentralbank zumindest in Teilen Erfolg beschieden. Der Internationale Währungsfonds (IWF) war neben der Internationalen Bank für Wiederaufbau und Entwicklung (IBRD), der späteren Weltbank, das wichtigste Geschöpf der Bretton-Woods-Konferenz und trug in mancher Hinsicht Keynes' Handschrift. Allerdings unterschied sich der IWF insofern von einer echten internationalen Notenbank, als er kein Geld schaffen konnte. Keynes' Bancor blieb ein Traum.

Was 1944 in den White Mountains beschlossen wurde, war ein großer Schritt nach vorn. Aber es war weit davon entfernt, perfekt zu sein. Die Stabilität des Bretton-Woods-Systems (wie es von da an genannt wurde) würde entscheidend davon abhängen, dass die einzelnen Paritäten weder zu hoch noch zu niedrig zum Dollar angesetzt waren. War das eine oder das andere der Fall, würden sich unweigerlich ähnlich gefährliche Spannungen aufbauen, wie sie in den Zwanzigerjahren dem Britischen Pfund zugesetzt hatten. Damals hatte Schatzkanzler Winston Churchill den Sterling zu »teuer« an das Gold (und gewissermaßen schon an den Dollar) gekettet – mit verheerenden Folgen. Das Problem war, dass sich der Wert von Währungen untereinander änderte. Er schwankte mit der Stärke und Schwäche der Volkswirtschaften.

Nicht zuletzt aus diesem Grund war das System von Bretton Woods von der Kooperation der Staaten abhängig. Indem der Dollar nun auch offiziell den Status der internationalen Leitwährung erhielt, fiel einer nationalen Regierung – nämlich der amerikanischen – die Verantwortung dafür zu, auf dem Globus für solides und gleichzeitig ausreichend vorhandenes Geld zu sorgen. Die US-Zentralbank Federal Reserve war gleichsam die Notenbank der Welt. Trotz all dieser Bedenken sah es am Anfang so aus, als würde die neue Finanzordnung der Weltwirtschaft die dringend benötigte Ruhe bescheren.

Die Ruhe von Bretton Woods

Monetär betrachtet erschien den Zeitgenossen das erste »lange« Jahrzehnt (von 1949 bis 1962) des Bretton-Woods-Systems als äußerst ruhige Ära. Wohltuend hob sich die monetäre Ruhe dieser Zeit von dem Tohuwabohu der Vorkriegsjahrzehnte ab. Das lag sicher nicht am internationalen Umfeld: Geopolitisch waren die Fünfziger- und frühen Sechzigerjahre reich an Spannungen und Konflikten. Kaum war die Anti-Hitler-Koalition zwischen den USA und der Sowjetunion zerbrochen, kam es 1950 auf der koreanischen Halbinsel zum ersten Stellvertreterkrieg des Kalten Krieges. Fortan rangen die beiden Supermächte um die Verteidigung oder Ausweitung ihrer Interessensphären, was dadurch, dass das Ende der Vierzigerjahre kommunistisch gewordene China ebenfalls mitreden wollte, nicht erleichtert wurde. Die Kette der militärischen Konfrontationen und Beinahe-Konfrontationen riss nicht ab. In der Kuba-Krise von 1962 standen die Blöcke sogar kurz vor einem atomaren Schlagabtausch. Daneben kam es zu Aufständen innerhalb des östlichen Machtbereichs, die das Potenzial hatten, das internationale System zu destabilisieren, etwa 1953 in der DDR oder 1957 in Ungarn. Ein zusätzlicher permanenter Unruheherd waren die überseeischen Besitzungen der europäischen Kolonialmächte. Die quälende Auflösung dieser Imperien führte teilweise sogar zwischen den westlichen Mächten zu Friktionen.

Gemessen an dieser explosiven geopolitischen Mixtur, erwies sich das Devisensystem als erstaunlich robust. Zwar mussten gelegentliche Anpassungen der Wechselkurse vorgenommen werden. Doch im Zentrum des Systems stand unverrückbar wie die Sonne der Dollar, der in dieser Zeit wirklich als »so gut wie Gold« gelten konnte. Auffällig war vor allem das Fehlen großer Finanzkrisen, wie sie in den Zwanziger- und Dreißigerjahren zur Geißel der Kapitalmärkte geworden waren und wie sie auch später wieder vermehrt auftreten würden. Für Aktionäre, die allerdings selbst im kapitalistischen Kernland USA nur einen kleinen Teil der Bevölkerung ausmachten, war es geradezu ein goldenes Zeitalter. Der Dow Jones Index konnte seinen Wert in den Jahren zwischen 1949 und 1962 mehr als verdreifachen.

Doch nicht nur Aktionäre, auch Sparer und Rentiers (die in den Zwanzigerjahren in vielen Staaten der Erde qua Inflation enteignet worden waren) erlebten mit der Zeit ein Revival. Für viele überraschend verlief die Preisentwicklung in der westlichen Welt in ruhigen Bahnen. Nur direkt im Anschluss an den Zweiten Weltkrieg kam es zu einer Phase der starken Inflation und noch einmal als Reaktion auf den Koreakrieg Anfang der Fünfziger. Danach verzeichneten alle großen westlichen Industrieländer eine sehr maßvolle Geldentwertung. In den drei Jahrzehnten vor dem Zusammenbruch des Systems starrer Wechselkurse stiegen die Preise in den wichtigsten Industrieländern um durchschnittlich 2,6 Prozent jährlich.[16] Es war, wie es im Englischen heißt, »to good to last«, zu schön, um anzudauern.

Wie fast alle goldenen Zeitalter war auch dieses ein schöner Traum. Die monetäre Ruhe der Fünfziger- und Sechzigerjahre resultierte aus besonderen Umständen, die nicht ewig anhalten konnten. Getragen wurde das System von Bretton Woods besonders zu Anfang durch die wirtschaftliche Dominanz der Vereinigten Staaten. Während große Teile Europas (und auch Asiens) nach dem Zweiten Weltkrieg verwüstet darniederlagen, war das amerikanische Produktionspotenzial praktisch unversehrt geblieben. Von direkter Feindeinwirkung war nur Hawaii betroffen. Europa widmete sich noch dem zeitraubenden Wiederaufbau vor allem der Infrastruktur, als die USA schon im großen Stil produzieren und exportieren konnten. Nie war die relative Überlegenheit Amerikas auf wirtschaftlichem Gebiet größer als zu diesem Zeitpunkt. Am Ende des Zweiten Weltkriegs lag der Anteil der USA an der weltweiten Industrieproduktion bei mehr als 50 Prozent, das Land zeichnete für die mit Abstand meisten Exporte verantwortlich und verfügte über beinahe zwei Drittel der globalen Goldreserven.[17] Nie zuvor und nie danach überragte eine Ökonomie alle anderen auf dem Erdball so sehr wie die amerikanische in den Vierziger- und Fünfzigerjahren. Die scheinbare Unverwüstlichkeit des Bretton-Woods-Systems wurde darüber hinaus von der Neuverteilung der politischen Machtverhältnisse nach 1945 unterstützt.

Ein vergleichender Blick auf die Zwischenkriegszeit macht den Unterschied deutlich: In den zwei Jahrzehnten zwischen 1918 und 1939 hatten die europäischen Großmächte eine eigenständige Weltpolitik fortgeführt – die nicht selten in direktem Widerspruch zu den Vereinigten Staaten stand. Hier wirkten alteuropäische Vorstellungen von Rang, Prestige und zivilisatorischer Mission fort. Frankreichs und Englands Abschied von der Macht war nicht schmerzfrei und nicht ohne trotziges Aufbäumen, schließlich hatten beide Mächte vor 1945 zwei Jahrhunderte lang eine führende Rolle auf der internationalen Bühne gespielt, Weltpolitik war in Pariser oder Londoner Salons und Clubs gemacht worden. Dank mancher »Kriegsbeute« hatte das britische Kolonialreich seine größte Ausdehnung nach 1918 erreicht. Ähnlich konnte sich Frankreich in den zwei Jahrzehnten nach 1918 noch als aufsteigende Macht fühlen. Nicht zuletzt auf finanziellem Gebiet schien die Erwartung künftiger Grandeur nicht unbegründet, da die Pariser Börse dem alten Konkurrenten London den Platz streitig machte. Doch das Gegeneinander forderte einen Preis: Die Rangeleien um Macht und Einfluss trugen nicht unwesentlich zur Instabilität des internationalen Systems zwischen 1918 und 1939 bei.

Nach dem Zweiten Weltkrieg wandelte sich das Bild: Trotz der imposanten äußeren Ausdehnung der europäischen Kolonialreiche begannen deren Fundamente schnell zu bröckeln. Unabhängigkeitsbewegungen gewannen in den überseeischen Territorien schnell an Zuspruch. Der weltpolitische Abstieg der europäischen Imperialstaaten beschleunigte sich nun auf dramatische Weise. Schon 1947 wurde Indien, das »Kronjuwel« des britischen Empire, unabhängig, und die französische Herrschaft in Indochina löste sich in den Fünfzigerjahren mit atemberaubender Geschwindigkeit auf. Sogar eine Abspaltung Algeriens, das patriotische Franzosen als Teil des Mutterlandes anzusehen gelernt hatten, deutete sich an.

Doch selbst wenn es Frankreich und Großbritannien gelungen wäre, ihre kolonialen Ansprüche zu verteidigen – spätestens seit dem Sues-Debakel von 1956 war klar, dass das ein hoffnungsloses Unterfangen war –, wären die europäischen Mutterländer extrem verletzlich geblieben. Seit dem Ende des Kriegs stand mit der Sowjetunion eine Militärmacht im Herzen Europas, die die geschwächten Streitkräfte Westeuropas leicht hätte zermalmen können. Dank ihrer erdrückenden konventionellen Überlegenheit und ihrer günstigen strategischen Ausgangsposition »knapp hinter Fulda«, bestanden für die Rote Armee gute Chancen, mit einem Überraschungsangriff bis zum Ärmelkanal vorzustoßen. Allenfalls ein Eingreifen der Amerikaner, möglicherweise unter Einsatz der Atombombe, hätte Paris und London dann noch vor der Einnahme durch die Rote Armee retten können. Zwar durfte es den USA schon aus kommerziellen Interessen keineswegs gleichgültig sein, ob die rote Fahne über ganz Europa wehte, aber im Konfliktfall war Europa deutlich mehr von amerikanischer Unterstützung abhängig als umgekehrt. Grund genug, ein freundschaftliches Verhältnis zu Washington zu pflegen.

Die Verkrüppelung der Machtposition von Großbritannien und Frankreich durch den Krieg, die Schwächung ihrer weltpolitischen Stellung durch die Entkolonialisierung sowie die latente Bedrohung durch die Sowjetunion hatten einen disziplinierenden Effekt, der so etwas wie ein »westliches Bündnis« erst entstehen ließ. In den ersten beiden Nachkriegsjahrzehnten waren die USA unangefochten der Hegemon mit der einzigen Streitmacht der Welt, die der Roten Armee trotzen und die Sowjets aus Westeuropa fernhalten konnte, und sei es unter Androhung des Einsatzes von Atomwaffen. Die Existenz einer Führungsmacht brachte eine ungeahnte Stabilität in das internationale System der kapitalistischen Welt. Diese westliche Harmonie übertrug sich auf die Sphäre der Wechselkurse.

Transatlantische Fragezeichen

Um das Jahr 1960 tauchten hinter der Ordnung von Bretton Woods vermehrt Fragezeichen auf: Würde die titanenhafte Unangreifbarkeit der USA anhalten? Oder würden europäische und außereuropäische Mächte, die sich in den Schatten gestellt fühlten, Amerika über kurz oder lang herausfordern, wenn nicht auf militärischem, dann auf diplomatisch-politischem oder ökonomischem Gebiet? Würde Washington mit der Hegemonialposition, die ihm durch die beiden Weltkriege zugefallen war, auf Dauer umzugehen verstehen? Oder war damit zu rechnen, dass es langfristig zu wenig Rücksicht auf die Interessen seiner Alliierten nehmen würde? Vor allem aber stellte sich die Frage, ob eine internationale Reserve- und Handelswährung gleichzeitig auch eine nationale Währung sein konnte. Wissenschaftler wie Robert Triffin waren skeptisch: Bereits Ende der Fünfzigerjahre hatte der belgisch-amerikanische Ökonom postuliert, dass sich das Verhältnis der umlaufenden Dollar zu den Goldbeständen der Vereinigten Staaten immer weiter verschlechtern würde. Am Ende könnte ein einziges großes Land mit der Forderung, seine Dollarreserven in Edelmetall zu tauschen, die US-Notenbank knacken und das Bretton-Woods-System aus den Angeln heben.

Auf Seiten der Europäer gab es politisch zunehmend Zweifel. So sehr sich die Amerikaner ihrer historischen Verantwortung, das »Arsenal der Demokratie« (eine Formulierung von Franklin D. Roosevelt) zu sein, nach 1940 gewachsen gezeigt hatten, so unsicher war, ob das so bleiben würde. Der abrupte Rückfall in den Isolationismus nach dem Ersten Weltkrieg ließ in den europäischen Hauptstädten manchen das Schlimmste befürchten. Dass die Sowjetunion ab 1949 über Nuklearwaffen verfügte, machte Westeuropa noch anfälliger. Aber selbst wenn es nicht zu einer völligen Abkehr von der alten Welt kommen würde, blieb die Frage, ob Amerika bei seinen wirtschaftlichen und politischen Entscheidungen die Bedürfnisse seiner Verbündeten immer ausreichend berücksichtigen würde. Bretton Woods konnte nur funktionieren, solange die Beteiligten ihre Interessen darin ausreichend widergespiegelt sahen. Es war ein starres System, gemacht für eine statische Welt.

Noch in einer anderen Hinsicht begann es im transatlantischen Verhältnis zu knirschen: Zu den großen weltpolitischen Überraschungen der Fünfziger- und Sechzigerjahre gehört der schnelle wirtschaftliche Wiederaufstieg Europas. Diese Renaissance des Kontinents war nicht unbedingt das, was 1945 oder selbst noch 1950 erwartet werden durfte. Verheert durch den Zweiten Weltkrieg, aber auch durch die Spätfolgen der Weltwirtschaftskrise, innenpolitisch zerrrissen und eingekeilt zwischen den Supermächten, schien den kontinentalen Ökonomien eine allenfalls mäßige Zukunft bevorzustehen. Das Beste, was erhofft werden durfte, war eine langsame Rehabilitation, die womöglich Jahrzehnte in Anspruch nehmen würde. Doch es kam anders: Nicht nur in Westdeutschland, auch in Frankreich, Italien und anderen westeuropäischen Ländern starteten die Industrien in den Fünfzigerjahren durch. Das Wirtschaftswunder war keine deutsche Besonderheit, sondern ein paneuropäisches Phänomen.

Wie ist die rasche Genesung des geschundenen Erdteils zu erklären? Die Marshallplan-Hilfe ist sicher einer der Gründe. Wichtig war zweifelsohne auch das Bekenntnis zur Freiheit des internationalen Handels. Auch wenn es noch lange dauern würde, ehe die Zölle abgeschafft wurden, war damit der Weg vorgegeben, wie die industrialisierten Länder aus ihrer relativen Armut herauswachsen konnten.

Auch von den Wechselkursen ging für Europa Unterstützung aus: Wegen der anfänglichen Schwäche der kontinentaleuropäischen Wirtschaften nach dem Krieg waren der Französische Franc und die 1948 neu geschaffene Deutsche Mark auf recht niedrigem Niveau an den Dollar gebunden worden. Nachdem sich die kontinentalen Ökonomien gefangen hatten, erleichterte das den Firmen, Exporterfolge auf den außereuropäischen Märkten zu erzielen. Eine charakteristische Ausnahme stellte einmal mehr die britische Währung dar. Das Pfund war, in noch stärkerem Maße als in der Vorkriegszeit, eine Bastion des Dollar.

Sinnfälliges Bild der neuen Gewichtsverteilung waren die Volkswagen, die in den Sechzigerjahren immer häufiger auf Amerikas Straßen zu sehen waren, jenem Land, das die automobile Kultur praktisch erfunden hatte. Die Vereinigten Staaten stellten zwar weiterhin eine bedeutende Exportnation dar, aber sie führten jetzt auch immer mehr Waren ein, zunächst aus Europa, zunehmend auch aus Asien. Amerika war auf dem Weg zum größten Konsumtempel der Geschichte.

4. Anfechtungen und Bewährungen

Vietnam: ein Dollar-Debakel

Wenn der Dollar-Goldstandard von Bretton Woods im ersten Jahrzehnt so gut funktionierte, so hatte das wesentlich damit zu tun, dass Washington eine an Stabilität orientierte Politik betrieb. In den ersten zehn Jahren erfüllten die Amerikaner ihre Mission als Weltwährungshüter ohne Fehl und Tadel. Die öffentlichen Haushalte verzeichneten zwar Defizite, doch die Wirtschaft wuchs so schnell, dass der Anteil von Zins und Tilgung am gesamten Volkseinkommen moderat blieb: Sprudelnde Steuereinnahmen halfen im Lauf der Jahre dabei, die Staatsschuld abzutragen. Und abgesehen von militärisch verursachten Preisschüben, etwa während des Koreakriegs, blieben die Inflationsraten moderat. Die amerikanische Notenbank Federal Reserve war 1913 als späte Reaktion auf die Börsenpanik von 1907 ins Leben gerufen worden, vorwiegend um als »lender of last resort« künftige Liquiditätsklemmen zu verhindern. Ein halbes Jahrhundert später konnte sie für sich in Anspruch nehmen, nicht nur erfolgreich neue Finanzkrisen zu verhindern, sondern auch die Inflation fest im Griff zu haben. In der Geldpolitik waren Amerika und die Fed das Maß aller Dinge.

Das änderte sich Mitte der Sechzigerjahre, und wieder war es ein Waffengang, der zu einer dissonanten Geldpolitik führte, diesmal der in Vietnam. Ironischerweise würde dieser Krieg die USA im weiteren Verlauf der Geschichte ausgerechnet in einen Währungskonflikt mit jenem Staat führen, von dem sie den Konflikt »geerbt« hatten. Der Vietnamkrieg, der sich zu *dem* Fiasko amerikanischer Supermacht-Politik im 21. Jahrhundert entwickeln sollte, hatte als französischer Krieg begonnen. Die USA sprangen erst später ein, als Indochina nach dem Zusammenbruch des französischen Kolonialreichs in Gefahr war, zur Ausgangsbasis für den kommunistischen Einfluss in Asien zu werden. Zumindest war das die in Washington vorherrschende Sicht. Im Jahr 1954 war Vietnam in einen kommunistischen Norden und einen »freien« Süden geteilt worden. Als die nordvietnamesischen Kommunisten jedoch Fortschritte dabei machten, die unbeliebte Regierung des Südens zu destabilisieren, alarmierte das die strategischen Planer im Pentagon aufs Höchste. Sie hatten sich nunmehr der Doktrin des »containment«, der Eindämmung der kommunistischen Expansion verschrieben und befürchteten einen Domino-Effekt: Würde Indochina fallen, so könnte das gesamte entkolonialisierte Asien rot werden.

In der ersten Hälfte der Sechzigerjahre beschränkte sich Amerika darauf, die westlich orientierte, aber korrupte Regierung in Südvietnam mit Militärberatern und Kriegsmaterial zu unterstützen. Ab 1965 verschärfte Washington jedoch die Gangart. Mit Bombardements sollte die kommunistische Regierung in Hanoi an den Verhandlungstisch gezwungen werden. Erstmals entsandten die USA im März 1965 auch eigene Bodentruppen in das Kriegsgebiet. In den folgenden drei Jahren sollte die Zahl der G.I.s auf bis zu 536 000 ansteigen. Obwohl der Umfang der Militäroperationen von Jahr zu Jahr wuchs – zum Beispiel wurden die Bombardierungen auf die Nachbarländer Kambodscha und Laos ausgeweitet –, war ein Sieg der US-Truppen Ende der Sechziger nicht absehbar. Die amerikanische Militärmaschine hatte sich in den Sümpfen und Wäldern Vietnams festgefahren. Erkennbar war indessen, dass die Kriegslasten die heimische Wirtschaft mehr und mehr schädigten. Jeder Einsatz eines großen B-52-Bombers verschlang 30 000 Dollar, und Jahr für Jahr stiegen Tausende US-Flugzeuge auf. Schon 1966 belasteten die Bombardements den US-Haushalt mit 1,7 Milliarden Dollar.[18]

Für die Währungspolitik stellte der Krieg eine enorme Herausforderung dar. Um den fortgesetzten Kampf in Asien zu finanzieren, verlegten sich die USA darauf, die Menge der zirkulierenden Dollars auszuweiten. Der Export von Greenbacks sicherte Amerikas militärische Stärke (zumindest vorübergehend), aber er unterminierte die Festigkeit von Amerikas Währung. Die amerikanische Haushaltslage wurde in den Sechzigerjahren umso prekärer, als sich die USA parallel zum Vietnamkrieg an den Aufbau eines Wohlfahrtsstaats gemacht hatten: Präsident Lyndon B. Johnsons »Great Society« (die unter anderem erstmals eine allgemeine Krankenversicherung für Rentner und Arme vorsah) mochte den gesellschaftlichen Zusammenhalt im Land festigen, ging aber mit weiteren Ausgaben einher, die die öffentlichen Etats zusätzlich unter Druck setzten. Nach 1945 konnte der rüstungsbedingte Schuldenberg durch rasches Wirtschaftswachstum und umsichtige Politik erstaunlich schnell abgebaut werden. Nun hatte diese Sanierung keine Priorität mehr, sie rückte immer mehr in den Hintergrund. Das hatte Folgen weit über Amerikas Grenzen hinaus: Über den Leitwährungsstatus des Dollar schien der Rest der Welt dazu bestimmt, Amerikas Defizite mitzufinanzieren. »Unsere Währung, euer Problem«, würde einige Jahre später US-Finanzminister John Connally nassforsch formulieren.

Die Dollarflut brachte unweigerlich Inflationsgefahr mit sich, die sich in der Ordnung von Bretton Woods wie in einem System kommunizierender Röhren auf andere Länder übertragen konnte. Wegen der aus dem Ruder laufenden Kriegsausgaben schraubte sich die amerikanische Inflation in zuvor lange unerreichte Höhen. Ende der Sechzigerjahre stiegen die Verbraucherpreise mit einer Rate von fünf Prozent und damit so schnell wie seit dem Koreakrieg nicht mehr. Und es ging weiter nach oben. Um den Kurs der US-Währung im Bretton-Woods-System zu stützen, mussten die Notenbanken Dollar gegen »frisch gedrucktes« heimisches Geld aufkaufen, wodurch sich der Inflationsvirus international ausbreitete. Viele europäische Geldhüter intervenierten mit zunehmendem Widerwillen. Das Bretton-Woods-Gefüge begann Auflösungserscheinungen zu zeigen.

Fort Knox droht auszubluten

Gegen Ende der Sechzigerjahre schmolzen die Edelmetall-Bestände der Federal Reserve für alle erkennbar dahin. Für diesen Aderlass waren zwei Faktoren verantwortlich, die zum Nachteil der Amerikaner zusammenwirkten: Zum einen der Vertrauensschwund, den der Dollar durch den verlustreichen Krieg in Vietnam verzeichnen musste. Zum anderen die erwähnte schnelle Erholung der europäischen Volkswirtschaften: Gestützt durch einen offenen Welthandel und tendenziell unterbewertete Währungen, erwiesen sich Franzosen, Italiener und vor allem Deutsche als Meister darin, Produkte auf ausländischen Märkten abzusetzen. Gemessen an den »asiatischen« Niveaus von heute waren die Handelsbilanzüberschüsse dieser Länder zwar noch bescheiden. Doch laut den Statuten des Bretton-Woods-Systems hatten die ausländischen Notenbanken das Recht, die Dollar-Überschüsse in Gold zu tauschen. Davon machten sie im Klima des um sich greifenden monetären Misstrauens nun zunehmend Gebrauch. Das hatte zur Folge, dass Fort Knox (die berühmte Lagerstätte des amerikanischen Goldes) in den Sechzigerjahren einen steten Abfluss von Edelmetall in Richtung Europa verzeichnete.

Deutschland, das bei Kriegsende praktisch überhaupt kein Edelmetall mehr besessen hatte, konnte bereits 1956 mehr Gold vorweisen als die Banque de France.[19] Streng genommen verließ nur ein geringer Teil des Goldes von Amerika die Tresore der Fed in physischer Form. Teilweise wurden die Barren schlicht an Ort und Stelle umetikettiert, was immer wieder zu Verschwörungstheorien Anlass gab und gibt, das deutsche Gold werde von Amerika als Pfand für deutsche Bündnistreue gehalten. In der Tat hielt sich die Bundesbank mit Forderungen nach in Gold umgetauschten Dollar vornehm zurück: Auf die Spitze getrieben wurde das Recht, Dollarforderungen in pure Unzen Edelmetall zu konvertieren, hingegen von dem stets unbequemen Verbündeten Frankreich. Das hing, wie so oft in der Geschichte, mit dem »Personal« an der Spitze zusammen.

De Gaulles Angriff

Seit 1958 residierte im Elysée-Palast Charles de Gaulle. Nachdem der Weltkriegsheld an die Macht gekommen war, gestaltete er Frankreich grundlegend um. Er gab dem Land eine neue Verfassung und schuf damit die Fünfte Republik, die bis heute besteht und bis heute sein Gepräge trägt. Der von ihm angeordnete Rückzug aus Algerien war zwar schmerzhaft, beendete aber einen teuren und letztlich aussichtslos gewordenen Feldzug, der immer mehr Ressourcen und Menschenleben gekostet hatte. Infolge der Reformen wurde Frankreich nicht nur politisch stabiler, es modernisierte sich auch in ungeahnter Weise. Auch in der Währungspolitik setzte der General kraftvoll Akzente.

Die Dominanz der angelsächsischen Währungen war der französischen Politik bereits in den Zwanzigerjahren ein Dorn im Auge gewesen. Nun hing also Frankreichs Geldpolitik einmal mehr von den Volten Washingtons ab, und dessen Ungeschick in Indochina brachte aus Sicht von Paris zunehmend Risiken für die heimische Wirtschaft mit sich. Eine gewisse Schadenfreude über das Scheitern der USA an dem Kriegsschauplatz, der bereits zum Waterloo für die französische Streitmacht geworden war, kann nicht ausgeschlossen werden. De Gaulle ließ die Amerika-kritische Tradition der Zwischenkriegszeit mit neuem Selbstvertrauen wiederaufleben. Für ihn war die Dominanz des Dollar eine nationale Zumutung. Der General entwickelte eine ähnliche Obsession, die Abhängigkeit der französischen Währung und Wirtschaft vom Greenback abzuschütteln, wie sie eine knappe Generation später sein Amtsnachfolger François Mitterand gegenüber der D-Mark ausbilden würde.

Hinzu kam de Gaulles enorme Wertschätzung für Gold als Währungsmetall. Der Gründer der Fünften Republik misstraute dem Papier-Dollar zutiefst, für das gelbe Metall hingegen empfand er eine fast schon religiöse Verehrung. Gold war eben immer noch Gold. Und dass der Dollar »so gut wie Gold« war, konnte in den Zeiten der permanenten Defizit-Politik niemand mehr ernsthaft behaupten. Für den General wurde die Vorstellung, das Gold von Amerika nach Frankreich zu holen, fast schon zur Manie. Er befahl der Banque de France, ausgiebig von den Möglichkeiten Gebrauch zu machen, die ihr das Bretton-Woods-Ankommen bot, und sich Dollar-Forderungen in Gold transferieren zu lassen. Die Bestimmungen sahen zwar in der Tat vor, dass sich ein Staat Forderungen in Edelmetall auszahlen lassen könne. Doch das Volumen der französischen Forderungen kam einem Frontalangriff auf den Dollar gleich. Da das US-Geld mit Edelmetall unterlegt sein musste, unterspülte der zunehmende Abfluss nach Frankreich die Wertbasis der US-Währung.

De Gaulle konnte den Dollar schwächen, doch am Ende nicht zerstören. Noch wirkten auf der internationalen Bühne genügend Gegenkräfte, die ein Interesse daran hatten, das System von Bretton Woods trotz all seiner

Schwächen aufrechtzuerhalten. Nicht nur für Japan blieb es in einer gefährlichen Welt unter dem Strich ein gutes Geschäft, Sicherheitsgarantien der Amerikaner mit finanziellem Entgegenkommen zu vergelten. Der Frontalangriff auf den Dollar wurde 1969 auch deshalb vorerst abgebrochen, weil der General nach einem verlorenen Referendum als französischer Präsident zurücktrat. De Gaulles Modernisierungspolitik hatte mit zum Entstehen einer rebellischen Jugend-Bewegung beigetragen, die die bestehende Ordnung in Frage stellte und gegen das gesellschaftliche Establishment revoltierte. Wie so viele Revolutionäre vor ihm wurde der General zum Opfer seines eigenen Erfolgs.

Die wichtigste Bastion fällt

Der gallische Angriff trug gleichwohl zur allgemeinen Schwächung des Dollar bei, die sich nach 1965 zuspitzte und in einer zunehmenden Instabilität der Weltwährungsordnung bemerkbar machte. Je brüchiger die monetäre Nachkriegsordnung wurde, desto mehr wurden einzelne Wechselkurse durch Spekulanten attackiert. Sie trachteten danach, die Fehlbewertungen auszunutzen, um Gewinne einzufahren. Mehr noch als auf den Dollar richteten sich die Angriffe auf dessen erste Verteidigungslinie, das Pfund. Trotz des einzigartigen Sturzes Großbritanniens von der weltweit führenden Finanz- und Kolonialmacht zum nordwestlichen Vorposten Europas mit notorisch kränkelnder Wirtschaft hielt sich der Sterling bis in die Sechzigerjahre hinein als die zweitwichtigste Reservewährung. Was manche als Musterbeispiel für historische Trägheit apostrophierten, rührte zum Teil von der Bedeutung her, die britische Vermögenswerte in den ehemaligen Kolonien hatten. Hinzu kam die enge Bindung, die die Finanzzentren an der US-Ostküste und die Londoner City ausgebildet hatten. Das amerikanische Establishment betrachtete Großbritannien und das Pfund alles in allem mit viel Wohlwollen. In Währungsfragen gab es zwischen London und New York eine »special relationship«, eine besondere Beziehung.

Während das Pfund noch Weltklasse zu sein schien, war die britische Wirtschaft in den Sechzigern auf dem absteigenden Ast. Die ökonomische Substanz rechtfertigte den hohen Kurs nicht mehr: Die Spekulanten erhöhten den Druck immer mehr, und im Jahr 1967 war der Sterling schließlich nicht mehr zu halten. Trotz der Verteidigungsbemühungen aus New York und Washington musste die Parität um demütigende 17 Prozent gesenkt werden. Der Sterling sollte als Reservewährung immer weiter an Boden verlieren, bis er in den Neunzigerjahren beinahe in der Bedeutungslosigkeit verschwunden war. Erst das Misstrauen gegen den Euro würde ihm später wieder zu einer gewissen Renaissance verhelfen. Die Abwertung des Pfunds war ein Warnsignal, wie ernst es um den Dollar stand und wie es ihm weiter ergehen konnte. Wenn die britische Währung verwundbar war, dann war es auch die amerikanische.

Der Tod von Bretton Woods

Ein anderes Symptom der monetären Krise war der Goldkurs: Am freien Markt waren die Notierungen des gelben Metalls in den Sechzigerjahren schon länger über die offizielle Parität von 35 Dollar je Unze gestiegen. Anfänglich hatten die Bretton-Woods-Länder diese unliebsame Abweichung von der Norm durch Interventionen auf dem Goldmarkt ausgeglichen. Dazu wurde 1961 eigens ein Kartell, der Goldpool, gegründet. Doch die sich verstärkenden Konflikte zwischen den Regierungen führten im Frühjahr 1968 zur Aufkündigung des Pools. Auch von dieser Seite war fortan keine Hilfe mehr zu erwarten. Das einst so stolze Gebäude des Bretton-Woods-Systems wurde mehr und mehr zu einem einsturzgefährdeten Haus.

Anfang der Siebzigerjahre waren die Anfechtungen des Dollar so weit vorangeschritten, dass sich der seit 1969 amtierende neue Präsident Richard Nixon zu einem radikalen Schritt gezwungen sah. Am 15. August 1971 richtete sich Nixon in einer Fernsehansprache an das amerikanische Volk: Er sparte nicht an dramatischen Worten und verkündete, neben anderen dramatischen Maßnahmen, der Dollar sei »vorübergehend« nicht mehr in Gold konvertierbar.

Mit dieser »Schließung des Goldfensters« war die uralte Bindung der amerikanischen Währungen an das gelbe Metall gekappt – und nicht nur vorübergehend, wie Nixon in seiner Rede formuliert hatte. Fast ein Jahrhundert lang war der Dollar, von einigen kürzeren Unterbrechungen abgesehen, »so gut wie Gold« gewesen, hatten Greenback und gelbes Metall eine monetäre Einheit gebildet. Die glänzenden Barren in den Kellern von Fort Knox waren ein tonnenschweres Unterpfand dafür, dass Washington nie zu weit vom rechten Weg der soliden Geldpolitik abwich. Mit dem 15. August 1971 war das vorbei. Von diesem Zeitpunkt an war der Dollar nur mehr eine Papierwährung wie Dutzende andere – eine Papierwährung, die beliebig vermehrt werden konnte.

Zwei Jahre nach der schicksalsträchtigen Trennung vom Gold wurde ein weiterer nicht weniger revolutionärer Schritt beschlossen, der die letzten Reste des Bretton-Woods-Systems wegfegte: Washington gab den Kurs des Dollar frei. Gegenüber den anderen wichtigen Devisen konnte die US-Währung jetzt frei schwanken (oder, wie es in der Fachsprache heißt, »floaten«). Die in der Zeit nach dem Zweiten Weltkrieg verpönte Politik der freien Wechselkurse hatte sich zumindest bei den Washingtoner Politikern durchgesetzt. Beide Entscheidungen – die Aufgabe des Stabilitätsankers Gold und die Freigabe des Wechselkurses – sollten die Weltwirtschaft auf den Kopf stellen. Die relativ statische, auf Ewigkeit angelegte Architektur von Bretton Woods war durch ein hochdynamisches System abgelöst worden. Das hatte Folgen, die bis in die Gegenwart reichen – und weit darüber hinaus.

Mit dem endgültigen Abschied vom goldunterlegten Geld betraten die USA Neuland. Das wichtigste Zahlungsmittel der Welt war jetzt eine Papierwährung. Da der Dollar mangels Alternativen seinen Status als Reserve-Medium erhielt, fanden sich die USA jetzt in einer äußerst angenehmen Position wieder: Sie konnten ihre Defizite statt mit realen Werten nun mit Schuldscheinen finanzieren – solange (und das war die einzige Voraussetzung) sich für diese Schuldscheine genügend Abnehmer finden ließen. Es würde das große Fragezeichen der nächsten Dekaden sein, ob die Schuldscheine mit der dunkelgrünen Rückseite gedeckt waren oder nicht.

Papier

Für die US-Regierung bedeutete das Ende von Bretton Woods einen Befreiungsschlag. Der Rigidität des Gold-Dollar-Standards entflohen, konnte Washington innen- und außenpolitisch viel freier agieren. Der folgende allmähliche Rückgang des Dollarkurses brachte eine Erleichterung für die amerikanische Exportindustrie, die einige von Nixon und seinen Vorgängern eingeführte protektionistische Maßnahmen überflüssig machten. Auch im Innern hatte die Trennung von der Goldbasis und festen Wechselkursen zunächst große Vorteile. Die Siebzigerjahre waren auch in den USA die Ära des rapide expandierenden Wohlfahrtsstaats. Die Präsidenten Nixon und Carter setzten das von Johnson begonnene Aufbauwerk fort. Die vielen Sozialprogramme zu finanzieren, fiel nun, da die Notenpressen ungebremst rotieren konnten, weitaus leichter. Die Vorzüge der neuen Flexibilität zeigten sich auch in der Energiekrise von 1973, als die Erdöl exportierenden Länder der Opec den Preis für den fossilen Brennstoff um das Vierfache nach oben schraubten. Das traf Amerika hart, hatte sich das Land seit Ende des Zweiten Weltkriegs doch vom großen Ölexporteur zum großen Ölimporteur gewandelt. Der Anteil des importierten schwarzen Goldes war allein zwischen 1956 und 1972 von 5,6 Prozent auf 17,4 Prozent gestiegen.[20] Die Regierung begegnete dem Preisschock mit einer Kombination von Ausgabenprogrammen und Geldpolitik: Durch das Anwerfen der Notenpressen wurde für den Moment ein allzu schmerzlicher Kaufkraftverlust der US-Bürger abgemildert. Mehr umlaufende Dollar erleichterten es den Arbeitnehmern, höhere Löhne und Gehälter durchzusetzen. Zusätzlich stimulierten die Behörden die schwächelnde Wirtschaft mit gepumptem Geld. Bald schon zeigten sich jedoch die Schattenseiten der neuen monetären Freiheiten, die das Papiergeld mit sich brachte.

Die entscheidende Frage lautete, ob es den Notenbanken gelingen würde, mit der neuen »Technologie« eines ungedeckten Zahlungsmittels umzugehen. Prinzipiell waren alle Notenbanken der westlichen Welt darauf ausgerichtet, den Geldwert zu erhalten. Inflation zu verhindern, stellte auch eines der Ziele des Federal Reserve Systems dar, wie es 1913 gegründet und in den Dreißigerjahren reformiert und gestrafft worden war. Allerdings hatte die US-Zentralbank daneben noch andere Aufgaben, zum Beispiel die Konjunktur und die Vollbeschäftigung zu fördern. Hinzu kam, dass ein Papiergeld-System im globalen Maßstab eine völlig neue Erfahrung war. Es war eben nicht nur der Dollar, der keine Verankerung in realen Werten mehr hatte – für die anderen Devisen galt das gleiche.

Den im Bretton-Woods-System sozialisierten Währungshütern fehlte es schlicht an Erfahrung, wie mit »fiat money«, also nach Bedarf produziertem, aus dem Nichts »geschöpftem« Geld, in dieser Dimension umzugehen war. Das Wort »fiat« hat nichts mit der Turiner Automarke zu tun, sondern steht für das lateinische »es werde«, wie es auch aus der Bibelstelle »fiat lux«, es werde Licht, bekannt ist. Papiergeld im globalen Maßstab war ein vollkommen neues Experiment, und so manchem traditionellen Anhänger des Goldstandards, zu denen auch der junge Alan Greenspan gehörte, schwante Schlimmes. Bald schon sollten sich die Zweifler bestätigt sehen.

Kaum war die Lösung des Dollar vom Gold vollzogen, kam eine gefährliche Inflationsspirale in Gang: Höhere Preise wurden mit Lohnsteigerungen beantwortet, die ihrerseits wiederum zu höheren Preisen führten, da die Firmen einen Ausgleich für die gestiegenen Kosten suchten. Bald erinnerte die Situation in den industrialisierten Volkswirtschaften an die Fabel von Hase und Igel. Der Hase Lohnabschluss konnte nicht schnell genug rennen, um den Igel Inflation einzuholen, aber rennen musste er. Das Phänomen war in der gesamten westlichen Welt verbreitet, betraf mit dem Dollar aber die globale Leitwährung, was das Weltfinanzsystem vor besondere Schwierigkeiten stellte.

Stagflation

Zweistellige Inflationsraten waren schon bald nach Nixons Loslösung des Dollar vom Gold keine Seltenheit. Verschlimmert wurde die Lage dadurch, dass es die Volkswirtschaften mit einer neuen, zuvor unbekannten Art von Geldentwertung zu tun hatte. Anders als es die ökonomische Theorie postulierte, ging diese Inflation nicht mit hohem Wachstum und sinkender Erwerbslosigkeit einher. Im Gegenteil, die Arbeitslosigkeit zog im Verlauf der Siebzigerjahre stark an. Diese Verbindung von ökonomischer Stagnation und Inflation war ein äußerst beunruhigendes neues Phänomen. Sie strafte die Bevölkerung doppelt: Hohe Preissteigerungen unterminierten die Kaufkraft des Geldes, die Angst vor dem Jobverlust erzeugte zusätzlich gesellschaftliche Verunsicherung. Und das Phänomen war hartnäckig: Für den Rest des Jahrzehnts würde Stagflation die Geißel der westlichen Volkswirtschaften bleiben.

Erst Anfang der Achtzigerjahre kam es zu einem fast filmreifen Showdown. Die Stagflation hatte den Missmut in der Bevölkerung so groß werden lassen, dass der Ruf nach einer Alternative übermächtig wurde. Sowohl der keynesianische Nachkriegskonsens, demzufolge Konjunkturschwächen mit immer neuen Ausgabenprogrammen begegnet werden sollte, als auch die allzu lockere Geldpolitik der Notenbanken wurde jetzt angezweifelt. Sogar der immer teurer werdende Wohlfahrtstaat zog nun erstmals in der westlichen Welt Kritik auf sich. Es war Zeit für einen radikalen Kurswechsel. Und der kam in Gestalt dreier Reformer, die zwischen 1978 und 1981 in höchste Ämter gelangten. Ihre Namen lauteten Margaret Thatcher, Ronald Reagan und Paul Volcker. In Europa machte sich die konservative britische Politikerin Margaret Thatcher als Erste daran, die strukturellen Verkrustungen aufzubrechen, die für die hohe Dauerarbeitslosigkeit verantwortlich waren. In Amerika forderte der »große Kommunikator« Ronald Reagan, die Steuern zu senken und den Bürgern wieder die Verfügungsgewalt über ihr Einkommen zu geben. Ebenfalls in Amerika nahm der neue Fed-Chef Paul Volcker als eine Art Ritter des Geldwerts den Kampf mit dem gefräßigen Drachen Inflation auf.

Paul Volcker rettet die Weltwährung

Anfang der Achtzigerjahre währte das Wüten des Drachen Inflation bereits fast eine Dekade. Der Dollar war auf dem Weg, zu einer Weichwährung zu degenerieren. Viele Menschen waren zu monetären Fatalisten geworden und hatten ihr Heil in Sachanlagen gesucht. Im März des Jahres 1980 näherte sich die amerikanische Inflationsrate 15 Prozent, die Erwartung immer schneller steigender Preise drohte sich zu verselbstständigen. Nordamerika erinnerte zunehmend an Südamerika. Alarmiert tauschten Tausende Amerikaner ihr Erspartes gegen Münzen und Barren aus Edelmetall. Das gelbe Gold wurde zur Nemesis des Dollar.

Erst Anfang der Siebzigerjahre hatte Richard Nixon das von seinem Amtsvorgänger Roosevelt verhängte und in den Sechzigerjahren ausgeweitete Verbot, Gold privat zu erwerben, aufgehoben. Bei der Trennung beider Währungen hatte eine Unze 42,22 Dollar entsprochen. Mit diesem Wert stehen die offiziellen Goldbestände bis zum heutigen Tag in den Büchern der Federal Reserve. In den unsicheren Siebzigerjahren ging nun so mancher Amerikaner (aber auch Deutscher oder Brite) dazu über, sich einen persönlichen Notvorrat an »Krisenmetall« anzulegen. Durch die Käufe begann der Preis sogleich weit über die frühere offizielle Parität hinaus anzuziehen, und er bewegte sich auch im weiteren Verlauf des Jahrzehnts kräftig nach oben. Im Jahr 1979 setzte mit der zweiten Ölkrise, ausgelöst durch den Sturz des US-freundlichen Schah-Regimes in Persien und den Einmarsch der Sowjets in Afghanistan, dann eine panikartige Flucht aus dem Dollar ins Gold ein. In weniger als zehn Jahren hatte der Greenback zum Gold um circa 90 Prozent abgewertet.

Die Rolle des Dollar als Reservewährung war nun definitiv in Gefahr. Zwar widersprechen sich der Reservestatus und eine gewisse Inflationsneigung nicht per se.[21] Doch die grassierende Inflation sowie das angeschlagene Vertrauen in die amerikanische Politik entwickelten sich zur ernsten Bedrohung für das Ansehen des Greenbacks.

In dieser heiklen Situation entschloss sich der neue Fed-Chef Paul Volcker zu einem gewagten Schritt: Er wuchtete den Leitzins hoch auf 20 Prozent. Damit war Geld so teuer wie nie in der Geschichte Amerikas. Unter diesen Bedingungen fuhren Unternehmen ihre Investitionen zurück. Verbraucher stellten größere Anschaffungen hintan. Die Wirtschaft taumelte in eine tiefe Rezession, besonders hart getroffen waren die Farmer, die stets auf relativ viel Fremdkapital angewiesen sind. Zürnende Landwirte fuhren mit ihren Traktoren vor dem Notenbankgebäude in Washington auf und protestierten mit Hupkonzerten gegen die ihrer Meinung nach unsoziale und ruinöse Politik der Federal Reserve. Die politischen Folgen waren gravierend, der Konjunkturabschwung und die Arbeitslosigkeit führten dazu, dass Präsident Jimmy Carter im Herbst 1980 den Kampf um seine Wiederwahl verlor. Wie so oft, folgte die Geschichte einem zweifelhaften Sinn für Gerechtigkeit: Carter war der Mann, der Volcker als Notenbankchef eingesetzt hatte. Nun fiel er politisch den Folgen von dessen entschlossener und radikaler Inflationsbekämpfung zum Opfer.

Volcker hatte viel gewagt, aber am Ende siegte er. Die Rosskur, der er die amerikanische Wirtschaft unterzog, wirkte wie eine Wundermedizin. Schon drei Jahre später war die Teuerungsrate in Amerika auf fünf Prozent gesunken. Der Dollar war als Hartwährung gerettet. Die US-Wirtschaft, die Anfang der Achtzigerjahre bedenkliche Auflösungserscheinungen gezeigt hatte, kehrte auf einen soliden Wachstumspfad zurück. Nach der Rezession, der schwersten seit der Großen Depression, wuchs die US-Wirtschaft drei Quartale in Folge mit Raten von über acht Prozent. Gleichzeitig hauchte der neue Präsident Ronald Reagan dem Land wieder Zuversicht ein. Indem die USA und die US-Wirtschaft wieder zu Kräften kamen, sollten sich jedoch Entwicklungen verstärken, die im Abschied vom Bretton-Woods-System angelegt waren. Längst nicht alle davon waren positiv für Amerika und die Welt.

5. Dollar-Dämmerung

Dämonische Dollars

Die Entkopplung der internationalen Leitwährung vom Gold Anfang der Siebzigerjahre leitete eine neue Ära ein. Kaum jemand konnte damals überblicken, wie gravierend die Folgen für das internationale Währungsgefüge und für die Weltwirtschaft insgesamt sein würden. Das ungedeckte Fiat-Geld bescherte den Industrieländern nicht nur eine Phase beispielloser inflationärer Exzesse, die dank Volckers Kraftakt schließlich eingedämmt werden konnten. Es erlaubte Staat und Privaten auch neue Dimensionen des Konsums. Dank des kreditgeschöpften Papiergeld-Dollar konnten die Amerikaner laufende Ausgaben gleichsam »anschreiben lassen«. Egal ob es um moderne Flugzeugträger für die U. S. Navy ging oder das neue Auto für Mister und Misses Jones. Mochten die Handelsdefizite steigen und steigen – solange es auf der Welt genügend Abnehmer für amerikanische Schuldtitel gab, schien alles in Ordnung.

Auf den ersten Blick profitierten alle von dem Dollar, der die Fesseln des Goldes und des Bretton-Woods-Systems abgestreift hatte: Nicht nur die amerikanische Regierung und die US-Bürger, die mehr denn je auf Shoppingtour gehen konnten, sondern auch in- und ausländische Produzenten, die sich über ungeahnte Absatzsteigerungen freuten. Amerika wurde das Land der schier unbegrenzten Konsummöglichkeiten. Die Notenpressen der größten Volkswirtschaft subventionierten das Wachstum der Welt.

Im krisendurchwehten Klima der Siebzigerjahre war die Entwicklung aus verschiedenen Gründen noch moderat verlaufen. Politische Schocks wie der Watergate-Skandal, der Richard Nixons blendender Politikkarriere 1974 ein unrühmliches Ende setzte, sowie Energiekrisen dämpften die Konsumstimmung. Die Siebzigerjahre waren in vieler Hinsicht das düsterste Jahrzehnt seit der Großen Depression. Den Amerikanern schien ihre Zuversicht abhanden zu kommen. Davon abgesehen hatte für die westlichen Regierungen der Ausbau des Sozialstaats Priorität, nicht so sehr die Entwicklung der Angebotsseite. Selbst das kapitalistische Kernland USA kannte in den Siebzigerjahren Spitzensätze bei der Einkommensteuer von mehr als 80 Prozent. Das Recht auf Konsum hatte in Washington noch keine Lobby.

Das änderte sich mit einem Regierungswechsel. Am 20. Januar 1981 löste Ronald Reagan den glücklos agierenden Jimmy Carter im Weißen Haus ab. Der neue US-Präsident, der bald als der »große Kommunikator« bekannt war, gab seinen Landsleuten nicht nur ihren früher so charakteristischen Optimismus zurück. Er setzte auch eine neue Wirtschaftpolitik durch, die in Vielem einen Bruch mit dem keynesianischen Nachkriegskonsens darstellte: Durch gezielte Steuersenkungen steigerte er das zur Verfügung stehende Einkommen. Statt für die Förderung der Nachfrage stand die Administration nun für eine angebotsorientierte Politik. Bald lief die ökonomische Maschine unter Volldampf: Jahr für Jahr saugte Amerika, das selbst mehr und mehr auf den Dienstleistungssektor setzte, riesige Mengen ausländischer Waren an. Das Geschäft europäischer, nun aber vor allem asiatischer Unternehmen boomte. Im Gegenzug flossen gewaltige Dollarsummen in die Kassen der Export-Nationen: Vor allem die fernöstlichen Länder akkumulierten aus den Erlösen ihrer Verkäufe riesige Dollarbestände.

Eine Zeitlang wirkte dieser Austausch wie ein weltwirtschaftliches Perpetuum mobile. Doch dann kamen die ersten Zweifel an dem Wunderwerk auf, zumal zunehmend auf Kredit gekauft wurde. Wo früher Ausgleichsmechanismen gegen solche Ungleichgewichte gegriffen hatten, schienen die Defizite in der US-Handelsbilanz jetzt nur noch eine Richtung zu kennen.

Spätestens Mitte der Achtzigerjahre wurde klar, dass das Zusammenspiel riesiger Handelsdefizite in den USA und gigantischer Reserveakkumulationen zum Problem werden könnte, und zwar aus zwei Gründen. Zum einen rutschten die Vereinigten Staaten immer tiefer in eine Verschuldungsspirale: Nicht nur dem Staat, auch Privaten und Unternehmen wurde das Leben auf Pump zur Gewohnheit. Die Kreditkarten-Vorliebe der Amerikaner ließ manche bereits von einer Sucht sprechen. Die größte Volkswirtschaft auf dem Globus, der frühere »Bankier der Welt«, wurde von ausländischen Geldgebern abhängig. Noch zu Beginn der Siebzigerjahre war Amerika der größte Gläubiger auf dem Planeten, binnen anderthalb Jahrzehnten hatte es sich zum größten Schuldner gewandelt. Nicht zufällig waren die Länder, die die USA mit Waren belieferten, die gleichen, die den USA Geld liehen. Denn in dem Maße, wie Dollar aus den USA herausströmten, jagten diese Dollar nun um den Erdball. Diesem kreditgeschöpften Geld »made in USA« stand auf der ganzen Welt kein ausreichendes Maß an Gütern und Dienstleistungen gegenüber, aber es war auch gar nicht dazu da, in reale Werte eingetauscht und durch Konsum mithin »vernichtet« zu werden. Es handelte sich gewissermaßen um dämonische Dollars, die immer auf der Suche nach Anlagemöglichkeiten waren. Das Wort »dämonisch« sollte hier im altgriechischen Sinne verstanden werden: als übermenschliche Kraft, die Gutes wie Böses von gewaltigen Dimensionen schaffen kann. Diesen dämonischen Dollars wohnte der Drang inne, an den Märkten der Welt Rendite zu erzielen, und zwar eine möglichst hohe. Kraft ihres schieren Volumens erhöhten sie die Gefahr großer Finanzkatastrophen auf noch nie da gewesene Weise.

Die dunkle Seite

Die gute Wirkung der dämonischen Dollars bestand darin, dass sie zusammen mit dem Politikwechsel hin zu mehr Markt, niedrigeren Steuern und Deregulierung die Wachstumskräfte in die westlichen Industrienationen zurückbrachten. Der beklemmende ökonomische Stillstand der Siebzigerjahre war in den Achtzigern überwunden. Die negative Wirkung machte sich zunächst latent in Ländern mit großen Handelsüberschüssen bemerkbar. Dort bewirkten sie eine schleichende Ausdehnung der zur Verfügung stehenden Liquidität. Dabei war es unerheblich, dass es sich nicht um Geld aus heimischen Notenpressen handelte, sondern um Fremdwährungsreserven. Für viele überraschend zog diese Geldmengenausweitung – anders als in den Siebzigerjahren – keinen starken

Anstieg der Verbraucherpreise nach sich. Hierin machte sich der Wandel des vorherrschenden wirtschaftpolitischen Paradigmas bemerkbar. Indem die Regierungen für Deregulierung, Privatisierung und Liberalisierung eintraten und indem die Grenzen zwischen den Wirtschaftsräumen fielen, verloren die Arbeitnehmer in den Industriestaaten wichtige Druckmittel, um höhere Löhne durchzusetzen. Jetzt waren es vielmehr die Arbeiter und Angestellten, die mit der Drohung, Produktionsstätten könnten in die Billiglohnländer der ehemaligen Dritten Welt verlagert werden, unter Druck gesetzt wurden. Die Globalisierung, die fortan das große Thema war, brachte mächtige Gegenkräfte zur Inflation hervor. Vor allem China, die neue Werkbank der Welt, mit seinem Millionenheer von Billigarbeitern, würde künftig als gewaltige Preissenkungsmaschine fungieren.

Zwar trieben die dämonischen Dollars nicht die Konsumentenpreise in die Höhe, dennoch entfalteten sie auf Dauer eine verhängnisvolle Wirkung: Sie strömten in unterschiedlichste Vermögenswerte wie Aktien, Immobilien oder auch Kunst und blähten deren Notierungen auf. Das Paradebeispiel für diesen Prozess ist die Japan-Blase der Achtzigerjahre, auch Heisei-Bubble genannt. (Heisei, zu Deutsch »Frieden überall«, lautete die Regierungsdevise von Kaiser Akihito, in dessen Regentschaft die schlimmsten Übertreibungen fielen.) In den Achtzigerjahren schien Japans gerade eben liberalisierter und geöffneter Finanzsektor im Geld förmlich zu schwimmen. Gleichgültig ob Wolkenkratzer, Van-Gogh-Bilder oder Golfclubs: im In- wie im Ausland gab es nichts, was sich die Institute nicht leisten konnten.

Mit Billigung Washingtons war die japanische Währung über lange Zeit unterbewertet gewesen, und das hatte dem Land ein phänomenales Wachstum beschert. Als Folge dieses Devisen-Dopings schwollen die Fremdwährungsreserven immer weiter an. Die Korrektur der Wechselkurse, wie sie im Plaza-Abkommen von 1985 beschlossen wurde, konnte diesen Trend nur verlangsamen, nicht stoppen. Kurzfristig provozierte die von den G7-Staaten beschlossene Aufwertung des Yen sogar den weiteren Zustrom spekulativen Geldes nach Japan. In den Achtzigerjahren gingen die Preise für japanische Aktien und Immobilien durch die Decke. Das Areal des kaiserlichen Gartens in der Tokioter Innenstadt war so viel wert wie sämtlicher Grund und Boden im US-Bundesstaat Kalifornien. Japanische Aktien waren die teuersten der Welt. Schon kurz nachdem die staatliche Telefongesellschaft NTT im Februar 1987 privatisiert worden war, brachte sie es auf einen Börsenwert von über 50 Billionen Yen.[22] Das war mehr, als alle deutschen Aktiengesellschaften zusammen kosteten. An der Tokioter Börse notierten einige der am meisten überbewerteten Papiere aller Zeiten. Dienstleistungsfirmen wurden in den späten Achtzigerjahren mit dem 112-Fachen des Jahresgewinns gehandelt, Redereien mit dem 176-Fachen und Fischereigesellschaften mit dem 319-Fachen.[23] Im Westen galt bereits ein Kurs-Gewinn-Verhältnis von über 20 als ambitioniert. Dividenden wurden überhaupt nicht gezahlt, und wenn ausnahmsweise doch, dann waren sie mickrig. Zwischen 1985 und 1989 stieg der Leitindex um 237 Prozent – also um durchschnittlich 27,5 Prozent im Jahr. Zu dieser Zeit hatten sich die Gewinnaussichten der japanischen Firmen schon deutlich eingetrübt. Mit dem ersten Handelstag des neuen Jahres 1990 begannen die Kurse zu bröckeln. Damit setzte keine Kurskorrektur ein, wie es in den zurückliegenden Jahrzehnten etliche andere gegeben hatte. Es war der Auftakt zu einer verlorenen Dekade, die allerdings nicht die letzte bleiben sollte.

Den Index-Höchststand von 38.915,89 Punkten haben die Anleger bis heute nicht wiedergesehen. Das folgende Jahrzehnt brachte einen der längsten Bärenmärkte der Geschichte. Gleiches galt für die japanische Volkswirtschaft, die nur noch ein Schatten ihrer selbst war und an ihre frühere Dynamik seither nie wieder heranreichen konnte. Anfänglich war nur von einer »verlorenen Dekade« die Rede. Doch die Schwäche der japanischen Börse dauerte über die Jahrtausendwende hinaus an, und auch der Aktienmarkt des Landes sollte sich nie wieder richtig erholen. Immer mehr wurde klar, dass irgendetwas dem Finanz- und Wirtschaftssystem Japans irreparablen Schaden zugefügt hatte. Dieses unheimliche Etwas waren die dämonischen Dollars. Zum ersten Mal hatten sie das volle Ausmaß ihres zerstörerischen Potenzials offenbart. Sie hatten eine Ökonomie zuerst auf absurde Weise aufgebläht und dann, beim Platzen der Finanzblase, zerstört.

Greenback-Recycling

Nicht alles Geld blieb in den Überschussländern und entfaltete dort seine zerrüttende Wirkung. Ein Teil der Dollars floss in einer Art Recycling in die USA zurück und führte an den dortigen Kapitalmärkten zu Kursexzessen und Volatilität. Ein anderer Teil ergoss sich von New York aus, das als Weltfinanzzentrum eine Art Relaisfunktion einnahm, weiter auf andere Märkte. Häufig waren dies ehemalige Länder der Dritten Welt, die seit den Achtzigerjahren eine Neubewertung als »emerging markets« erfahren hatten und Pionier-Investoren hohe Renditen versprachen. Viele dieser Länder erlitten ein ähnliches Schicksal wie Japan: Südamerika 1982, Mexiko 1994 oder Asien 1997 sind nur einige Beispiel für das Bersten großer Spekulationsblasen in der früheren Dritten Welt. Mehr und mehr wüteten die dämonischen Dollars jedoch auch in den entwickelten Ökonomien: Die Marktverwerfungen an der Wall Street 1987 gehören ebenso dazu wie das Platzen der New-Economy-Blase zur Jahrtausendwende und das Subprime-Fiasko 2007. In gewissem Sinne kann sogar die Euroland-Krise von 2010 dazugezählt werden. Seit den Achtzigerjahren suchte die Finanzmärkte ein Crash nach dem anderen heim.

Man musste kein Nobelpreisträger sein, um zu erkennen, dass dieser Entwicklung etwas zutiefst Beunruhigendes innewohnte: Je länger die Handels- und Devisen-Ungleichgewichte anhielten, desto heftiger und häufiger wurden die Störungen und Finanzkrisen. Der Wall-Street-Absturz von 1987 ging zwar mit dem bis dahin stärksten prozentualen Tagesminus des Dow Jones in der Geschichte einher. Doch bereits nach zwei Jahren stand der Index auf seinem Vorkrisen-Niveau. Das Spiel konnte weitergehen. Das Ende der Tigerstaaten-Blase 1997 stürzte Volkswirtschaften wie Thailand oder Indonesien in eine lang anhaltende Phase des Abschwungs, die vom Ausmaß an die Große Depression der Dreißigerjahre erinnerte. Jedoch blieben die Folgen nahezu ausschließlich auf die Region beschränkt. Ähnlich die Japan-Krise: Sie paralysierte zwar die zweitgrößte Volkswirtschaft der Welt auf Dekaden, aber auch sie wirkte kaum über die Landesgrenzen hinaus. Doch schon 1998 war das nicht mehr so sicher. In jenem Jahr sah sich die Federal Reserve gezwungen, mit einer geldpolitischen Hauruck-Aktion eine erdumspannende Finanzkatastrophe abzuwenden. Der Anlass war im ersten Moment so obskur, dass nur ein kleiner Kreis von Eingeweihten überhaupt im Bilde war: der drohende Bankrott des Hedgefonds Long-Term Capital Management. Dessen vier Anfangsbuchstaben LTCM wurden zum Menetekel kommender Fährnisse.

Ein Menetekel namens LTCM

LTCM war der größte und erfolgreichste Hedgefonds seiner Zeit, der breiten Öffentlichkeit aber nahezu unbekannt. Der Fonds hatte sich bei zahlreichen Wall-Street-Banken Milliardenbeträge geliehen, um mit einer todsicheren Methode Erträge zu generieren. Reichlich mit dämonischen Dollar versehen, drängten manche große Banken LTCM die Kredite geradezu auf. Auf dem Höhepunkt seines Treibens stand einem Eigenkapital von einer Milliarde Dollar Fremdkapital in Höhe von 100 Milliarden Dollar gegenüber.[24] Jahrelang bescherte LTCM seinem exklusiven Kundenkreis traumhafte Gewinne, aber dann geschah etwas Unerwartetes: Im Sommer 1998 gab Russland überraschend bekannt, dass es seine Auslandschulden nicht mehr bedienen konnte. Der Zahlungsausfall führte zu einer breiten Flucht aus dem Risiko. Praktisch alle als irgendwie riskant eingestuften Anlageformen verloren rapide an Wert. Diese Verwerfungen waren zu viel für das todsichere LTCM-System, das sogar durch zwei Nobelpreisträger im Fondsmanagement höchste wissenschaftliche Weihen erhalten hatte. Verluste sollten durch Streuung minimiert werden. Doch die Diversifikation war viel zu eng gefasst, die generelle Risikoflucht drückte nun nahezu sämtliche Positionen von LTCM ins Minus. Nun arbeitete die Hebelwirkung des Fremdkapitals erbarmungslos gegen den Fonds. Gleichsam über Nacht waren nicht nur die Erträge dahin, auch das Eigenkapital war aufgezehrt. Als nächstes drohte sich das geliehene Geld in Luft aufzulösen – was sich abspielte, war ein Hexensabbat der Vermögensvernichtung.

LTCM stürzte und drohte einige der großen Geldhäuser mit sich zu reißen. Würden die Häuser hohe Verluste erleiden, könnte das dazu führen, dass sie sich untereinander kein Geld mehr liehen: Eine globale Kredit-klemme zeichnete sich ab. Hastig schmiedete die Fed in der Finanzme-tropole New York ein Konsortium aus den wichtigsten Banken und gab Geldspritzen, um das System am Laufen zu halten. Das System der dämo-nischen Dollars wurde noch einmal gerettet.

Nach dem LTCM-Schock war die Spekulationsparty nicht vorbei. Er-muntert durch billiges Kredit-Geld zog die Partygesellschaft schlicht an einen anderen Veranstaltungsort weiter. In vieler Hinsicht kam die Stim-mung jetzt erst richtig in Schwung. Als nächstes wurden Technologie-aktien auf hysterische Niveaus katapultiert, was bekanntlich nach der Jahrtausendwende im Katzenjammer endete. Noch während die Schi-märe von der »New Economy« zu Grabe getragen wurde, wuchs in den USA, Großbritannien, Spanien und andernorts ein neues Spekulations-monster heran, diesmal am Immobilienmarkt. Dann waren Erdöl und an-dere Energierohstoffe an der Reihe, und schließlich »sichere« Staatsan-leihen, auch solche griechischer Provenienz. Es scheint, als sei die Welt in einen ewigen Kreislauf des billigen Geldes mit gewaltigen Boom-und-Crash-Phasen geraten, eine Art ökonomischen Albtraum der ewigen Wie-derkehr, aus dem es kein Entrinnen gibt.

Greenspan – das Gesicht einer Ära

Chef der Federal Reserve über weite Phasen der Ära des dämonischen Gel-des war Alan Greenspan. Der Mann mit der massiven Hornbrille und dem sibyllinischen Lächeln gab der Epoche ein Gesicht. Während seiner Amts-zeit von 1987 bis 2006 wurde der Fed-Vorsitzende von vielen Anlegern (und Journalisten) als »Maestro«, »Magier der Märkte« oder »Hohepriester des Geldes« verehrt. Und tatsächlich konnten Aktionäre, aber auch Immo-bilienbesitzer nach den 18 Jahren seiner Ägide auf Wertzuwächse blicken, wie sie in der Geschichte ohne Präzedenz sind. Zwischen 1987 und Anfang 2006 legte der Dow Jones Index um 555 Prozent zu: Anleger versechsfach-ten ihr Kapital. Gleichzeitig ging in den USA und in großen Teilen der in-dustrialisierten Welt die Inflation zurück. Es sah so aus, als könne der ame-rikanische Notenbank-Chef Wunder vollbringen.

So sehr Greenspan während seiner aktiven Zeit als Fed-Vorsitzender idealisiert wurde, so vehement wird er seither verdammt. Die 2007 einsetzende Finanzkrise wurde als Erbe Greenspans apostrophiert. Viel zu lang habe er eine Politik des billigen Geldes betrieben, lautet die Kritik. Dadurch habe er die spekulativen Auswüchse, von ihm selbst im Dezember 1996 »irrationaler Überschwang« genannt, immer weiter angeheizt. Auch für den Niedergang des Dollar in der Zeit von 2002 bis 2008 wird der frühere Fed-Chef verantwortlich gemacht. Ist also Greenspan persönlich schuld am Entgleisen der Weltwirtschaft nach der Jahrtausendwende? Hätte ein anderer Notenbankchef mit einer verantwortungsvolleren Geldpolitik verhindern können, dass die globale Ökonomie auf eine schiefe Ebene gerät?

Im Nachhinein betrachtet war Greenspans Politik des »Benign Neglect« (etwa: Vernachlässigung in guter Absicht) gegenüber den dämonischen Dollars ein fatales Versäumnis. Die Beinaheverdreifachung der Geldmenge M3 und die Dauerniedrigzinsen seiner späteren Amtszeit haben zur Entstehung der größten Spekulationsblasen der Geschichte beigetragen. Allerdings ist Greenspan im großen »Krieg der Währungen« ebenso sehr Opfer wie Täter. Letztlich agierte die Fed unter seinem Kommando wie eine amerikanische Behörde, die nationalen amerikanischen Interessen dient. Diese Behörde musste in den vergangenen 20 Jahren auf zwei welthistorische Ereignisse von großer Tragweite auch für die Finanzmärkte reagieren. Sie werden durch die Daten 9. November 1989 und 11. September 2001 markiert. Der Dollar war in dieser Zeit, nicht anders als unter Nixon oder Roosevelt, ein Machtinstrument der US-Regierung.

Der 9. November 1989 steht nicht nur für den Fall der Berliner Mauer, sondern auch für die Hinwendung der »zweiten Hälfte« der Welt zum Kapitalismus. Dadurch wurden bis zu 2,5 Milliarden Menschen zusätzlich in den internationalen Arbeitsmarkt integriert, Menschen, die häufig nicht mehr als ein paar Dollar am Tag verdienen. Gleichzeitig war die Verlagerung von Fabriken durch technische Innovationen und die Senkung der Kommunikations- und Transportkosten so einfach wie nie. Diese geoökonomische Kernfusion setzte mächtige deflationäre Kräfte frei, die seither das allgemeine Preisniveau in den alten Industriestaaten stabil halten. Anders als noch in den Siebzigerjahren gehen Phasen des starken Wirtschaftswachstums nicht mehr mit Inflationsschüben einher. So musste Greenspan die Zinsen auch in Phasen der boomenden Wirtschaft nicht sehr stark anheben, um die Teuerung der Verbraucherpreise zu bekämpfen. Das billige Geld konnte weiter sprudeln.

Ebenso wichtig erscheinen der 11. September 2001 und die Reaktionen darauf. An jenem Tag wurde Amerika angegriffen, und es verteidigte sich auf vielfältige Weise: militärisch, politisch und wirtschaftlich. Eine der Regierungsbehörden, die ihren Beitrag zur Landesverteidigung nicht verweigerten, war die Federal Reserve. Greenspan kappte den Leitzins kurz nach den Attacken auf ein historisch niedriges Niveau von einem Prozent, um Amerikas Wirtschaft zu schützen. Terrorziel war immerhin das finanzielle Nervenzentrum des Landes gewesen. Ohne die Ereignisse von »Nine-Eleven« wäre der Leitzins vermutlich nicht so stark gesenkt worden und nicht so lange niedrig geblieben. Die Fed erfüllte ihre Mission, nach dem Angriff zur Stabilisierung der amerikanischen Wirtschaft beizutragen. Alan Greenspans Geldpolitik war schlicht Teil des Ausnahmezustands, in dem sich die USA nach dem 11. September befanden.

Es gibt jedoch noch einen häufig übersehenen Aspekt der Greenspan-Ära, der die beiden vorhergehenden an Bedeutung überragt. Die expansive Geldpolitik der Fed war eine Reaktion auf das Verschwimmen des amerikanischen Traums. Seit den Achtzigerjahren, verstärkt dann in den Neunzigerjahren verlagerten US-Unternehmen ihre Produktionsstätten im großen Stil ins günstigere Ausland. Anfänglich war Mexiko die verlängerte Werkbank Amerikas, später dann die chinesischen Küstenregionen. Millionen von Arbeitnehmern waren davon direkt betroffen, indem sie ihren Job verloren. Zig andere Millionen spürten die Folgen indirekt, indem sie in einem sich verschlechternden Arbeitsmarkt ihr Einkommen nicht mehr steigern konnten. Bedingt durch den globalen Konkurrenzdruck der Erwerbstätigen stagnierten zum ersten Mal in der Nachkriegszeit die Reallöhne. Das war ein herber Schlag für das amerikanische Versprechen. Das Selbstverständnis der Nation, demzufolge es jeder Generation besser gehen sollte als der vorherigen, war in Gefahr. Da traf es sich gut, dass

Wohlstand ja auch auf Kredit zu haben war – vorausgesetzt, das Zinsniveau stimmte.

Dank der extrem niedrigen Zinsen und der gut ausgebauten Kredit-Infrastruktur der USA konnten sich Millionen Amerikaner Konsumwünsche erfüllen, die ihnen ihr stagnierendes Arbeitseinkommen nicht mehr erlaubt hätte: der größere Fernseher, das dickere Auto, das schönere Haus. Das Leben auf Pump wurde zum integralen Teil des »American way of life«. Es wurde damit auch zu einer besonderen Variante des Versorgungsstaats.

Dieses Wohlfahrtsprinzip amerikanischer Prägung proklamierte zwar nicht Wohngeld wie in Europa, aber dafür das Recht auf das eigene Haus, finanziert durch günstige Darlehen. Der US-Immobilienboom der ersten Dekade des neuen Jahrhunderts hing nicht an den inzwischen notorischen Subprime-Krediten. Vielmehr kurbelte die Regierung den Hauserwerb auf vielfältige Weise mit subventionierten Krediten an, die über die halbstaatlichen Hypothekenbanken Fannie Mae und Freddie Mac abgewickelt wurden.

Die Behörde im Zentrum dieser Politik war die Federal Reserve, die den Leitzins im Zweifelsfall niedrig hielt. Später würde die Notenbank auch willfährig illiquide Hypothekenpapiere von zweifelhaftem Wert in ihre Bilanz nehmen und den längst grotesk verzerrten Markt damit stützen. Billiges Geld wurde zum Aspekt der Wohlfahrtsidee amerikanischer Prägung. In diesem Punkt ist der amerikanische Sozialstaat nicht so viel anders als der europäische: Beide Varianten gaukeln mittels Krediten einen Wohlstand vor, der in der Form noch gar nicht erarbeitet ist. Man könnte es das transatlantische Prosperitätstheater nennen.

Es führt daher zu nichts, Alan Greenspan zum Bösewicht zu stilisieren. Ihn zu dämonisieren ist ebenso ungerechtfertigt wie die Heldenverehrung, die ihm während seiner Dienstjahre zuteil wurde. Der seit 2006 amtierende neue Fed-Vorsitzende Ben Bernanke hatte keine andere Wahl, als Greenspans Niedrigzins-Politik fortzusetzen. Mehr als das: Er musste nach Ausbruch der Finanzkrise sogar die nächste Stufe dieser Politik einleiten. Die Fast-Nullzins-Ära ging mit dem Getöse der Finanzkrise in die Nullzins-Ära über. Alle Vorhaltungen, die Greenspan gemacht werden können, treffen Bernanke umso mehr. Längst, so scheint es, wird Amerikas Geldpolitik von der gleichen deprimierenden Alternativlosigkeit beherrscht wie die japanische.

Was bleibt vom Dollar?

Nach der Jahrtausendwende brachten die dämonischen Dollars das Finanzsystem endgültig ins Wanken. Das Platzen der Internetblase mündete in einen dreijährigen Bärenmarkt. Das war der längste Abschwung seit den Siebzigerjahren. Der Dow Jones, der Gradmesser der breiten US-Wirtschaft, verlor in dieser Zeit 38 Prozent. Ungleich härter traf es den Technologieindex Nasdaq, der um 78 Prozent absackte. All das wurde jedoch von den Folgen der geplatzten Hypothekenblase noch aufs Grausigste in den Schatten gestellt. Was beim Hedgefonds-Schock von 1998 und nach dem Platzen der New-Economy-Blase noch vermieden werden konnte, war nach dem Kollaps des Subprime-Wahns endgültig nicht mehr aufzuhalten. George Soros sprach vom Platzen einer »Superblase«. Die Hypotheken-Krise vernichtete bei Banken und Versicherungen Vermögenswerte in Höhe von einer Billion Dollar: Verluste in einer Größenordnung, die sämtliche großen Geldhäuser in den Ruin zu treiben drohten. Regierung und Federal Reserve sahen keine andere Möglichkeit, als in einem Ausmaß in das Finanzmarktgeschehen einzugreifen, wie es für die amerikanische Geschichte beispiellos war.

Kurz nach der Pleite der Investmentbank Lehman Brothers sah sich die Fed gezwungen, den Leitzins auf nahe null zu setzen. Bald darauf ging sie auch zu der sogenannten »quantitativen Lockerung« über. Dieser Euphemismus steht für nichts anderes, als dass die Notenbank mit neu geschaffenem Geld lang laufende Staatsanleihen oder Hypothekenpapiere kauft und das Zinsniveau so künstlich niedrig hält. »Quantitativ« steht im Gegensatz zu der »qualitativen« Lockerung sinkender Leitzinsen. Mit der quantitativen Lockerung sind entscheidende Marktmechanismen außer Kraft gesetzt. Im Grunde bedeutet dies, dass eine staatliche Behörde festsetzt, zu welchen Konditionen der Staat und mittelbar andere Gläubiger Kapital am Markt aufnehmen können. Mit diesem interventionistischen Einsatz der Notenpresse bringt die Notenbank Geld ins Finanzsystem, dem kein Mehr an Gütern und Dienstleistungen gegenübersteht. Die Folge ist eine potenzielle Entwertung des Geldes: »Quantitative Lockerung« ist also nicht nur eine extreme Marktmanipulation, sie kann auch, wenn sie außer Kontrolle gerät, einer starken Inflation oder gar Hyperinflation den Weg bereiten.

Gleichzeitig rettete die US-Administration die strauchelnden Finanzinstitute mit Kapitalspritzen und pumpte in Form eines 787 Milliarden Dollar schweren Notprogramms Geld in die US-Wirtschaft. Auch diese Konjunkturspritzen waren kreditfinanziert. Im Jahr 2010 soll der US-Haushalt ein Defizit von1,5 Billionen Dollar ausweisen, und in den kommenden Jahren wird es wohl nicht wesentlich weniger werden. Selbst für eine so große Volkswirtschaft wie die amerikanische sind das Ehrfurcht gebietende Summen. Das gesamte Vorgehen erinnert auf beklemmende Weise an die Schritte, mit denen die japanische Führung auf das Ende der dortigen Blase reagierte. Einen Unterschied indes gibt es, und daran knüpfen viele Beobachter ihre Hoffnung, dass Amerika der japanische Weg der Deflation erspart bleiben könnte: Amerika legte bei der »Krisenbewältigung« ein weitaus höheres Tempo an den Tag. Ob das jedoch ausreichen wird, den japanischen Weg zu vermeiden, steht in den Sternen. Japans eigentliche Deflation setzte erst nach der zweiten Rezession ein, die dem Nach-Bubble-Abschwung im Abstand von wenigen Jahren folgte. Diese Bewährungsprobe steht in Amerika bisher noch aus.

Letztlich bedeuten all diese Maßnahmen, dass sich Amerika von einem freiheitlichen Kapitalismus verabschiedet hat und zu einer Art von »Japanismus« übergegangen ist. Alle Risiken wurden letztlich sozialisiert und bleiben beim Staat, dessen Schulden immer höhere Niveaus erreichen. Während sich Washington offiziell an den Strohhalm Wachstum klammert, lehrt das Beispiel Japan, dass es nach einer durch dämonische Dollars ausgelösten Mega-Krise nur eines gibt, das verlässlich wächst: nämlich die staatlichen Defizite. Die aufgeblähten Spekulationsblasen und

Finanzkrisen gehen in öffentliche Schuldenkrisen über. Nach jahrelanger zerstörerischer Wanderschaft um den Globus kehren die dämonischen Dollars in ihre Heimat zurück. Aktuell tummeln sie sich in amerikanischen Staatsanleihen, die angesichts der langfristigen Bonitätsrisiken für die USA eklatant überbewertet erscheinen. Unwahrscheinlich, dass es das Ende ihrer Wanderschaft ist.

Ungewisse Zukunft

Vierzig Jahre nach dem Ende des Bretton-Woods-Systems ist der Dollar immer noch die Leitwährung der Welt. Vierzig Jahre nach dem Ende von Bretton Woods fehlt immer noch eine erkennbare Alternative zum Greenback als Herzstück des internationalen Währungssystems. Doch vierzig Jahre nach dem Ende von Bretton Woods ist auch klar, dass Amerika mit seiner Währungspolitik einen Weg eingeschlagen hat, der die künftige Festigkeit des Dollar höchst fragwürdig macht.

Seit der Entscheidung, den Dollar vom Gold zu entkoppeln, ist jede Dollarnote ein Schuldschein auf Amerika, so viel und so wenig wert, wie es den USA gelingt, Werte für die Billionen Dollar »da draußen« zu produzieren, sei es in Form von Boeing-Jets, von iPhones oder von Hollywood-Blockbustern. Die Politik des billigen Geldes in den Neunzigerjahren und die »außergewöhnlichen Maßnahmen«, die im neuen Jahrhundert auf die Finanzkrise folgten, hielten die Konsumparty am Laufen. Der »ewige« Kreislauf des Dollar-Recyclings stützte die US-Wirtschaft. Aber all das bedeutete nur: mehr Anleihen, mehr Verbindlichkeiten, mehr Schuldscheine.

Amerika zeichnet sich durch Innovationskraft, Zielstrebigkeit, Effizienz und Optimismus seiner Bürger aus, unterstützt durch vielfach bewährte politische Institutionen. Letztere funktionieren gerade in Krisenzeiten wie eine gut geölte Maschine und heben sich markant von den lahmenden Entscheidungsgremien des anderen westlichen »Imperiums« ab, der Europäischen Union.

Amerika hat sich immer wieder neu erfunden, nach dem Bürgerkrieg, nach der Großen Depression und nach der Schmach von Vietnam und Watergate. Doch jenes dynamische, wandlungsfähige Amerika war auch ein junges Amerika. Da sich die geburtenstarken Babyboomer-Jahrgänge bald anschicken, in Rente zu gehen, könnte sich Einiges von dieser gesellschaftlichen Dynamik abschleifen. Zudem wird den USA der Wind des Wettbewerbs künftig noch stärker ins Gesicht blasen. Der »Aufstieg der anderen« bedeutet nicht das Ende Amerikas, aber das Ende seiner selbstverständlichen Vorherrschaft. Bisher hat Amerika von der Globalisierung überproportional profitiert, und bisher gilt Amerika als eines der wettbewerbsstärksten Länder auf dem Globus. Doch ob das bei einer um China zentrierten Weltwirtschaft genauso sein wird, darf bezweifelt werden. Ein Plan B für den »Schuldschein der Welt« ist nicht zu erkennen.

Die Hauptgefahr für den Dollar geht von Amerika selbst aus. Die öffentliche Schuldenlast des Landes, Bundesstaaten und Kommunen eingerechnet, strebt der 14-Billionen-Dollar-Marke zu. Jede Amerikanerin und jeder Amerikaner müsste ein Jahr arbeiten, allein um die staatlichen Kredite zurückzuführen, von den privaten Verbindlichkeiten zu schweigen. Das ist eine vollkommen unrealistische Vorstellung. Über eine Schuldenbremse, wie sie Deutschland ab 2016 einführt, wird in Amerika nicht einmal diskutiert. Der Haushaltsplan der US-Kongressbehörde Congressional Budget Office sieht bis zum Ende der Dekade eine Neuverschuldung von einer Billion Dollar jährlich vor. Mitte 2010 entsprach dieses erwartete Jahres-Defizit mit umgerechnet rund 800 Milliarden Euro fast der Hälfte der gesamten deutschen Staatsschuld. Hinzu kommen die schwer zu prognostizierenden Mehrausgaben, die die Alterung der Gesellschaft mit sich bringt. Sie werden die fiskalischen Freiräume künftig weiter einengen.

Reservestatus in Gefahr

Der Status des Dollar als globale Reservewährung bringt es mit sich, dass Milliarden Greenbacks außerhalb der Vereinigten Staaten zirkulieren. Darüber hinaus befinden sich mehr als 60 Prozent der US-Regierungsanleihen in ausländischen Händen. Wird der Dollar also schleichend entwertet, trifft das folglich zum überwiegenden Teil Nichtamerikaner. Auch die relativ lange Durchschnittslaufzeit der amerikanischen Papiere macht eine Entschuldung mittels Inflation praktikabel. Muss ein Staat schon nach kurzer Zeit wieder neues Geld am Kapitalmarkt aufnehmen, nützt ihm die Geldentwertung wenig. Zwar erlaubt ihm das allgemein gestiegene Preisniveau höhere Einnahmen, die die Bedienung der Schulden erleichtern, zugleich verlangen die Investoren aber höhere Zinsen als Ausgleich für den erwarteten Kaufkraftverlust der Währung. Steigt die Inflationsfurcht schneller als die Inflation, kann der Staat durch explodierende Zinsen sogar besonders schnell in die Enge getrieben werden. Da Amerika im kollektiven Gedächtnis der Kapitalmärkte jedoch noch nie pleite gegangen ist und zudem die globale Leitwährung stellt, könnte Washington versucht sein, das riskante Spiel mit der Geldentwertung zu wagen.

Aus Sicht der Vereinigten Staaten könnte eine Inflation schon bald ein probates Mittel sein, um im Wettstreit der Wirtschaftsmächte Spielraum zurückzugewinnen. In diesem Sinn wäre die Entwertung des Dollar im Weltkrieg der Währungen für Amerika nicht einmal eine aggressive, sondern eine defensive Strategie. Bereits nach dem Zweiten Weltkrieg in den späten Vierzigern und nach dem Vietnamkrieg in den Siebzigern ließ Washington den Wert des Greenback erodieren. Beide Male startete Amerika danach mit neuer Kraft durch. Da die Option Sparen und Konsolidieren weder bei den US-Bürgern noch bei der Washingtoner Regierung auf große Zuneigung stößt, steuert Amerika auf eine schleichende Entwertung des Dollar zu.

Gelingt es der Federal Reserve, eine maßvolle Inflation von etwa fünf Prozent im Jahr herbeizuführen, wie sie etwa dem Chefvolkswirt des Internationalen Währungsfonds, Olivier Blanchard, vorschwebt[25], könnte der Dollar seine Rolle als Weltreservewährung sogar behalten – zumindest bis sich ein kühner Anwärter erhebt, der den Greenback vom Thron stößt. Reservestatus und leichte Entwertung schließen sich nicht aus.[26] Ob sich die Inflation so wohlgesittet verhält, wie die Entscheider in Washington wollen, ist aber alles andere als sicher. Laufen die Dinge dagegen aus dem Ruder, könnte die Geschichte des amerikanischen Geldes so enden, wie sie begonnen hat: mit einer großen Inflation.

Dann würde die Stunde der Dollar-Rivalen schlagen. Doch welche Währung hätte das nötige Format, um den Dollar zu beerben? Von den Devisen der Welt kommen dafür auf Sicht der nächsten Jahrzehnte nur drei in Frage: der chinesische Yuan, die europäische Gemeinschaftswährung Euro und das Gold, das bereits in der Vergangenheit die Funktion einer Weltwährung innehatte.

TEIL II:
DER KAMPF UM DAS ERBE DES DOLLAR

1. Der Yuan – Chinas gefesselter Koloss

Die Macht verändert Menschen, und sie verändert Nationen.
Sie verändert die Wahrnehmung ihrer selbst, ihrer Interessen,
ihres Rangs in der Welt und wie sie erwarten,
von anderen behandelt zu werden.
Daher hat der Aufstieg von Großmächten im internationalen System
so oft Spannungen und sogar große Kriege hervorgerufen.

Robert Kagan[27]

Der gefesselte Koloss

Für jede Regierung ist die Landeswährung ein sensibles Thema. Das liegt nicht nur daran, dass die Chancen der heimischen Exportindustrie oder auch die Inflationsrate von ihrer Festigkeit abhängen. Die Währung ist buchstäblich ein greifbares Symbol des Staates. Münzen und Banknoten zieren meist Menschen oder Werke, welche die Nation oder zumindest die politische Elite für besonders nachahmenswert erachtet. Bei einem ideologisch durchtränkten Staat ist diese Devisen-Sensibilität besonders ausgeprägt. Auf den Geldscheinen der Volksrepublik China prangt, wie könnte es anders sein, das Konterfei des Staatsgründers Mao Zedong, der im größten kommunistischen Land all seinen Verfehlungen oder Verbrechen zum Trotz als eine Art Heiliger der Revolution gilt und quasi über jeden Zweifel erhaben ist. Aber nicht nur das Mao-Porträt auf den Banknoten zeugt von dem Stellenwert, den der Yuan (offiziell auch »Renminbi« oder zu Deutsch »Volksgeld« genannt) für die kommunistische Staatspartei einnimmt. Der Stellenwert bemisst sich auch daran, dass Fragen der Landeswährung für Peking übergeordnete, strategische Priorität genießen: Nicht etwa die Notenbank trägt die Verantwortung für den Außenwert des Yuan, sondern die Regierung selbst. Für die Kommunistische Partei Chinas ist das »Geld des Volkes« Chefsache, auch wenn ihre monetären Entscheidungen keineswegs immer den Interessen des (einfachen) Volkes dienen.

Der Kurs des Yuan ist im Reich der Mitte ebenso wenig frei wie öffentliche Meinungsbildung, das Internet oder die Religionsausübung. Die Währung steht wie ein Agent im Dienst des Staates. Der Wert des Zahlungsmittels wird gesteuert, und das Zahlungsmittel selbst wird zur Steuerung eingesetzt. Unangemeldete Ein- und Ausfuhr des Yuan sind verboten. Ein freier Tausch gegen andere Valuten ist unterbunden. Westliche Beobachter stoßen sich an diesem Währungsdirigismus. Er erinnert sie an die Ära der europäischen Zahlungsmittel-Zwangskontrolle zwischen den Dreißiger- und Sechzigerjahren. Und tatsächlich scheint die Kritik an Pekings Devisenmachtpolitik berechtigt.

Nach Überzeugung der meisten ausländischen Volkwirte ist der Yuan niedriger bewertet, als es die ökonomische Stärke des Landes gebietet. Daher drängt sich der Verdacht auf, dass Peking seine Währung als Dumpingwaffe einsetzt, um seiner staatlich gehätschelten Exportindustrie unfaire Wettbewerbsvorteile zu verschaffen. Davon wird noch ausführlich zu reden sein. Bei aller berechtigten Kritik sollte jedoch die Pekinger Innenperspektive nicht ausgeblendet werden: Die chinesische Führung hat einige psychologisch sehr gut nachvollziehbare Gründe, über ihre Währung mit Argusaugen zu bewachen.

Ein Grund liegt in der chinesischen Geschichte der vergangenen hundert Jahre, einer Geschichte, die über weite Strecken von Krieg, Bürgerkrieg und Chaos geprägt war, einer Geschichte, in der das monetäre Chaos fast schon der Normalzustand war. Seit dem späten 19. Jahrhundert erlebte das Reich der Mitte etliche Inflationen und Währungsschnitte. Die in China verwendeten Zahlungsmittel wechselten in schwindelerregend schnellem Takt, zuweilen hatten sie nicht einmal ein Jahrzehnt lang Bestand. Sie trugen so fantastische Namen wie Customs Gold Units, Nordost-Yuan, Gold-Yuan, Silber-Yuan, Mandschukuo-Yuan, Mengchiang-Yuan, FRB-Yuan oder CRB-Yuan und zeugten aufs Schmerzlichste von der Zerrissenheit und Labilität des politischen Gebildes, das einst als das mächtige Reich der Mitte Asiens politisches, wirtschaftliches und kulturelles Zentrum gewesen war. Als Volk sahen die Chinesen in etwas mehr als einem Jahrhundert so viele Währungen kommen und gehen (sprich verfallen), dass sie fast noch mehr Anlass für monetäre Phobien hätten als die inflationsneurotischen Deutschen.

Dass das Geld eines Landes ein ebenso kostbares wie gefährdetes Gut sein kann, lehrt die Chinesen aber nicht nur die eigene unruhige Vergangenheit, sondern auch die unruhige Eben-noch-Gegenwart ihres Erdteils. Der Schock der Asienkrise von vor gut einem Jahrzehnt ist ein weiterer Anlass und Vorwand für die rigide Devisenbewirtschaftung Pekings: Sie brach über einige der Länder in Chinas unmittelbarer Nachbarschaft herein und brannte jedem Politiker in der Region eine Lektion ins Bewusstsein: In dem Moment, in dem es darauf ankommt, muss man die eigene Währung verteidigen können. Keine Kontrolle über das Schicksal des eigenen Zahlungsmittels zu haben, kann in Schmach und Schande enden. Beim Nachdenken über den Yuan werden der kommunistischen Parteiführung in Peking so manches Mal die dramatischen und aus ihrer Sicht zutiefst beunruhigenden Ereignisse in den Sinn kommen, die sich 1998 in Indonesien abspielten.

Pekings Angst vor den Spekulanten

Jakarta, Anfang 1998. Die 200-Millionen-Einwohner-Nation Indonesien steht am Rande eines Bürgerkriegs. Auf den Straßen der Hauptstadt ist die Lage nach wochenlangen Studentenprotesten gegen die autoritäre Regierung von Haji Mohamed Suharto bis zum Äußersten gespannt. Niemand weiß zu diesem Zeitpunkt, wie es mit der größten Volkswirtschaft Südostasiens weitergehen wird. Werden Polizei und Militär hart durchgreifen? Wird das Regime ein Massaker in Kauf nehmen? Oder wird es den Forderungen nach einem Ende von Vetternwirtschaft und Diktatur nachgeben? Endlich fällt, im Mai 1998, die Entscheidung: Präsident Suharto und seine Clique treten ab. Die Macht der Straße hat über die Macht der Gewehre gesiegt.

Bis zu diesem Zeitpunkt hatte sich Haji Mohamed Suharto 30 Jahre lang an der Spitze der südostasiatischen Nation gehalten, hatte er linken und rechten Putschversuchen getrotzt (nachdem er 1965 selbst durch einen Militärcoup an die Macht gekommen war), hatte er das Land aus 17 500 Inseln mit eiserner Hand regiert und über die ethnischen und Sprachgrenzen hinweg zusammengehalten. So diktatorisch und intolerant der Heeresgeneral in politischen Dingen agiert hatte, ökonomisch hatte er den Archipel ein gutes Stück vorangebracht. In den drei Jahrzehnten der »New Order«, wie Suharto seine Staatsideologie nannte, hatte sich die Wirtschaftsleistung pro Kopf von 70 auf 1000 Dollar verbessert. Bis 1996 flossen mehr ausländische Direktinvestitionen nach Indonesien als nach China.

Indonesien galt in den Achtziger- und der ersten Hälfte der Neunzigerjahre zusammen mit Malaysia, Südkorea und Thailand als Tigerland, als kraftstrotzende Ökonomie, die die Wohlstandslücke zum Westen mit einem verwegenen Sprung zu überwinden trachtete. Es war eine der am schnellsten wachsenden Wirtschaftsnationen der pazifischen Region. Indonesien rühmte sich relativ offener Kapitalmärkte und versüßte Akteuren aus dem Dollarraum Investments zusätzlich dadurch, dass die Landeswährung zu einem festen Kurs an die US-Devise gekoppelt war. Währungsverluste waren dadurch beim Investieren ausgeschlossen, zumindest solange die Kopplung bestehen blieb. Kurzum, es war ein perfektes Domizil für die dämonischen Dollars, die reichlich ins Land strömten.

Westliche Finanzinstitute – immer darauf erpicht, einen jungen Trend als Erste auszurufen – priesen das Land als einer der interessantesten Schwellenmärkte überhaupt. Die Börse in Jakarta strebte Jahr für Jahr zu neuen Bestmarken. Doch es war ebendiese Popularität bei spekulativen Investoren, die der indonesischen Boom-Wirtschaft zum Verhängnis wurde.

Ausgehend von Thailand griff ab Sommer 1997 an den Börsen der Region Panik um sich. Die Ursachen für den Ausverkauf waren marginal gewesen – wie bei jedem Crash: Ein paar Wachstums- und Gewinnzahlen hatten enttäuscht. Aber in Kombination mit den exorbitant hohen Bewertungen genügte das, die maßgeblichen ausländischen Investoren in höchste Unruhe zu versetzen. Ebenso eilig, wie sie ihr Geld in die Tigerstaaten transferiert hatten, um Gewinne zu erzielen, zogen sie es jetzt wieder ab, um Verluste zu vermeiden. Die Baisse nährte die Baisse: Indem die sinkenden Preise von Aktien, Anleihen und Immobilien Investoren zu Verlustbegrenzungen nötigten, führten die Verkäufe zu immer neuen Verkäufen. Die für das Zeitalter der dämonischen Dollars typische Spirale des Niedergangs kam in Bewegung – und beschleunigte sich. Indonesien war nicht der Ausgangspunkt des Zusammenbruchs gewesen, der nunmehr den Namen Asienkrise trug, doch traf er den Archipel besonders heftig.

Binnen Wochen flohen Milliarden dämonischer Dollars aus Indonesien. Die Verkaufswelle setzte die Landeswährung einem Druck aus, dem sie nicht gewachsen war. Im August 1997 musste die Kopplung der Rupiah an den Dollar aufgehoben werden. In kürzester Zeit hatte die Notenbank ihre sämtlichen Devisenreserven bei dem Versuch verpulvert, den Kurs der Devise zu stützen. Auf den Sturm folgte die Sintflut: Der Kurs der Rupiah raste in die Tiefe. Das indonesische Zahlungsmittel verlor bis zu vier Fünftel seines Werts. Die Auswirkungen für die Volkswirtschaften waren desaströs und erinnerten vom Ausmaß an die Große Depression der Dreißigerjahre in den USA.

Im Jahr von Suhartos Sturz, 1998, schrumpfte Indonesiens Wirtschaftsleistung um dramatische 13,7 Prozent. Diese Zahl gibt jedoch lediglich den in Rupiah gemessenen Einbruch wieder. In hartem Geld kalkuliert, etwa in D-Mark oder Schweizer Franken, löste sich mehr als die Hälfte der indonesischen Ökonomie innerhalb von zwölf Monaten in Nichts auf. Aber nicht nur in der Außenwahrnehmung waren Staat und Gesellschaft im Begriff zu implodieren. Auch im Inneren wütete ein brutaler Vertrauensverlust. Die großen Banken erlebten einen Ansturm der Kunden auf ihre Spareinlagen. Sie mussten schließen und, damit sie überhaupt überlebten, mit staatlichem Geld reanimiert werden.

Die Tragik von Suhartos Sturz bestand darin, dass ausgerechnet jenes Politikfeld, auf dem das Regime einige anerkannte Erfolge für sich verbuchen konnte, den Untergang brachte. Das Versagen bei der Demokratisierung, dem Minderheitenschutz und bei den Menschenrechten machte das Regime ohnehin angreifbar. Jedoch konnte der Diktator seine Verfehlungen mit dem außerordentlichen Wohlstandszuwachs überdecken, den er (so seine Sichtweise) dem Land beschert hatte. Das funktionierte leidlich gut – bis zur Asienkrise.

Der Albtraum der Kader

Gewiss sind die Unterschiede zwischen dem damaligen Indonesien und dem heutigen China nicht zu übersehen. Einen markanten Unterschied gab es an der Währungsfront: Während der Yuan zu billig gehandelt wird, war die Rupiah überbewertet, als sie an den Devisenmärkten »hingerichtet« wurde. Auch konnte Suharto Opposition nie so effektiv unterdrücken, wie das Chinas Kommunistischer Partei gelingt. Die Volksrepublik ist einer der totalitärsten Staaten der Welt. Gleichwohl hält die Asienkrise für die KP, die eigentliche Machtzentrale des Landes, einige Lektionen parat, die sie sehr genau verinnerlichen wird. Eine für Peking beunruhigende Parallele muss sein, dass beide Regierungen, die Gewaltherrschaft von Suharto ebenso wie die Einparteienherrschaft der chinesischen Kommunisten, ihre Legitimation vor allem von wirtschaftlichen Errungenschaften ableiteten. Ein abrupter ökonomischer Rückschlag, ausgelöst durch Währungsturbulenzen, kann innenpolitischen Gegnern sehr schnell die rhetorische Munition liefern, die Regierung in Bedrängnis zu bringen.

Peking hat aus der Asienkrise die Lektion gelernt, alles zu tun, um eine ökonomische Destabilisierung des Landes durch erratische, unkontrollierte Kapitalflüsse zu vermeiden. Das gilt umso mehr, als der Währungssturm von 1997 von Devisenspekulationen zumindest verstärkt, wenn nicht mitverursacht wurde. Spekulanten sind auch und gerade für kontrollwütige Regime wie die Führung in Peking ein Albtraum. Denn auf Hedgefonds und andere Akteure, die die Kapitalmärkte unermüdlich nach Gewinnmöglichkeiten durchforsten, haben nicht einmal befreundete Regierungen nennenswerten Einfluss. Sie sind eine Marktmacht, die sich dem Zugriff entzieht, die keine Rücksichten kennt und ihren eigenen Regeln folgt: den Regeln der Gewinnmaximierung.

Das Eingreifen der Spekulanten kann für eine Volkswirtschaft schwer überschaubare Risiken haben, egal ob sie (wie im Fall Indonesien) eine dramatische Abwertung oder (wie im Fall China denkbar) eine rapide Aufwertung der Landeswährung bewirken. Malaysias Präsident Mahathir bin Mohamad, dessen Land ebenfalls zu den Opfern der Asienkrise gehörte, beschuldigte namentlich den Altmeister der Devisenspekulation, George Soros, die Währungsturbulenzen von 1997 verursacht zu haben. Zwar stritt der Hedgefonds-Pionier eine Verwicklung in den Angriff auf die asiatischen Devisen vehement ab, doch seit der *capo dei capi* der Hedgefonds 1992 die Bank of England »geknackt« und zur Abwertung des Pfunds gezwungen hatte, wurde er überall als Strippenzieher vermutet, wo es am Devisenmarkt krachte.

Soros und andere Großspekulanten machen nicht zu Unrecht geltend, dass sie nur dort ökonomische Flurschäden anrichten können, wo vorher Ungleichgewichte künstlich aufgebaut und aufrechterhalten wurden. Wo hingegen die Kurse von Währungen oder Aktien den realen Werten entsprechen, so ihre Selbstverteidigung, seien groß angelegte spekulative Manöver von vornherein zum Scheitern verurteilt. Für Peking kann das jedoch kein Trost sein, nicht mal ein schwacher. Es weiß nur zu genau, dass der Yuan genau diese Bedingung nicht erfüllt: Von einer fairen Bewertung ist die chinesische Valuta meilenweit entfernt. Und das soll sie, geht es nach der chinesischen Führung, auch bleiben. Daher wird das große Reich der Mitte George Soros und andere Spekulanten auch weiterhin fürchten.

Ökonomische Supermacht

Die in der historischen Erfahrung verwurzelte Furcht vor einem monetären Debakel ist nur die eine Seite der Medaille. Hinter der defensiven Maske verbergen sich aggressive Motive. Pekings rigide Devisenpolitik ist Schild, zunehmend aber auch Schwert. Nicht nur militärisch denkt die Führung der Volksrepublik in strategischen, mehrere Dekaden umfassenden Dimensionen, sondern auch wirtschaftlich. Das Ziel der kommunistischen Spitzenfunktionäre ist ehrgeizig genug: Die Volksrepublik soll zur ökonomischen Supermacht aufsteigen, stärker werden als die Vereinigten Staaten und Europa. Da dem Reich der Mitte Schutzzölle und ähnliche

Eingriffe durch seine seit 2001 bestehende Mitgliedschaft in der Welthandelsorganisation (WTO) versagt sind, ist der Wechselkurs des Yuan dazu auserkoren, einen Großteil der merkantilistischen Funktionen zu übernehmen.

Bislang läuft für Peking alles nach Plan. Kein anderes großes Land ist in den vergangenen drei Jahrzehnten so rasant gewachsen wie die Volksrepublik. Seit dem Beginn der Reformen Deng Xiaopings Ende der Siebzigerjahre ist die chinesische Wirtschaft um mehr als 1600 Prozent expandiert, allein seit Anfang der Neunzigerjahre hat sich ihr Volumen mehr als verzehnfacht. Bemerkenswerterweise hat sich die Dynamik auch in jüngerer Zeit nicht abgeschwächt. Im Jahr 2010 wird das Volumen der in China erzeugten Güter und Dienstleistungen, das Bruttoinlandsprodukt, um vermutlich 10 Prozent zulegen, im Jahr 2009 betrug der Zuwachs 8,7 Prozent. Selbst im Krisenjahr 2008 – als die Finanzkrise den Welthandel zeitweise stilllegte – nahm die Wirtschaftsleistung um mehr als 9 Prozent zu, während die amerikanische Ökonomie, vom Desaster auf dem Immobilienmarkt niedergedrückt, nur mehr um 0,4 Prozent expandierte. Die in einer Dauerkrise gefangene japanische Wirtschaft schrumpfte gar.

Auf seinem Weg an die Weltspitze hat das Reich der Mitte binnen zehn Jahren mehrere klassische Industriestaaten ökonomisch hinter sich gelassen: Italien, Frankreich, Großbritannien und zuletzt Deutschland. Im Jahr 2010 wird die Milliardennation wirtschaftlich aller Voraussicht nach an dem alten asiatischen Rivalen Japan vorbeiziehen. Es sei denn, die Statistiken werden im Nachhinein nach oben korrigiert und weisen aus, dass die Volksrepublik diese Etappe schon ein paar Jahre früher nahm. Chinesische Konjunkturdaten sind notorisch unzuverlässig, und es wäre nicht das erste Mal, dass die aktuellen Werte zwei oder drei Jahre nachher widerrufen und durch höhere ersetzt werden. Wie dem auch sei, zu Beginn des zweiten Jahrzehnts des 21. Jahrhunderts bekleidet China offiziell den Rang der zweitgrößten Wirtschaftsnation hinter den USA. Das ist keine geringe Errungenschaft für einen Staat, der in den Neunzigerjahren noch als Entwicklungsland geführt wurde. Für den gleichen Grad an Industrialisierung, für den England 200 Jahre benötigte, brauchte das Reich der Mitte nur 30 Jahre.

Natürlich ist die Frage, wie lange China diese ökonomische Dynamik aufrechterhalten kann. Manche Volkswirte gehen davon aus, dass der Wachstumstrend schon bald abflachen wird. Zum einen lasse sich die Ausbeutung an Mensch und Natur nicht unbegrenzt aufrechterhalten. Zum anderen ziehen die Löhne im Reich der Mitte so schnell an, dass China einen Teil seines Wettbewerbsvorteils einbüßt. Doch weder die Umweltzerstörung noch die Lohnentwicklung müssen das Modell China zum Kentern bringen. Das Nachbarland Japan hat in der Nachkriegszeit sehr eindrucksvoll gezeigt, dass steigende Einkommen für eine Volkswirtschaft so lange kein Problem sind, wie die Wertschöpfung mit den Löhnen mitwächst. Die europäischen Industriestaaten wiederum haben bewiesen, dass die Umweltzerstörung zum Teil wieder rückgängig zu machen ist und dass Umwelttechnik sogar zu einer Wachstumsbranche avancieren kann. Schon heute sind zahlreiche Hersteller von Solartechnik im Reich der Mitte angesiedelt und beliefern von dort aus erfolgreich den Weltmarkt. Die amerikanische Investmentbank Goldman Sachs hat ausgerechnet, dass China die Vereinigten Staaten bereits etwa Mitte des nächsten Jahrzehnts als weltgrößte Ökonomie abgelöst haben wird. Der US-Ökonom Robert Fogel geht sogar noch weiter: Er hat die Prognose aufgestellt, dass das Jahr 2040 China als die alles beherrschende Volkswirtschaft auf dem Planeten sehen wird. Unglaubliche 123 Billionen Dollar soll die chinesische Ökonomie dann erwirtschaften, fast neunmal so viel wie die amerikanische heute und dreimal so viel wie alle Staaten zusammen. Behält Fogel mit seinen Vorhersagen recht, wird Amerika dann der Juniorpartner der Volksrepublik sein, während Europa im wirtschaftlichen Vergleich mit dem Reich der Mitte wie ein Zwerg anmutet. Nach seinen Kalkulationen wird der durchschnittliche Chinese mit einem Pro-Kopf-Einkommen von 85 000 Dollar doppelt so reich sein wie der durchschnittliche Europäer.[28]

Währung als Waffe

Die atemberaubende Dynamik der chinesischen Volkswirtschaft würde unter normalen Bedingungen eine beträchtliche Aufwertung der Landeswährung Yuan nach sich ziehen. Devisenmärkte honorieren starkes Wachstum ebenso mit steigenden Notierungen, wie sie eine anämische

Wirtschaft mit sinkenden bestrafen. Auch die D-Mark erlebte zur Zeit des Wirtschaftswunders und darüber hinaus immer wieder Aufwertungen, was den heimischen Exporteuren einiges an Anpassungen abverlangte. In den Fünfzigerjahren mussten für einen Dollar noch 4,20 D-Mark gezahlt werden, vierzig Jahre später zeitweise nur noch 1,50 D-Mark. Das entsprach einer Verteuerung der Mark um mehr als den Faktor zweieinhalb. Allein zwischen 1960 und 1978 wertete die Mark zum Dollar um fast 60 Prozent auf.[29]

Noch ausgeprägter war die Aufwärtstendenz des deutschen Zahlungsmittels zum Pfund. Während die »Deutschmark« wegen der hohen Wachstumsraten (und der konsequenten Antiinflationspolitik der Bundesbank) gefragt war, litt die ehemalige Weltleitwährung unter den ökonomischen Strukturschwächen Großbritanniens. Statt 11,70 D-Mark wie 1953 wurden Mitte der Neunzigerjahre an den Devisenmärkten nur noch knapp drei Mark für die britische Währung verlangt. Auf diese Weise bestraften die Devisenmärkte die als »englische Krankheit« bekannt gewordene sklerotische Wirtschaftsentwicklung auf der Insel.

So gut die Aufwertung der Mark für das Preisniveau im Inland war – für den Außenhandel brachte sie Erschwernisse: In der Zeit von 1949 bis 1990 verteuerten sich Produkte »made in Germany« im Verhältnis zu Produkten »made in UK« um beinahe das Vierfache. Nur große Produktivitätsfortschritte in der Bundesrepublik verhinderten eine langsame Unterminierung der deutschen Wettbewerbsposition.

China geht bisher einen anderen Weg als Deutschland. Obwohl sich kaum eine mehr vor Wachstum vibrierende Ökonomie denken lässt als die Volksrepublik, spiegeln die Wechselkurse das bisher kaum wider. Der Yuan hat bei Weitem nicht so stark aufgewertet, wie es von den wirtschaftlichen Rahmenbedingungen gerechtfertigt wäre. Es ist keine »Marktineffizienz«, kein Versagen der Gesetze von Angebot und Nachfrage, die den Yuan so billig halten, sondern das gezielte Eingreifen des Staates. Im Juli 2010 lag der Kurs zum Dollar bei knapp 6,80 Yuan. Je nach Berechnungsmethode war das chinesische Geld damit zum Dollar um 30 bis 50 Prozent unterbewertet.[30]

Immer wieder interveniert die People's Bank of China, die chinesische Notenbank, am Devisenmarkt: Sie kauft im großen Stil Dollar gegen Yuan, die sie selbst kreieren kann. Dadurch hält sie den Kurs der eigenen Währung künstlich niedrig. Da der Yuan Kapitalverkehrskontrollen unterliegt, also nicht frei ein- oder ausgeführt werden darf, ist es möglich, diese Manipulation problemlos auch über einen längeren Zeitraum fortzusetzen. Doch was für China gut ist, ist nicht unbedingt gut für die Weltwirtschaft.

Durch den unterbewerteten Wechselkurs ziehen Firmen aus dem Reich der Mitte Geschäfte auf sich, die sonst Konkurrenten aus anderen Ländern zugefallen wären. Die künstlich aufrechterhaltene Unterbewertung verschafft den Exporteuren des Riesenreiches einen entscheidenden Wettbewerbsvorteil auf den Weltmärkten. Produzenten in Thailand, Malaysia und den Philippinen mussten in den vergangenen Jahren mit ansehen, wie ihnen die Kunden mehr und mehr abhanden kamen, wie sie Marktanteile verloren, weil diese zu den noch günstigeren chinesischen Erzeugern wechselten. Die Tiger-Ökonomien konnten nie mehr an ihre fantastischen Wachstumsraten aus der Zeit anknüpfen, als das Reich der Mitte noch nicht der allesbeherrschende Spieler war. Allerdings ist China für sie auch ein wichtiger Kunde. Je stärker rohstofflastig eine Wirtschaft ist, desto mehr profitiert sie vom Aufstieg des erz- und energiehungrigen Riesenreichs.

Aber auch Europas Industrien lassen die Auswirkungen des China-Faktors nicht ungerührt. Selbst deutsche Vorzeigebranchen wie die erneuerbaren Energien spüren die Hitze, die vom Reich der Mitte abstrahlt. Hiesige Solarhersteller verlieren nach anfänglicher Weltmarktführerschaft einen immer größeren Teil des Kuchens an die Konkurrenz aus Fernost. Peking nutzt seine Währung nicht nur als Bollwerk gegen Spekulanten, wie es dies selbst gern sieht, sondern auch als Rammbock, um die Tore zu neuen Märkten aufzubrechen. Dadurch zieht das Reich der Mitte potenziellen Wohlstand aus anderen Wirtschaftsräumen ab.

Spiel auf Zeit

Der Währungsmerkantilismus der aufstrebenden Macht konnte nicht ohne Gegenreaktion bleiben. In den USA, aber auch in Europa und anderswo erhält die Phalanx derer Zulauf, die Peking für die Manipulation des Wechselkurses bestrafen wollen. Besonders artikuliert war die Kritik in den Wochen vor dem Treffen der 20 größten Industrienationen am 26. und 27. Juni 2010 in Toronto. Das Treffen drohte zum Tribunal gegen Peking zu werden.

Da war es sicherlich kein Zufall, dass die chinesische Notenbank am 19. Juni 2010, exakt eine Woche vor dem Wirtschaftsgipfel, überraschend bekannt gab, dass sie den Yuan-Wechselkurs künftig »flexibilisieren« wolle. War das die erhoffte Liberalisierung des Wechselkurses? War das der Schwenk zu einer Politik der globalen Verantwortung, die so oft angemahnt worden war? War Peking womöglich sogar dabei, der Welt in Gestalt einer deutlichen Währungsaufwertung einen Marshallplan des 21. Jahrhunderts zu schenken? Viele Beobachter blieben skeptisch und bewerteten die Ankündigung als taktisches Spielchen. Der Wirtschaftsnobelpreisträger Paul Krugman sprach von einer Finte, mit der Peking abwenden wolle, dass es auf dem G20-Treffen und im US-Kongress als Devisenmanipulator angeprangert wird, ohne dass sich wirklich etwas ändert. Und er war nicht der einzige Skeptiker.

Tatsächlich durfte sich die chinesische Währung seither nur in winzigen Schrittchen von maximal 0,5 Prozent am Tag bewegen. Häufig steuerte die People's Bank of China gegen, sodass eine nennenswerte Aufwertung nicht zu erwarten ist. Einen Monat nach Bekanntgabe der Flexibilisierung war der Yuan-Kurs um weniger als ein Prozent gestiegen. Offensichtlich hat Peking wegen der immer noch fragilen Weltwirtschaft Bedenken, mehr als eine minimale Yuan-Aufwertung zuzulassen.

Die monetäre Liberalität der Chinesen war schon größer: Zwischen 2005 und 2008 gestattete Peking dem »Volksgeld« eine deutliche Verteuerung zum Dollar. Insgesamt 21 Prozent durfte der Yuan in dieser Zeit zulegen – in streng kontrollierten Bewegungen. Da der Greenback zur gleichen Zeit an den Devisenmärkten unter Druck war, machte sich die Aufwertung gegenüber anderen Währungsgebieten kaum bemerkbar. Außerhalb des Dollarraums wurden Waren »made in China« preislich eher noch konkurrenzfähiger.

Als die Finanzkrise Mitte 2008 die Weltwirtschaft und den internationalen Handel erschütterte, beendete Peking die »neue Freiheit« des Wechselkurses schnell wieder und kehrte zum alten Devisen-Regime der Kopplung zurück. Aus chinesischer Sicht schien dies umso mehr geboten, nachdem der Greenback in Folge der Lehman-Pleite vom September 2008 als Fluchtwährung gesucht war und sich vorübergehend spürbar verteuerte. Als der Dollar ab Frühjahr 2009 seinen alten Abwärtstrend wieder aufnahm, behielt Peking jedoch schlicht die Kopplung zu 6,83 Yuan bei, was auf eine deutliche Verbilligung des chinesischen Zahlungsmittels hinauslief. In der Dollar-Schwäche ließ die People's Bank of China den Yuan zur US-Valuta also moderat aufwerten, in der Dollar-Stärke stoppte sie den Prozess abrupt.

Erkennbar spielt Peking auf Zeit. Das Ziel dieses ebenso raffinierten wie opportunistischen Spiels bleibt die aggressive Ausfuhrsubventionierung über den Wechselkurs.

Vorbild Japan

Mit der Manipulation des Außenwerts fördert Peking den Aufstieg der Volksrepublik als Exportnation, opfert aber die Aussichten, dass der Yuan auf absehbare Zeit zu einer globalen Reservewährung heranwächst. Eine am Gängelband geführte Devise eignet sich nicht als Wertaufbewahrungsmittel für die Völker der Welt. Verlässlich und solide muss eine solche Devise sein, aber auch flexibel und handelbar. Chinas Prioritäten sind hingegen klar andere: Erst soll die Konkurrenz durch eine billige Währung auf die Ränge verwiesen werden, dann will man weitersehen. Auch für diese Etappe, soviel darf als sicher gelten, hat die kontrollwütige Parteizentrale bereits einen Plan in der Schublade. Peking weiß sehr wohl, dass es sich den Aufwertungsrufen auf Dauer nicht wird verschließen können. Aber es will die Aufwertung zu eigenen Bedingungen.

Mit dem Missbrauch der eigenen Währung als Waffe folgt die Volksrepublik dem Vorbild eines anderen asiatischen Reiches, das diese Strategie erfolgreich »getestet« hat: Japan. In den Jahrzehnten nach dem Zweiten Weltkrieg war es Tokio, das den Kurs seines Zahlungsmittels künstlich niedrig hielt. Die systematische Unterbewertung hinderte, zusammen mit bürokratischen und kulturellen Schutzwällen, ausländische Unternehmen daran, auf dem Binnenmarkt des Inselstaats Fuß zu fassen. Daneben war sie auch eine Voraussetzung für den Eroberungszug der japanischen Unternehmen auf fremden Märkten.

Erst als zu Beginn der Achtzigerjahre in Teilen der westlichen Welt das Gefühl überstark wurde, von japanischen Waren regelrecht überschwemmt zu werden und einen Industriezweig nach dem anderen an den Nimmersatt aus Nippon zu verlieren, setzten die Regierungen zur Gegenwehr an: Im Plaza-Abkommen von 1985 musste das Reich des Tennos einer Verteuerung seiner Währung zustimmen. Bis dahin hatte sich der Inselstaat aus Fernost jedoch in der Unterhaltungselektronik, der Fotoindustrie, dem Automobilbau und anderen Branchen einen bedeutenden Vorsprung verschafft. Was Japan recht war (und Erfolg bescherte), soll China nun billig sein.

Ähnlich wie in den Fünfziger- bis Achtzigerjahren für Tokio hat heute für Peking die Eroberung der Weltmärkte Vorrang. Den Yuan zur Leitwährung aufzubauen kann warten. Unterdessen hat Peking nicht nur Macht über den Yuan, sondern auch über eine zweite Währung, deren Kurs es maßgeblich bestimmen kann. Diese zweite Währung an Pekings Gängelband heißt Dollar.

Die finanzielle Atombombe

Es mag etwas übertrieben sein zu behaupten, dass der Greenback unter Pekings Kommando steht. Jedoch hat die chinesische Regierung fraglos enormen Einfluss auf das Wohlergehen der US-Währung. Die Fernbedienung für den Dollar liegt in den Safes der Chinesischen Zentralbank. Die Volksrepublik ist zum größten Besitzer von amerikanischem Geld avanciert. Mitte 2010 besaß China Devisenreserven im Wert von 2,5 Billionen

Dollar. Diese Summe übertrifft sogar die jährliche Wirtschaftsleistung des Eurolandes Italien.[31]

Auch wenn Peking eine genaue Aufschlüsselung der Devisenreserven verweigert, können Analysten anhand der Marktaktivitäten der chinesischen Währungshüter Rückschlüsse auf die Zusammensetzung ziehen. Klar ist, dass ein Teil der Bestände in Gold, Euro und anderen Währungen angelegt ist. Es besteht jedoch kein Zweifel, dass das Gros aus Dollars besteht. Bisher hat sich die Faustformel bewährt, dass die Volksrepublik rund zwei Drittel ihrer Währungsreserven in Greenback-Papieren angelegt hat. Bei einem Gesamtvolumen des Pekinger Staatsschatzes von 2,5 Billionen wären das knapp 1,7 Billionen Dollar.

Ein Teil des Staatsschatzes kommt »auf natürlichem Weg« dadurch zustande, dass chinesische Exporteure ihre in den USA und im Dollarraum erwirtschafteten Erlöse bei der Zentralbank gegen Yuan tauschen. Das Geld der amerikanischen Konsumenten, die sich eine Digitalkamera oder ein Notebook »made in China« kaufen, landet über den Umweg des teilstaatlichen Bankwesens in den Tresoren Pekings. Darüber hinaus, und so kommt der andere Teil der Reserven zustande, kauft die chinesische Regierung massenweise Greenbacks, um den Kurs der heimischen Währung niedrig zu halten. Die Führung kann so viele Yuan-Scheine drucken lassen (oder Yuan-Beträge auf elektronischem Wege ins Leben rufen), wie sie will, und gegen Dollar tauschen: Das Ergebnis ist eine Stützung der US-Devise und eine künstliche Abwertung der eigenen Währung. Gleichzeitig werden die Dollarreserven des Staates »unnatürlich« stark aufgebläht. China vereinigt inzwischen knapp 30 Prozent aller internationalen Währungsreserven auf sich. Dank der zentralistischen Struktur seines politischen Systems ist es China allem Anschein nach als erstem großem Land gelungen, die »dämonischen Dollars«, jenen globalen Geldüberschuss, erfolgreich in seinen Dienst zu stellen.

Zweieinhalb Billionen Dollar Devisenreserven sind selbst für eine so schnell wachsende, mächtige Volkswirtschaft wie die chinesische ein eklatant hoher Betrag. Tatsächlich ist es der in absoluten Zahlen wohl größte Staatsschatz der Geschichte. Die zweitemsigsten Sammler von Fremdwährungen, die Japaner, besitzen mit 988 Milliarden Dollar nicht einmal die Hälfte dieses Betrags.

Die People's Bank hortet den Dollarschatz in ihren Tresoren nicht in Form von Banknoten, wie man es aus Hollywood-Filmen kennt. Vielmehr hat sie einen Großteil des Bargeldes in amerikanische Staatsanleihen investiert. Im Gegensatz zu Cash werfen diese Treasuries, wie amerikanische Regierungstitel auch genannt werden, Zinsen ab. Die Erträge können sich bei der Größe des Portfolios auf mehrere Milliarden Dollar im Monat belaufen. Keine Zentralbank möchte darauf gern verzichten, in der Hinsicht unterscheiden sich die Chinesen nicht von anderen. Ungewöhnlich im Falle der Volksrepublik ist wiederum nur das Volumen der Bestände: Mitte 2010 besaßen das Reich der Mitte und Hongkong amerikanische Staatsanleihen im Wert von mehr als einer Billion Dollar. Damit ist China der größte Einzelgläubiger der Vereinigten Staaten.

Dass die chinesische Zentralbank zu einem riesigen Depot für amerikanische Schuldscheine geworden ist, kommt nicht von ungefähr. Der Grund liegt in den besonderen Wirtschaftsbeziehungen, die sich in den vergangenen Jahren zwischen der Volksrepublik und den Vereinigten Staaten entwickelt haben. So ungleich diese Nationen sind, bilden Amerika und China eine Symbiose, für die der Historiker Niall Ferguson den Namen Chimerika geprägt hat. Chimerika ist dadurch gekennzeichnet, dass die eine Seite (die Westchimerikaner oder Amerikaner) im Übermaß konsumiert, während die andere Seite (die Ostchimerikaner oder Chinesen) im großen Stil produziert. Die Volksrepublik ist zur Werkbank Amerikas geworden, und Amerika zum Marktplatz der chinesischen Erzeuger. Die Verschränkung ist damit noch nicht zu Ende: Da die US-Bürger lieber kaufen als sparen, befinden sie sich permanent auf der Suche nach Cash, ökonomisch ausgedrückt: Sie sind auf Kapitalimporte angewiesen. Im ersten Jahrzehnt des neuen Jahrhunderts haben die Amerikaner zusammengerechnet 47 Prozent mehr ausgegeben, als sie verdient haben. Dieses Geld mussten sie auf dem internationalen Kapitalmarkt borgen.

Die Chinesen wiederum waren nicht ganz zufällig bereit und willens, den Freunden auf der anderen Seite des Pazifischen Ozeans mit Barem auszuhelfen. Die interventionistischen Dollarkäufe der Notenbank und die Absatzerfolge der eigenen Unternehmen hatten den Asiaten so viele dämonische Dollars in die Kassen gespült, dass sie nach der Jahrtausendwende vor dem umgekehrten Problem standen: Wohin mit dem vielen Cash? Aus diesem Anlagenotstand heraus gingen die Chinesen dazu über, amerikanische Schuldtitel zu kaufen und dadurch die Fortsetzung der Konsumparty zu finanzieren. Und je mehr der Devisenschatz der Volksrepublik anwuchs, desto mehr Staatsanleihen orderte die Volksrepublik und desto mehr konnte Amerika auf Pump einkaufen.

Die gesteigerte Nachfrage nach US-Treasuries war ein perfektes Beispiel für das Wirken dämonischer Dollars, und es war ein maßgeblicher Faktor dafür, dass im ersten Jahrzehnt des neuen Jahrhunderts die Zinsen in Amerika so niedrig blieben. Indem Peking kaufte, trieb es die Anleihenpreise nach oben und die Renditen, die sich spiegelbildlich zu den Kursen bewegen, nach unten. Das galt selbst in Jahren wie 2004 oder 2005, als die brummende Konjunktur längst höhere Zinsen gerechtfertigt hätte. Indirekt und vermutlich unwillentlich hat das Reich der Mitte damit auch die Immobilienblase mitverursacht, denn erst die niedrigen Hypothekenkosten brachten viele Amerikaner dazu, mit Grund und Boden zu spekulieren.

Auch nach dem Platzen der Blase blieb China ein zentraler Akteur auf dem amerikanischen Kapitalmarkt. Vermutlich hätte die US-Regierung einige Mühe gehabt, die diversen Bankenrettungspakete und Konjunkturprogramme zu akzeptablen Konditionen zu finanzieren, hätten die Freunde aus dem Reich der Mitte nicht weiter eifrig Schuldtitel abgenommen.

So angenehm es für Washington war, immer jemanden zu haben, der bereit war, Geld vorzustrecken: Geopolitisch erwuchs daraus eine zunehmend delikate Situation. Selten war eine Großmacht finanziell so sehr von einer konkurrierenden Großmacht abhängig. Wenn Schulden Amerikas Heroin sind, dann ist China Amerikas wichtigster Dealer. Doch was ist, wenn der Junkie sich zugleich als Sheriff gebärdet, der mit dem Dealer in einer anderen Angelegenheit aneinandergerät? Als Financier amerikanischer Defizite hat Peking eine enorme Machtposition erlangt, vor der nicht nur der USA und ihrer Wirtschaft, sondern auch dem Rest der Welt bange sein muss.

Die Frage, wie China mit seiner Machtposition als wichtigstes Gläubigerland der USA umgehen wird, ist ein Schlüsselthema des 21. Jahrhunderts. Sie bedeutet, dass die kommunistische Volksrepublik nicht nur maßgeblichen Einfluss darauf hat, ob Washington seine politischen Vorhaben finanzieren kann (zum Beispiel Barack Obamas ehrgeizige Gesundheitsreform), sondern dass sie auch den Außenwert des Dollar mitbestimmt. Ebenso wie der Kauf von US-Schuldtiteln den Greenback stützt, würde ihn ein Verkauf stürzen – zumal wenn die Papiere regelrecht auf den Markt geworfen werden.

Bei Historikern weckt die Konstellation Erinnerungen: Peking wächst langsam in eine ähnliche Rolle hinein, wie sie die Vereinigten Staaten nach den beiden Weltkriegen für die europäischen Siegermächte spielten. Großbritannien und Frankreich hatten die militärische Auseinandersetzung, den Kampf um die Vorherrschaft in Europa, zwar gewonnen, während des Waffengangs aber gewaltige Darlehen aufnehmen müssen. Fortan konnten London und Paris keine Entscheidung von finanzieller Tragweite mehr treffen, ohne sich mit Washington abzustimmen. Die Stabilität des Pfund Sterling und des Französischen Franc hing vom Wohlwollen der Amerikaner ab. Meist konnten sich die beiden Weltkriegs-Alliierten deren Unterstützung sicher sein, schon deshalb, weil die US-Wirtschaft ein vitales Interesse daran hatte, dass es den beiden wichtigen Abnehmerländern gut ging. Ein crashartiger Werteverfall von Pfund oder Franc hätte amerikanischen Konzernen – im Gegensatz zu heute waren die Vereinigten Staaten in der ersten Jahrhunderthälfte noch eine bedeutende Exportnation – schmerzliche Umsatzeinbußen beschert. »Meist« hieß jedoch nicht »immer«. Sobald sich die Verbündeten uneins waren, konnten die Amerikaner damit drohen, ihr finanzielles Druckmittel einzusetzen.

Eine neue Sues-Krise?

Der wohl bemerkenswerteste Fall für eine solche Disziplinierung über die Währung war die Sues-Krise von 1956. Damals war es Europa, das zu spüren bekommen sollte, was es heißt, als Schuldner den Groll seines wichtigsten Gläubigers auf sich zu ziehen. Der Konflikt zwischen der Alten und der Neuen Welt hatte sich wie eine der vielen Krisen angelassen, die aus den Unabhängigkeitsbestrebungen früherer Kolonien erwuchsen. Im Juli 1956 ging der selbstbewusste ägyptische Präsident Gamal Abdel Nasser auf Konfrontationskurs mit den Europäern. Er verstaatlichte den Sues-Kanal, der bis dahin unter britischer Aufsicht gestanden hatte. Für die Kolonialmächte Frankreich und Großbritannien war das eine Provokation.

Sie beschlossen, die Kontrolle über den Kanal militärisch zurückerlangen – ohne vorherige Rückversicherung bei den Amerikanern, was sich als schwerer Fehler herausstellen sollte. Die Supermacht USA missbilligte die Invasion, zum einen, weil sie darin eine späte Zuckung des europäischen Imperialismus sah, und zum anderen, weil sie ein Aufbegehren der Dritten Welt befürchtete, um deren Sympathie sie sich im Kalten Krieg bemühte. Überdies graute Washington vor einer Eskalation der Kanalkrise, die die Sowjetunion auf den Plan rufen könnte.

Insbesondere Großbritannien wurde von der US-Regierung massiv unter Druck gesetzt, den Militäreinsatz – inzwischen waren Marineinfanteristen in Ägypten gelandet – abzubrechen. Als London uneinsichtig blieb, zog Amerika die Währungskarte: Allein die Andeutung, Amerika könne britische Schuldentitel in seinem Besitz auf den Markt werfen, ließ den Kurs des Sterlings erzittern. Derart in die Enge getrieben, mussten London und Paris zähneknirschend einlenken: Ihr Ziel, die Kontrolle über den einträglichen und strategisch wichtigen Kanal zurückzuerlangen, war trotz militärischer Erfolge (die Verbündeten wurden von Israel unterstützt und hatten bereits wichtige Positionen besetzt) gescheitert.

Der Sues-Krieg gilt als der letzte Versuch europäischer Kolonialmächte, ohne Amerikas Billigung oder Unterstützung geopolitische Machtansprüche durchzusetzen. Großbritannien wurde durch die Haltung der Amerikaner regelrecht vorgeführt. Die Regierung von Premier Anthony Eden musste zurücktreten, die Wirtschaft des Landes erlitt einen Schwächeanfall. Nach dem Einschnitt von 1956 war das Vereinigte Königreich kein Staat von weltpolitischem Rang mehr. Globale Großmacht ohne ausreichende monetäre Basis zu sein, hatte sich als unmöglich herausgestellt.

Die Sues-Krise ist fast ein Musterbeispiel für die These des Historikers Paul Kennedy, dass Imperien – in diesem Fall das britische Weltreich – von innen zerfallen. Strategische Überdehnung zieht einen ökonomischen Kollaps nach sich.[32]

Experten streiten bis heute darüber, ob Washington seine Drohung, das Pfund zu zerstören, 1956 hätte wahrmachen können. Immerhin wären davon auch die amerikanische Wirtschaft und vor allem die New Yorker Finanzinstitute (bei denen Großbritannien tief in der Kreide stand) betroffen gewesen. Doch diese Diskussion führt in die Irre. Enorme Bestände an fremden Devisen und Schuldtiteln, wie sie die USA damals hielten, ähneln in ihrer Wirkungsweise atomaren Massenvernichtungswaffen. Eine Nuklearmacht muss »die Bombe« nicht zünden, um einen Krieg für sich zu entscheiden, es reicht aus, glaubwürdig mit ihrem Einsatz zu drohen.

Planspiel Währungskrieg

Ein gutes halbes Jahrhundert nach der Sues-Krise ist es nicht mehr Amerika, das über eine »finanzielle Atombombe« gebietet, sondern China. Zweifelsohne wäre es für die Volksrepublik einigermaßen irrational, seine amerikanischen Staatsanleihen auf den Markt zu werfen und den Dollar »verdampfen« zu lassen. Von heute auf morgen würden die chinesischen Exporteure ihre Expansionschancen in den USA und anderen Ländern, die ihre Währung an den Greenback gekoppelt haben, ruiniert sehen. Peking würde sich gleich mehrfach ins eigene Fleisch schneiden. Abgesehen davon, dass die verminderte Wettbewerbsfähigkeit die Steuereinnahmen schmälern und die Arbeitslosigkeit hochschnellen lassen würde, wäre auch der Wert des Devisenhorts direkt betroffen. Sämtliche Dollarbestände auf einmal abzustoßen ist bei dem immensen Volumen, auf das diese angeschwollen sind, technisch unmöglich. Also müssten die chinesischen Finanzbehörden ihre Greenback-Vorräte in Tranchen verkaufen – mit einer unangenehmen Konsequenz: Die restlichen Reserven im Besitz der Volksrepublik würden im gleichen Maß an Wert verlieren, wie die US-Devise dahinsiecht. Überspitzt formuliert: China könnte Amerika seines Reichtums berauben, würde bei einem solchen Wirtschaftskrieg aber auch selbst in die Armut abrutschen. So zwingend diese Überlegungen dagegenzusprechen scheinen, dass Peking die »finanzielle Atombombe« jemals einsetzen wird: Den Strategen im Pentagon und im Weißen Haus bleibt ein unauflösbarer Rest Unsicherheit, ob das kommunistische Regime (und sei es aus der Wut oder Verzweiflung heraus) nicht doch eines Tages zu diesem äußersten Mittel greifen wird.

Es gibt rationale Gründe, über dieses irrationale Szenario besorgt zu sein. Einer davon ist die historische Erfahrung: Die Geschichte lehrt, dass Nationen manchmal auch Kriege beginnen, die ihren wirtschaftlichen Interessen schaden. Der Ausbruch des Ersten Weltkriegs ist ein Beleg hierfür. Vor allem Deutschland und England hatten in dem Konflikt wenig zu gewinnen, aber viel zu verlieren, dennoch traten sie in die Auseinandersetzung ein, weil jeder von beiden von der falschen Prämisse ausging, das Ringen um die Vorherrschaft schnell für sich entscheiden zu können. In gewisser Weise drängt sich ein Vergleich der Situation von 1910 mit der Situation von 2010 auf: Wie heute stand der »alternden« Weltmacht damals ein junger, auftrumpfender Herausforderer gegenüber. Obwohl auch Anfang des 20. Jahrhunderts die Kontrahenten ökonomisch eng miteinander verflochten waren, entluden sich die Interessenkonflikte am Ende gewaltsam. Die Schüsse von Sarajewo waren für beide Mächte zunächst ein eher marginales Ereignis auf dem fernen, immer schwelenden Konfliktherd Balkan. Dennoch führten sie dazu, dass sich die größte und die zweitgrößte Industriemacht der Alten Welt aufeinander stürzten, dass sich England und Deutschland mitsamt ihren jeweiligen Verbündeten vier lange Jahre ineinander verbissen, bis das wilhelminische Reich am Ende entkräftet und ausgezehrt kapitulierte.

Vor hundert Jahren ging die Herausforderung des Hegemons von einem wirtschaftlich dynamischen, aber politisch ruhelosen Deutschland aus, heute von einem Reich der Mitte, das vor Widersprüchen zu bersten droht. Sollbruchstellen für das chinesisch-amerikanische Verhältnis gibt es zuhauf: vom Status Taiwans (das Peking weiterhin als abtrünnige Provinz betrachtet) über Chinas zwielichtige Unterstützung des Regimes in Pjöngjang bis hin zum quasiimperialen Kampf um Bodenschätze in Afrika, Zentralasien und Nahost. Lassen sich die Interessenkonflikte nicht entschärfen, so könnte sich ein Scharmützel um Taiwan oder (noch unerwarteter vielleicht) ein militärischer Zusammenstoß auf der koreanischen Halbinsel zu einem Sarajewo des 21. Jahrhunderts auswachsen.[33] Ein Frontalangriff Chinas auf den Dollar wäre irrational, aber er wäre nicht irrationaler als Dutzende andere Kriege, die in den vergangenen Jahrhunderten wider das Wohl der Völker geführt wurden. Die Strategen im Pentagon haben durchaus Grund, besorgt zu sein – und nicht nur sie.

Vieles deutet darauf hin, dass die Gefahr eines Wirtschaftskriegs zwischen Amerika und China in den nächsten Jahren eher zu- als abnehmen wird. Wachstum bedeutet mehr Wohlstand, aber es setzt auch gesellschaftliche Kräfte frei, die schwer zu kontrollieren sind. Pekings ökonomischer Expansionskurs hat das ganze Land in eine dröhnende ökonomische Dampfwalze verwandelt. Bisher fand diese Dampfwalze ihre Grenzen am Supermachtstatus der USA. Solange sich auch die amerikanische Wirtschaft als kraftstrotzender und kerngesunder Koloss präsentierte, flößte sie dem Schwellenland China Respekt ein. Das ändert sich. Zur Jahrtausendwende war die Volksrepublik ökonomisch nur ein Achtel so stark wie Amerika. Zehn Jahre später produzierte das Land schon ein gutes Drittel der Güter und Dienstleistungen, auf die es die Vereinigten Staaten bringen. Rechnet man den Wechselkurseffekt des unterbewerteten Yuan heraus, erscheint die chinesische Volkswirtschaft noch ein gutes Stück größer und Ehrfurcht gebietender. Und die Boom-Ökonomie wächst weiter, teilweise mit zweistelligen Raten im Jahr. Zudem brachte die Finanzkrise ans Licht, dass viel von der wirtschaftlichen Macht Amerikas auf dem beruhte, was Experten »Leverage« nennen, dem (überzogenen) Einsatz von geliehenem Kapital. Die Vereinigten Staaten sind wirtschaftlich weiter ein Koloss, aber dass sie kraftstrotzend und kerngesund sind, glaubt niemand mehr.

Noch ist vollkommen offen, wie sehr das Modell Amerika, das anderen Wirtschaftsnationen (allen voran den Kontinentaleuropäern) über ein Jahrzehnt lang von Ökonomen als Vorbild anempfohlen wurde, beschädigt ist. Erst die nächsten Jahre werden zeigen, ob die USA an ihre Erfolge in Sachen Innovationskraft, Schaffung von Arbeitsplätzen und hohem Wachstum wieder werden anknüpfen können. Sorge bereitet die »jobless recovery«, die Wirtschaftserholung ohne ausreichend neue Stellen. Die Erfahrungen Japans nach dem Platzen der dortigen Immobilienblase stimmen skeptisch. Sie legen die Vermutung nahe, dass sich die Vereinigten Staaten auf eine lange Phase der zittrigen Konjunktur und der hochschnellenden Defizite werden einstellen müssen. Gelingt es China, seine ökonomische Brachialexpansion im Angesicht eines amerikanischen Abstiegs fortzusetzen, werden die Spannungen zwischen beiden Mächten zunehmen. Weder ideologisch noch geopolitisch dürfte das asiatische Milliardenreich dann die Dominanz der USA weiter widerspruchslos hinnehmen.

Beim Staatsbesuch Barack Obamas in Peking Mitte November 2009 zeigte sich bereits das neue Selbstvertrauen der »roten Mandarine«. Bezeichnend genug wurden Forderungen der Amerikaner nach einer Aufwertung des Yuan brüsk zurückgewiesen. Der US-Präsident durfte mit Studenten diskutieren, aber nur mit ausgesuchten Kadern der kommunistischen Jugendorganisation. Der sonst so geschmeidige Yes-we-can-Politiker wurde von der Pekinger Politelite regelrecht vorgeführt. Nicht anders erging es einer europäischen Delegation, die ein paar Wochen später die Chinesen zu einer Liberalisierung ihrer Wechselkurspolitik bewegen wollte. Auch sie ließ die Staatsführung auflaufen.

Die Volksrepublik könnte im Laufe der Jahre zur Ansicht gelangen, dass sie für einen Konflikt besser gerüstet ist als die USA. Das trifft insofern sogar zu, als die Kommandowirtschaft und Einparteienherrschaft Chinas ihre Ressourcen kurzfristig besser bündeln kann als das pluralistische Amerika, dessen Prinzip der Gewaltenteilung und ökonomische Laisser-faire-Doktrin die Entscheidungsprozesse verlangsamt. Da die Volksrepublik vor allem eine produzierende Wirtschaft ist, die Vereinigten Staaten vor allem eine konsumierende sind, träfe sie ein Konflikt zumindest zu Anfang deutlich härter. Wenn sich China erhebt, bleiben in Amerika die Regale leer.

Würde die Finanzschlacht für Peking ideal verlaufen (in Form einer schnellen »Kapitulation« der USA), könnte an ihrem Ende die Zerstörung des Dollar und die Geburt des Yuan als Leitwährung stehen, und zwar viel eher, als das heute realistisch erscheint. Ähnlich wie der Erste Weltkrieg den Aufstieg Amerikas beschleunigte, würde der Finanzkrieg eine

Entwicklung vorwegnehmen, die sich sonst noch über Dekaden erstreckt hätte. Indessen wäre ein chinesischer Sieg in einem solchen Streit der Währungen alles andere als gewiss: Je länger sich die Auseinandersetzung hinzieht und je intensiver sie ideologisch aufgeladen wird, desto mehr nationale Kräfte kann Amerika voraussichtlich mobilisieren. Das zumindest ist die Erkenntnis aus den großen Konflikten der vergangenen hundert Jahre, die zeigen, dass die Vereinigten Staaten immer dann am stärksten waren, wenn sie angegriffen wurden. Amerika könnte in einem Krieg der Währungen selbst dann die Oberhand behalten, wenn sich die momentane Malaise der US-Ökonomie noch zu einer Depression auswächst. Verwundete Imperien kämpfen am wütendsten.

Wegen dieser Risiken wird Peking aller Voraussicht nach den gefahrloseren Weg bestreiten und eine langfristige Ablösung des Dollar als Weltwährung anstreben. Die Zeit arbeitet für die asiatische Milliardennation. Im Jahr 2030, wenn China die USA als weltgrößte Volkswirtschaft abgelöst hat, werden die meisten Industrieländer der Welt und praktisch alle asiatischen Nationen – insbesondere die Rohstoffproduzenten –mehr Handel mit dem Reich der Mitte treiben als mit den Vereinigten Staaten. Bis dahin wird die Volksrepublik der mit Abstand größte Energieverbraucher auf dem Globus sein. Schon heute liegen die Kohlendioxid-Emissionen der Chinesen mit 6028 Millionen Tonnen im Jahr um rund 260 Millionen Tonnen vor denen der USA. Beim Ölverbrauch rangiert die asiatische Wachstumsökonomie aktuell erst bei der Hälfte des US-Niveaus, doch durch den schnell expandierenden Straßenverkehr holt China mit mächtigen Schritten auf. Im Jahr 2009 war das Land mit 13,6 Millionen verkauften Fahrzeugen erstmals der wichtigste Automobilmarkt der Welt, noch vor der »motor nation« USA. Als größter Energieverbraucher wird das Reich der Mitte schon in zehn Jahren für viele Ölförderländer zum wichtigsten Abnehmer avanciert sein. Gleiches gilt für die Produzenten von Kohle, Erdgas, Metallen und Nahrungsmitteln. Für Rohstoffökonomien aber gibt es eine »natürliche« Neigung, die eigene Devise an die Währung des wichtigsten Kunden zu binden, um allzu große Einnahmeschwankungen zu verhindern. Das ist einer der Gründe, warum Ölexporteure wie Saudi-Arabien, Kuwait, die Vereinigten Arabischen Emirate und andere in der Vergangenheit eine Dollarbindung eingeführt haben.

Eine solche »Schicksalsgemeinschaft« ergibt jedoch nur so lange Sinn, wie beide Partner Nutzen aus der Währungsehe ziehen. Kuwait hat seinen Dinar im Mai 2007 bereits vom Dollar gelöst und an einen Korb unterschiedlicher Devisen gekoppelt. Andere Staaten der Region tragen sich mit demselben Gedanken – mal lauter, mal leiser. Wenn der Prozess der »Scheidung« vom Dollar sich länger hinzieht, als es die ökonomischen Rahmendaten rechtfertigen, hat das auch mit außenpolitischen Rückschichtnahmen auf die Schutzmacht Amerika zu tun. Wie sensibel das Thema für die Regierungen der Golfregion ist, wurde im Oktober 2009 offenbar. Die britische Zeitung »The Independent« hatte berichtet, Saudi-Arabien plane zusammen mit den anderen Mitgliedern des Golfkooperationsrats, sich von der Dollarbindung zu verabschieden. Die US-Devise solle binnen eines Jahrzehnts durch einen Währungskorb ersetzt werden, in dem neben dem Dollar, dem Euro, dem Yen und anderen Devisen auch der Yuan vertreten ist. Prompt folgte das Dementi. Der Bericht sei »absolut falsch« und entbehre jeder Grundlage, ließ die Notenbank des Königreichs verlauten. Auch wenn der »Independent« weitere Belege für die Behauptung schuldig blieb, war es bezeichnend genug, wie schnell und kategorisch der Widerspruch aus Riad kam. Die mit Amerika befreundeten Regenten der Golfregion bauen auch auf den militärischen Rückhalt, den die USA ihren Regimen gewähren. Für sie steht mehr auf dem Spiel als nur Geld.

Sicherheitserwägungen können den Abschied vom Dollar verzögern, aber nicht bis in alle Ewigkeit. Auf Dauer könnte die Greenback-Bindung für die Rohstoffländer unhaltbar (da unhaltbar teuer) werden. Kommt der Kurs der US-Devise einmal ins Rutschen, erhöhen sich die Ausgaben für Waren und Dienstleistungen aus anderen Währungsräumen – mit anderen Worten, es wird Inflation importiert. Neigt sich die Waagschale derart zu Ungunsten des Dollar, so kann es schnell zur Staatsraison werden, Alternativen zu finden, sei es in Form des Euro, des Yuan oder eines Währungskorbs. Die Sicherheitsinteressen lassen sich dann mit den USA auf anderem Wege regeln. Kuwait jedenfalls scheint durch seine Aufkündigung der Dollarbindung geopolitisch nicht gefährdeter zu sein als zuvor.

Der Aufstieg des Yuan zur Weltwährung

Die Geopolitik ist nicht das einzige Hemmnis für einen Durchbruch des Yuan als Leitwährung. Das wesentliche Hindernis ist zweifelsohne der mangelnde Entwicklungsgrad des chinesischen Finanzsystems. Um das chinesische Geld zum Kandidaten für die wichtigste Reservewährung der Welt zu machen, muss Peking den Yuan zunächst von Devisenkontrollen befreien und ausreichend vielfältige und liquide Kapitalmärkte schaffen. Beides will China in den nächsten zehn Jahren anpacken.

Weltfinanzzentrum Schanghai

Wenn an Neujahr 2020 die Champagnerkorken knallen, soll nicht mehr New York oder London die führende Finanzmetropole der Welt sein, sondern Schanghai. So zumindest schwebt es den chinesischen Planern vor. Bis Pudong, der Finanzdistrikt von Schanghai, die Wall Street und die Londoner City in den Schatten stellt, ist es noch ein weiter Weg. Dennoch gehören die chinesischen Aktienmärkte bereits jetzt zur ersten Liga. Der Wert aller Dividendenpapiere, die in Schanghai, Shenzhen und Hongkong gehandelt werden, ist mit 4,6 Billionen Dollar längst deutlich höher als die deutsche Börsenkapitalisierung von 1,2 Billionen Dollar. Nur die USA mit 12,5 Billionen liegen noch vor der Volksrepublik. Der von der Regierung gelenkte Ölmulti PetroChina ist mit einer Marktkapitalisierung von 276 Milliarden Dollar der zweitgrößte Konzern der Welt, nur knapp von dem US-Konzern Exxon übertrumpft. Unter den zehn größten Firmen der Welt finden sich schon jetzt nicht weniger als vier aus dem Reich der Mitte.

Von einem freien Aktienmarkt kann gleichwohl nicht gesprochen werden. Der Handel an den Festlandbörsen ist für Ausländer, von wenigen Ausnahmen abgesehen, stark eingeschränkt. Ähnlich sieht es beim Anleihemarkt aus. Zwar werden Yuan-Bonds seit 2009 auch am offeneren Hongkonger Markt platziert, was ein markanter Schritt Richtung Konvertierbarkeit des chinesischen Zahlungsmittels ist. Doch ist eine wirkliche Öffnung des Markts für Festverzinsliche noch Jahre entfernt, ebenso eine frei konvertierbare Währung.

Die Erfahrungen der vergangenen Jahrzehnte lassen jedoch nur wenige Zweifel an der Fähigkeit der chinesischen Regierung, ambitionierte und ambitionierteste Ziele zu erreichen. Dass es im offiziell kommunistischen China vibrierende Aktienmärkte gibt, wäre vor 30 Jahren noch unvorstellbar gewesen. An der Börse Schanghai findet zum Beispiel erst seit 1990 wieder ein nennenswerter Aktienhandel statt. Mit atemberaubenden Fortschritten darf also durchaus gerechnet werden. Es lohnt sich, ein plausibles Drehbuch für den Aufstieg des Yuan zum Primus inter Pares der Reservewährungen zu skizzieren.

Das Drehbuch zur Dominanz

Schreibt man die Entwicklungen der Zeit seit 1990 fort, wird die chinesische Volkswirtschaft in zwei Dekaden den Rang der globalen Nummer eins einnehmen. Die Volksrepublik hat dann das »natürliche Recht«, eine wichtige, wenn nicht die wichtigste Reservewährung zu stellen. Vorausgesetzt, Peking gelingt es, den Devisenhandel ohne größere Verwerfungen zu liberalisieren, dürfte der Yuan Ende der Zwanzigerjahre des 21. Jahrhunderts zu einer wichtigen Handelswährung avanciert sein. Aktuell werden knapp 90 Prozent aller Transaktionen in Dollar abgewickelt, was nicht zuletzt davon herrührt, dass Öl, Eisenerz oder andere Rohstoffe in der US-Devise fakturiert werden. Allerdings beginnt dieses Monopol des Greenback zu bröckeln, da es für die Erzeuger immer riskanter wird, auf einem Berg von Dollar zu sitzen, der in ein paar Jahren vielleicht nur noch die Hälfte des heutigen Werts hat.

Daher wird sich ein Druck aufbauen, den Yuan – bis 2020 die Währung des wichtigsten Rohstoffabnehmers weltweit – als Handelswährung zu verwenden. Bis 2030 dürfte das chinesische Zahlungsmittel dem Greenback bei internationalen Transaktionen in nichts nachstehen. Mit dem Siegeszug des Yuan als Handelswährung wird er mehr und mehr in die Devisenschätze der Staaten einsickern. Gelingt es der Volksrepublik, Schanghai zu einem internationalen Finanzzentrum auszubauen, das beim Aktien-, Anleihen- und womöglich auch Rohstoffhandel eine führende Position innehat, wird das die Karriere des Yuan erheblich beschleunigen. Als sicher kann gelten, dass das chinesische Zahlungsmittel bis 2040 eine bedeutende Reservewährung neben dem Dollar und (sofern dann noch vorhanden) dem Euro darstellt. Ob der Greenback Mitte des Jahrhunderts ganz abgeschrieben sein wird, ist heute noch reine Spekulation. Fest steht, dass sich der Bedeutungsverlust der US-Währung jenseits eines gewissen Punkts dramatisch beschleunigen könnte. Hat der Yuan als Handels- und Reservewährung eine gewisse kritische Masse erreicht, wird der Greenback womöglich als Risikofaktor wahrgenommen, vor allem wenn Amerika seine Schuldenprobleme in der neuen Dekade nicht in den Griff bekommen sollte. Die Bank of America sieht in einem Langfrist-Szenario für das Jahr 2045 eine Dollarkrise heraufziehen, wobei 2045 ein mehr oder weniger willkürlich gewähltes Datum ist.

Allerdings sollte nicht vergessen werden, dass den revolutionierenden Kräften, die den Yuan nach oben tragen, andere Kräfte entgegenwirken: die der Tradition und der Beharrung. Manche Staaten werden alle möglichen guten und weniger guten Gründe finden, um am Dollar festhalten. Ein Blick ist die Geschichte ist auch in dieser Hinsicht illustrativ, denn gerade die Phase zwischen 2020 und 2040 könnte frappierende Ähnlichkeit zur Ära zwischen 1920 und 1930 haben.

Das Pfund Sterling, bis zum Ersten Weltkrieg Reservewährung Nummer eins, war durch die Ereignisse von 1914 bis 1918 beschädigt worden. Nur mit größter Mühe erreichte die Bank of England 1925 die Rückkehr zur Goldparität zum Vorkriegskurs, was von den Traditionalisten als Rezept für das Gesunden der Währung verschrieben wurde. Für das Pfund endete dieses Experiment mit dem »zweiten« Goldstandard im Fiasko. Allerdings konnte das britische Geld seinen Status als führende Reservewährung noch eine Zeitlang behaupten. Zum einen stemmte sich die Londoner City mit aller Macht gegen den Bedeutungsverlust und konnte sich dabei auf jahrzehntealte Traditionen sowie ein diplomatisches Netzwerk um Notenbankgouverneure wie Sir Montagu Norman stützen. Zum anderen fehlte institutionellen wie privaten Investoren noch das rechte Vertrauen zu dem Neuankömmling, dem amerikanischen Dollar – und das, obwohl Amerika bereits im späten 19. Jahrhundert zur größten Volkswirtschaft der Welt geworden war. Erst als der Zweite Weltkrieg eine weitere Stärkung Amerikas und (trotz des militärischen Triumphs über die Achsenmächte) eine weitere Schwächung Großbritanniens brachte, erlangte der Greenback seine bis heute schier unverrückbare Position im Zentrum des globalen Devisensystems: Von nun an war das Wort Reservewährung praktisch gleichbedeutend mit Dollar.

Heute ist dem Yuan eine ähnliche Karriere vorgezeichnet wie dem Greenback vor hundert Jahren. Sein Aufstieg ist eine logische Konsequenz der tektonischen Verschiebungen in der globalen Wirtschaft: Die größte Ökonomie der Welt genießt das Vorrecht (und ist in gewisser Weise auch in der Pflicht), eine wichtige Reservewährung zu stellen. So scheint es absehbar, dass die chinesische Währung der amerikanischen mehr und mehr den Platz streitig machen wird. Weniger leicht vorherzusehen ist hingegen, ob der Dollar im Jahr 2050 noch einen Rang als würdiger Zweiter innehat oder ober in die relative Bedeutungslosigkeit abgesunken ist.

Der Grad der Yuan-Dominanz wird nicht allein davon abhängen, zu welcher Stärke die Volksrepublik ökonomisch heranwachsen wird. Die Geschichte lehrt vielmehr, dass ein Währungsimperium meist mit einem politischen Imperium einhergeht. Nach 1945 waren die USA nicht nur die größte Wirtschafts- und Finanzmacht der Erde, sie führten als unumstrittene demokratische Supermacht auch eine Phalanx von Nationen der »freien Welt« an: Ohne die Nato und andere Bündnisse, die sich um Amerika gruppierten, hätte der Dollar womöglich nie oder zumindest nicht so schnell die Bedeutung erlangt, die er nach dem Zweiten Weltkrieg, gestützt durch die Vereinbarungen von Bretton Woods, einnahm. Inwieweit dies Peking, das bislang eine eher autistische Außenpolitik betrieben hat, gelingen kann, steht in den Sternen.

Was schiefgehen könnte

Ein neuer Protektionismus

Das Drehbuch für den Yuan-Aufstieg steht. Doch Pekings Plan, eine Liberalisierung seiner Währung möglichst lange hinauszuzögern, birgt erhebliche Risiken. Dazu zählen die möglichen Gegenmaßnahmen der Leidtragenden. Kann sich Peking einer substanziellen Aufwertung des Yuan noch Jahre widersetzen, bedeutet das eine schleichende Schwächung der Exportwirtschaft anderer Industrienationen. Das Reich der Mitte würde gleich einem gigantischen Magneten Jobs und Wohlstand aus anderen Wirtschaftsnationen an sich heranziehen. Dass Deutschland im Jahr 2009 seinen Titel als Exportweltmeister an China verloren hat, muss als ernste Warnung verstanden werden. Nach einer Studie der Boston Consulting Group muss sich die Bundesrepublik bis 2015 ohnehin auf die Abwanderung von zwei Millionen Industriearbeitsplätzen einstellen. Der fortgesetzte Einsatz der Waffe Yuan beschleunigt diesen Prozess. Pekings staatlich gesteuerter Wechselkurs stellt hiesige Ausfuhrunternehmen vor unangenehme Entscheidungen: Sie haben die Wahl, die Produktion nach China zu verlagern, Lohndumping im eigenen Land zu betreiben, auf die Verdrängung menschlicher durch maschinelle Arbeitskraft zu setzen oder – am unwahrscheinlichsten – sich fatalistisch mit der Erosion ihrer Wettbewerbsfähigkeit abzufinden. Wenn China den industriellen Kern der deutschen Volkswirtschaft – die Automobilproduktion, den Maschinen- und Anlagenbau, den Elektrosektor – attackiert, wird aus dem wichtigen Kunden von heute ein gefährlicher Rivale auf dem Weltmarkt geworden sein.

Die Vereinigten Staaten und Großbritannien haben in den vergangenen Jahrzehnten schon eine Deindustrialisierung erlitten. In Amerika hat sich der Anteil des verarbeitenden Gewerbes halbiert. Damit gehen sinkende Reallöhne einher, wie sie vor allem amerikanische Arbeiter seit den Achtzigerjahren hinnehmen mussten. Diese Verwerfungen sind nicht allein, aber in zunehmendem Maß dem Aufstieg des asiatischen Riesenreichs und seinem aggressiven Yuan-Merkantilismus geschuldet. Der Bundesrepublik droht ein ähnliches Schicksal, mit dem maßgeblichen Unterschied, dass der industrielle Sektor für Europas größte Volkswirtschaft viel höheren Stellenwert besitzt als für die angelsächsischen Finanz- und Konsumnationen USA und Großbritannien. Die Folgen eines Branchensterbens für die Sozialkassen, den Staatshaushalt und den sozialen Frieden wären hierzulande unabsehbar.

Es ist kaum anzunehmen, dass die deutschen Arbeitnehmer (und Wähler) einer weiteren Finanzierung des Aufstiegs Chinas zur Supermacht aus ihrem Einkommen tatenlos zusehen werden. So sehr sich Verbraucher über billige chinesische Produkte freuen, so sehr schwant ihnen doch der Zusammenhang zwischen chinesischer Exportsubventionierung und Arbeitsplatzverlusten. Branchenvertreter der deutschen Solarindustrie forderten bereits Schutzzölle, um die »Dumpingpreise« der Chinesen zu kontern. Die ohnehin stark von staatlichen Hilfen abhängigen Fotovoltaik-Erzeuger mögen die Ersten sein, die lautstark Abhilfe gegen die unfaire Konkurrenz aus Fernost einfordern, mit Sicherheit aber bleiben sie nicht die Letzten. In den Achtzigern empörten sich Amerika und Europa über eine als zunehmend ungerecht und gefährlich empfundene Währungspolitik Japans. Damals wurden Einfuhrquoten und Zollmauern als Konsequenzen gefordert. Am Ende kam es zu freiwilligen Importquoten der Japaner, die allerdings in etwa ebenso freiwillig waren wie eine Wurzelkanalbehandlung beim Zahnarzt. Die Dimension der chinesischen Wirtschaftsmacht bringt es mit sich, dass die Einsätze in dem Spiel heute noch höher sind als vor 30 Jahren.

Unversehens könnte Pekings Währungs-Merkantilismus eine neue Ära der Zölle und anderer Formen der nationalistischen Abschirmung eigener Industrie heraufbeschwören. Kommt dieses Wettrüsten der Protektionisten erst einmal in Gang, ist es nur schwer wieder zu stoppen. Im Extremfall könnte die Welt dann wie in den Dreißigerjahren in Wirtschaftsblöcke zerfallen. Es wäre der Unfalltod der Globalisierung. Und gleichzeitig wäre es das Ende der Träume von einer Weltwährung Yuan. Denn in den gegnerischen Blöcken würde niemand das Feindgeld haben wollen.

Die Superblase

Das gewagte Spiel, das Peking mit seiner Währung treibt, könnte aber auch auf eine andere Weise nach hinten losgehen. Das Taktieren mit dem Yuan droht eine Super-Spekulationsblase entstehen zu lassen, deren zwangsläufiges Platzen nicht nur Chinas raketenhaften Aufstieg stoppen, sondern auch die gesamte Weltwirtschaft destabilisieren könnte. Durch die Kopplung des Yuan an den Dollar ist im Zeitalter der dämonischen Dollars die Versuchung groß, Arbitrage-Geschäfte zu betreiben, sogenannte »Carry-Trades«. Dazu leihen sich Investoren Geld zu niedrigen Zinsen in Finanzzentren wie New York, London oder Tokio und legen es dann in dynamischen Märkten an, wo sie höhere Zinserträge oder Kursgewinne oder beides zusammen erzielen können.

Bei einer festen Wechselkursparität gehen sie kein Risiko ein. Nach der vereinbarten Zeit werden die Kredite zurückgezahlt, und der Zinsertrag wird als »gehebelter« Gewinn vereinnahmt. Wie lukrativ ein solches Arbitrage-Geschäft sein kann, macht eine einfache Rechnung deutlich: Ein hypothetischer Investor verfügt über ein Eigenkapital von 20 Millionen Dollar. Mit diesem Grundstock kann er einen Kredit von weiteren 80 Millionen aufnehmen, den er mit einem Prozent jährlich verzinsen muss. Der Investor transferiert die 100 Millionen nun nach Asien, wo er mit Anleihen eine Rendite von 2 Prozent einfährt. Nach einem Jahr bleibt ein Gewinn von 1,2 Millionen (zwei Millionen Habenzinsen minus 800 000 Sollzinsen auf die Kredite). Der Investor erhält auf sein eingesetztes Kapital folglich einen Jahresertrag von 6 Prozent (1,2 Millionen, gemessen an 20 Millionen). Gelingt es, am chinesischen Markt eine Rendite von 4 statt 2 Prozent zu erzielen, schießt der Ertrag des Investors gemessen am Eigenkapital auf 16 Prozent nach oben: Abzüglich der Sollzinsen bleibt ein Gewinn von 3,2 Millionen, bezogen auf 20 Millionen Eigenkapital.

Solche Geschäfte sind nicht nur attraktiv, sie werden geradezu unwiderstehlich, wenn die Zinsen in Amerika länger niedrig bleiben. Daher sind die 2009 und 2010 häufig wiederholten Aussagen von Fed-Chef Ben Bernanke, die Sätze über eine »ausgedehnte Zeitspanne« nicht anheben zu wollen, für die Märkte von enormer Bedeutung. China ist potenziell ein besonders lohnendes Ziel der Arbitrageure. Im Gegensatz zur stotternden US-Konjunktur brummt die Wirtschaft der Volksrepublik, was mittelfristig höhere Aktiennotierungen, Immobilienpreise und Zinsen erwarten lässt. Obendrein verspricht der unterbewertete Yuan mittel- bis langfristig zusätzliche Währungsgewinne.

Für Chinas Wirtschaft bedeuten die spekulativen Zuflüsse gesteigerte Inflationsgefahren, da bei gleichbleibender Menge an Gütern und Dienstleistungen ein Mehr an Geld im Land zirkuliert. Es sind die üblichen Gefahren, die mit dem Zustrom dämonischer Dollars ins Land kommen – sie könnten *die* Boom-Nation schlechthin besonders heftig durcheinanderwirbeln.

Indem Peking seine Währung an den strukturell kränkelnden Dollar gebunden hat, hat es sich Gefahren für die Preisentwicklung ins Land geholt. Je stärker der Greenback zittert, desto mehr verteuern sich Öl und andere Rohstoffe, die die Volksrepublik einführen muss. Der Preisauftrieb erfasst immer mehr Bereiche der Wirtschaft – in Städten wie Schanghai und Shenzhen kletterten die Immobilienpreise 2009 um 14 Prozent. Wohl wissend, welche sozialen Schäden ein starker Preisauftrieb am Häusermarkt haben kann, greifen Chinas Planer hart durch. Mit diversen gesetzlichen Beschränkungen versuchen sie der Übertreibungen Herr zu werden. Jedoch erscheint es fraglich, ob sie die Inflation allein damit mehr als verzögern können. Die dämonischen Dollars suchen sich ihren Weg.

Die Lehrbuchantwort auf die Teuerungsgefahr wäre, die Zinsen anzuheben. Doch höhere Zinsen würden die Carry-Trades unter dem Paradigma der dämonischen Dollars nur umso verlockender machen. Es wäre praktisch so, als wolle man Feuer mit Benzin löschen. Durch seine Politik der Wechselkurs-Manipulation hat sich Peking also in ein schwer zu lösendes Dilemma manövriert. Zwar wird das Ausmaß der Arbitrage noch durch Pekings Devisenbewirtschaftung begrenzt, doch je mehr chinesische Geldhäuser sich internationalisieren und je mehr ausländische Finanzinstitute Dependancen im Reich der Mitte gründen, desto schwieriger wird eine lückenlose Kontrolle der Geldflüsse. Ganz zu schweigen davon, dass eine fortgesetzte Devisenbewirtschaftung dem Ziel der Volksrepublik zuwiderläuft, einen modernen und offenen Kapitalmarkt im Land zu etablieren, was wiederum zum Aufstieg zur Finanz-Supermacht unerlässlich ist.

Für Chinas Binnenökonomie könnte sich die Unterbewertung des Yuan als Zeitbombe erweisen. Die jetzigen Gefahren sind jedoch nichts, verglichen mit denen, die auf das Reich der Mitte zukommen, wenn es den Wechselkurs wirklich eines Tages ganz freigibt. Dann könnte eine ähnlich wahnwitzige Situation entstehen wie im Japan der Achtzigerjahre.

Heisei – der groteske Boom

Im Verlauf einer halben Dekade erfuhr das Reich des Tenno einen ins Groteske gesteigerten Boom und einen ebenso übersteigerten Abschwung, der in der Nachkriegsgeschichte seinesgleichen sucht. Der Startpunkt für die ökonomische Achterbahnfahrt Japans war das Plaza-Abkommen vom September 1985. Bei dem Treffen einigten sich die damals führenden Industrienationen (USA, Japan, Deutschland, Großbritannien und Frankreich) darauf, die weltwirtschaftlichen Ungleichwichte abzubauen. »Weltwirtschaftliche Ungleichgewichte«, so wurden die Defizite in der amerikanischen Handelsbilanz höflich-diplomatisch umschrieben, die sich durch die damalige Überbewertung des Dollar zur D-Mark und zum Yen zuletzt deutlich ausgeweitet hatten.

Als sein Beitrag zum Abbau der Ungleichgewichte musste Tokio einwilligen, eine Verteuerung seiner Währung zum Dollar zuzulassen – eben jene Verteuerung, gegen die sich die Wirtschaftselite des Landes jahrelang gestemmt hatte. Zur japanischen Kompromissbereitschaft mag sicherlich beigetragen haben, dass die Bereitschaft zu (und Drohung mit) Handelsbeschränkungen in Europa und Amerika in der Nachkriegszeit noch nie so groß gewesen war wie Mitte der Achtzigerjahre.

In den Jahren nach dem Plaza-Abkommen wertete das japanische Geld tatsächlich um bis zu 100 Prozent auf. Auch wenn die Handelsbilanz Amerikas sich keineswegs so verbesserte wie erhofft, hatte das Abkommen doch gewaltige Auswirkungen. Die größte Begleiterscheinung von Plaza war unbeabsichtigt: Immer mehr ausländisches Kapital strömte in Japans Immobilien- und Aktienmarkt: Spekulanten betrachteten die politisch begrüßten Wechselkursgewinne als »windfall profits« – als willkommene Zusatzerträge auf die ohnehin schon lukrativen Investments im Reich des Tennos.

Die Parallelen springen ins Auge: Japan galt damals als ähnlich dynamische Volkswirtschaft wie heute das Reich der Mitte. Zusammen mit dem Industrie- und Handelsministerium MITI schienen Nippons Konzerne die Zauberformel zur Eroberung der Weltmärkte gefunden zu haben. Heute sind es die chinesischen Konzerne, denen Ähnliches verheißen scheint, und wiederum wird ihre enge Kooperation mit der Regierung als Erfolgsrezept angeführt. In den Achtzigerjahren schien Japans Aufstieg zur ökonomischen Supermacht ebenso schicksalhaft vorgezeichnet wie heute der Weg Chinas.

Es war die Zeit, als im Westen Titel wie »Japan as Number One« die Bestsellerlisten stürmten, und es war die Zeit, als westliche Unternehmen ihren Mitarbeitern japanische Management-Praktiken wie »Kaizen« (die Kunst der ewigen Verbesserung) anpriesen. Während die Wirtschaftsmacht in Fernost weltweit gefeiert und gefürchtet wurde, kletterten die Preise am japanischen Aktien- und Immobilienmarkt auf immer neue Höhen. Von 1980 bis 1989 legte der Tokioter Leitindex Nikkei 225 um fast neunhundert Prozent zu.

Es ist gar nicht so einfach auszumachen, wann genau die gesunde Entwicklung aufhörte und die Blase anfing. Zumindest in der ersten Zeit nach Plaza war es für ausländische Investoren absolut rational, in japanische Vermögenswerte zu investieren. Finanzinvestments waren, noch immer beschränkt durch verschiedene Kontrollen, erst seit den Achtzigerjahren problemlos möglich. Mit dieser Liberalisierung setzte ein Nachholbedarf an Japan-Investments ein, der befriedigt werden musste. Die Geldanlage im Reich des Tennos versprach hohe und höchste Renditen. Schließlich wuchs die japanische Wirtschaft ja tatsächlich weiter rasant (wenngleich die Margen bald nicht mehr mithalten konnten), und Wachstum war damals wie heute der Fetisch der Börsianer.

Die Ausgangsbedingungen im China von heute weisen in der Tat eine frappierende Ähnlichkeit mit denen des asiatischen Konkurrenten (und heimlichen Vorbilds) in den Achtzigerjahren auf. Wie damals in Japan sind die chinesischen Kapitalmärkte stark reguliert, stehen nach Pekings eigenem Bekunden aber vor einer behutsamen Öffnung. Wie damals in Japan ist die Landeswährung beträchtlich unterbewertet und verspricht bei einer Freigabe erhebliche Kursgewinne. Wie damals in Japan gelten Unternehmen und Immobilien im Reich der Mitte als die heißesten Investments auf dem Globus.

123 Billionen Dollar

Kommt es also zu einem neuen Plaza-Effekt, diesmal nicht mit dem Yen, sondern dem Yuan als Objekt der Begierde? In diesem Fall droht in Asien womöglich die größte Spekulationsblase aller Zeiten. Denn einen Unterschied gibt es zwischen Japan und China doch: Als bevölkerungsreichstes Land der Erde und damit potenziell größter Markt, als Atommacht, als ständiges Mitglied im UN-Sicherheitsrat, als größter Rohstoffkonsument und als wichtigster Kreditgeber hat die Volksrepublik ein Gewicht, von dem nicht einmal das vor anaboler Kraft strotzende Japan der späten Achtzigerjahre träumen konnte.

Auch steht die chinesische Ökonomie für noch größere Entwicklungsmöglichkeiten und Investorenphantasie als die japanische: Dank ihrer enormen Ressourcen hat die Milliardennation das Potenzial, die Weltwirtschaft auf eine Weise zu dominieren, wie es den 130 Millionen Japanern nie möglich gewesen wäre. Man denke nur an die 123-Billionen-Prognose des Ökonomen Robert Fogel. Kurz: Laufen die Dinge aus dem Ruder, so wird die japanische »Bubble Economy« der Achtzigerjahre nur ein Schatten dessen gewesen sein, was sich heute auf dem asiatischen Festland anbahnt. China kann der Koloss der Weltwirtschaft werden, aber auch deren außer Kontrolle geratener Leviathan.

Die Gefahren heute sind in mancher Hinsicht größer: Nicht zuletzt die rekordniedrigen Zinsen in gleich mehreren Industrieländern könnten zu einer Mega-Spekulation ermutigen. Es jagen so viele dämonische Dollars um den Globus wie nie zuvor. Sie können Großes schaffen und große Zerstörung anrichten. Eine Blase in China könnte sich als ebenso gefährlich erweisen wie die von Tokio 1989 und Jakarta 1997 zusammengenommen. Auf das Platzen der japanischen Spekulationsblase folgte ein hartnäckiger

Bärenmarkt, der den Nikkei-Index auf ein Fünftel seines Höchststands zurückfallen ließ und die japanische Ökonomie in einen nunmehr seit fast zwei Dekaden andauernden komatösen Zustand der Deflation stürzte. Aus Japan Superstar wurde der kranke Mann in Fernost: 2009 erwirtschaftete das Land nicht mehr Güter und Dienstleistungen als 1991. Der Südostasien-Crash von 1997 warf die Tigerstaaten um fast ein Jahrzehnt zurück und mündete unter anderem in die Unruhen, die zum Sturz des Suharto-Regimes führten.

Die Gefahren, die den Aufstieg des Yuan zur Weltwährung zunichte machen könnten, lauten also: neuer Protektionismus oder Superblase. Zwischen diesen Klippen muss Peking in den nächsten Jahren wie zwischen Skylla und Charybdis hindurchnavigieren. Da eine Monsterblase mit anschließender Konjunkturdepression die »sozialistische« Gesellschaft der Volksrepublik einer extremeren Belastungsprobe aussetzen könnte, wird die Führung die Liberalisierung so lange hinauszögern wie möglich. Stattdessen wird sie versuchen, gegen sie gerichtete protektionistische Tendenzen durch eine Politik von Zuckerbrot und Peitsche einzudämmen. Von seinem Einfluss auf Nordkorea über das einschüchternde US-Anleihen-Portfolio der People's Bank of China bis hin zur Klimapolitik – Peking gebietet über ein großes Arsenal von Druckmitteln, um den Rest der Welt gefügig zu machen, einschließlich der Supermacht USA. Nur eines wird das Reich der Mitte gewiss nicht tun: sich den Kurs seiner Währung vom Ausland vorgeben lassen. Im Weltkrieg der Währungen wird der Yuan Chinas Schwert und Schild bleiben.

2. Der Euro –
starker Schwächling und labiler Kraftprotz

Die Währungsunion wird daher am Ende auf ein gigantisches Erpres-
sungsmanöver hinauslaufen. Man wird uns sagen: Wenn ihr wollt, dass
die Währungsunion funktioniert und uns Europa nicht um die Ohren
fliegt, dann müssen wir künftig Transferzahlungen leisten. Deshalb sind
die Steuern zu erhöhen, ist unsere Konkurrenzfähigkeit gegenüber Dritt-
ländern entsprechend zu reduzieren.

Arnulf Baring, 1997[34]

Am Ende des ersten Jahrzehnts nach Ausgabe der Euro-Scheine und
-Münzen lässt sich feststellen: Die gemeinsame europäische Währung ist
inzwischen, seit die Skeptiker verstummt sind und alle Bürger Nutzen mit
Risiko vergleichen können, eine wirtschaftliche Großtat, vergleichbar der
Währungsreform Ludwig Erhards 1948.

Noack und Bickerich, 2010[35]

Der Euro ist ein offenkundig fehlerhaftes Konstrukt, und seine Architekten
wussten dies bereits bei seiner Erfindung, doch sie hatten erwartet, dass
seine Mängel, sobald sie akut werden, gegebenenfalls durch denselben poli-
tischen Prozess korrigiert werden würden, der die EU überhaupt erst her-
vorgebracht hat.

George Soros[36]

Die vielen Anläufe zur Währungsunion

Der 22. April 2008 ist ein Datum des Triumphes für den Euro. An diesem
Tag notiert die europäische Währung an den Devisenmärkten erstmals

über 1,60 Dollar und steht damit so glänzend da wie noch nie. Verstummt sind die Stimmen, die den Euro als eine Missgeburt der Devisenwelt, als »Esperanto-Geld« verunglimpft hatten. Nicht nur die Bestmarke zum Dollar scheint von der Stärke der Gemeinschaftswährung zu künden. Auch die gesamte wirtschaftliche Entwicklung der Welt, jene globale historische Drift, die ein Zeitalter kennzeichnet, kommt Europa zugute. So zumindest hat es den Anschein.

In den Vereinigten Staaten, die die Fackel der größten Volkswirtschaft der Welt tragen, hat sich die 2007 zunächst langsam vor sich hin schwelende Immobilienkrise zu einem Bankenbrand ausgeweitet. Im März 2008 ist das ins Schlingern geratene Wall-Street-Haus Bear Stearns mit einer hastig betriebenen Notübernahme gerettet worden. Die Investmentbank hatte viele Hypothekenpapiere im Portfolio, deren Wert in den zurückliegenden Monaten pulverisiert wurde. Fannie Mae und Freddie Mac, zwei halbstaatliche Immobilienfinanzierer, befinden sich durch den fortgesetzten Preisverfall auf dem Häusermarkt in ernsten Schwierigkeiten. Die US-Konjunktur hat sich bereits merklich abgekühlt, schon mehrmals musste die Federal Reserve den Leitzins senken. Diesseits des Atlantiks hingegen brummt die Wirtschaft. Vor allem in Deutschland, dem größten Land der Eurozone, freuen sich die Firmen über volle Auftragsbücher. Der Globalisierungsboom macht's möglich.

Wachsen sich die Probleme im US-Immobilien- und Finanzsektor zu einer Krise der Gesamtwirtschaft aus, darüber besteht in der Alten Welt weithin Einigkeit, werden die Schäden überwiegend auf die amerikanische Volkswirtschaft beschränkt bleiben. Das europäische Gesellschafts- und Wirtschaftmodell bringe vielleicht nicht so viel Wachstum hervor wie das amerikanische, sei aber dafür weniger schockanfällig und mit Sicherheit nachhaltiger, so ist zu hören. Die Hausse des Euro, davon sind die allermeisten Beobachter im April 2008 überzeugt, spiegelt die Überlegenheit des Sozialmodells Europa gegenüber dem Cowboy-Kapitalismus amerikanischer Prägung wider.

Um das atlantische Pendant des Euro, den Dollar, steht es schlecht. Seit dem Jahr 2000 hat die US-Devise aus europäischer Sicht um 50 Prozent abgewertet. Dass der Euro gegenüber dem Dollar stark aufholt, davon kündet auch die Zusammensetzung der internationalen Devisenbestände. Anfang 2008 entfallen mehr als 26 Prozent der Reserven auf Euro – so viel wie noch nie. Für manche Analysten naht die Zeit, da der Euro den Dollar als Reservewährung Nummer eins bedrängen oder gar verdrängen wird. Soweit die allgemeine Wahrnehmung.

Doch wieder einmal erweist sich die Geschichte als Meisterin der Täuschung und Enttäuschung. Kein Jahr später hat sich das Bild komplett gewandelt. Der Getriebene ist nun der Euro, im März 2009 werden an den Devisenmärkten weniger als 1,30 Dollar für das europäische Geld gezahlt – obwohl die befürchtete große Rezession inzwischen über die USA hereingebrochen und die Fed den Leitzins beinahe auf null gedrückt hat. Auch die Furcht vor einem gesamtwirtschaftlichen Kollaps, vor einer Kernschmelze des Finanzsystems, vor einem »neuen 1931« hat sich nun von der Neuen in die Alte Welt verlagert. Wieder ein Jahr später, im Frühjahr 2010, werden erstmals seit Einführung der Gemeinschaftswährung ernsthaft Szenarien eines Auseinanderbrechens der Währungsunion oder des Ausschlusses einzelner Mitgliedsländer durchgespielt. Der Euro gilt nun als Problemfall, als unkalkulierbares Risiko für die Stabilität des internationalen Finanzsystems. Und die Szenarien, die Ökonomen für die Zukunft der Währungsunion malen, sind düster. In einer Publikation ist davon die Rede, dass Europa den »Weg Japans« in eine jahrelange Deflation einschlagen könnte. Schließlich suchen die Europäer mit dem 750 Milliarden Euro teuren Rettungsschirm vom 9. Mai 2010 einen letzten Ausweg aus der Krise ihres monetären Identitätssymbols. Wie konnte es innerhalb von zwei Jahren zu einem solchen Umschwung kommen, wie aus dem Segen der Gemeinschaftswährung der Fluch des Euro werden?

Sicherlich sind Devisenspekulationen, die zu extremen Ausschlägen der Wechselkurse führen können, ein Teil der Antwort. Im April 2010, kurz vor dem Höhepunkt der Griechenland-Krise, haben Marktakteure spekulative Verkaufsposition von fast acht Milliarden Dollar auf den Euro aufgebaut. Doch zwei Jahre vorher war es auf ähnliche Weise der Greenback gewesen, den die Spekulanten wie ein waidwundes Reh gehetzt hatten. Diese Bluthunde der Globalisierung stürzen sich nur auf jenes Wild, das bereits angeschossen ist. Angriffe auf starke und gesunde Währungen sind von vornherein chancenlos. Doch der Euro ist nicht gesund (ebenso wenig wie der Dollar). Er leidet an einer Erbkrankheit, die aus seiner Genese herrührt, er ist verwundbar. Um zu verstehen, warum das Europageld prinzipiell krisenanfällig ist und zuweilen sogar gegenüber einem angeschlagenen Dollar als Schwächling erscheint, tut ein Blick in die wechselhafte Historie der europäischen Währungssysteme und Machtsysteme not.

So kurz die Geschichte des Euro ist, so lang und wechselhaft ist seine Vorgeschichte. Gegenwart und Zukunft des Euro sind von seiner Vergangenheit durchdrungen, vor allem vom deutsch-französischen Ringen um die Vorherrschaft auf dem Kontinent – ein Ringen, das sich gewissermaßen in den genetischen Code des Euro eingeschrieben hat. Der Euro ist, wie oft genug betont wird, ein Teil des großen europäischen Projekts. Als solches ist er aber auch eine politische Währung, eine Devise, der alle Stärken und Schwächen der Europäischen Union innewohnen. Die Geschichte des Euro ist eine Geschichte zweier Währungen: der Deutschen Mark und des Französischen Franc.

Die starke Währung Europas

Dass die Deutschen 2002 so sehr darunter leiden würden, ihre Mark zugunsten der neuen europäischen Einheitswährung aufzugeben, wäre den Europäern vor 100 oder auch 50 Jahren merkwürdig erschienen. Merkwürdig wäre ihnen auch vorgekommen, dass den Franzosen ihr Abschied vom Franc vergleichsweise wenig zu schaffen machte. Und am allermerkwürdigsten wäre ihnen die Vorstellung erschienen, dass die deutsche Valuta bei ihrem Aufgehen in einer Einheitswährung Ende des Jahrhunderts die Leitwährung Europas sein würde. Historisch war diese Funktion der Mark keineswegs vorherbestimmt gewesen. Vielmehr präsentiert sich die deutsche Währungsgeschichte der ersten Hälfte des 20. Jahrhunderts als ein einziges Auf und Ab. Im Vergleich dazu wies Frankreichs Finanzpolitik merklich größere Kontinuität auf. Wenn es eine Währung gab, die dazu prädestiniert gewesen war, den Erdteil monetär zu dominieren, dann der Französische Franc.

2. Der Euro – starker Schwächling und labiler Kraftprotz

Zwar repräsentierte Deutschland seit der Reichsgründung von 1871 die größte Wirtschaftsmacht auf dem Kontinent (mit dominierenden Konzernen in der Chemie- und Elektrobranche), doch auf finanziellem Gebiet brauchte sich Frankreich hinter seinem östlichen Nachbarn keineswegs zu verstecken. Nicht nur war der Pariser Kapitalmarkt entwickelter als der Berliner, der Franc hatte auch als Handels- und Reservewährung einen größeren Stellenwert als die Mark, was dadurch unterstrichen wurde, dass das französische Geld der Primus inter Pares der Lateinischen Münzunion war, einer Art Vorläuferorganisation der Eurozone, der von 1865 bis 1926 neben Frankreich unter anderem auch Belgien, Italien, die Schweiz und Griechenland angehörten.

Von allen Währungen der Alten Welt überragte allein das Britische Pfund den Franc an Bedeutung. Die Stärke des Pariser Kapitalmarkts trug sogar dazu bei, das gegen Deutschland gerichtete Bündnis des republikanisch-bürgerlichen Frankreichs und des autokratisch regierten Russlands zu schmieden (eine ideologisch unwahrscheinliche Konstellation): In den Jahrzehnten vor dem Krieg half Frankreich dem Zarenstaat, frisches Geld an den Kapitalmärkten aufzunehmen, um seine Armee zu modernisieren[37], wodurch sich die Achse Paris-Moskau herausbildete. In der Zeit nach 1918 setzte sich die kontinentale Dominanz des Franc fort. Zwar erlebte die Siegermacht Frankreich ähnlich wie der Kriegsverlierer Deutschland nach 1918 eine Zeit extremer Währungsschwankungen. Doch nach der Stabilisierung der frühen Zwanzigerjahre fand sich Paris in einer stärkeren Position wieder als Berlin.

Frankreichs Zentralbank, die Banque de France, hielt die mit Abstand größten Goldreserven in Europa, was im Zeitalter des Goldstandards der entscheidende Ausweis der monetären Stärke war. Teilweise belief sich der Gegenwert der gehorteten Münzen und Barren in den Zwanzigerjahren auf eine Milliarde Dollar. Zudem stand mit Emile Moreau ein kenntnisreicher und profilierter Kopf an der Spitze des Zentralinstituts. Kaum ein Zeitgenosse hätte bezweifelt, dass es die finanzpolitischen Entscheidungen der Grande Nation waren, die auf dem Kontinent die Richtung vorgaben. Der junge André Kostolany, der für Generationen von Deutschen die Personifikation des Gentleman-Spekulanten repräsentierte, schwärmte stets von der Pariser Börse der Zwanzigerjahre. Für ihn repräsentierte sie das pulsierende finanzielle Herz des Kontinents, und Kostolany war nicht der einzige, der von der Dynamik im Palais Brongniart, dem Sitz der »Bourse de Paris«, überwältigt war. Zwischen Ende 1926 und Anfang 1929 haussierten die französischen Aktienkurse um 150 Prozent und übertrafen damit sogar noch die boomende Wall Street, deren Notierungen sich in dieser Zeit verdoppelten. Der große Crash vom Oktober 1929 unterbrach zwar den hitzigen Aufschwung, führte jedoch nicht zum gleichen Finanzchaos wie in den Vereinigten Staaten oder andernorts auf dem europäischen Kontinent. Im Gegenteil: In der Folge des Crashs avancierte Frankreich zunächst zum »sicheren Hafen« des globalen Kapitals. Die Goldreserven, damals vor allem anderen Ausdruck der finanziellen Potenz eines Landes, waren zu diesem Zeitpunkt bereits doppelt so hoch wie die britischen. Nun nahmen sie umso rasanter zu: Binnen dreier Jahren kletterte der Wert des französischen Staatsschatzes auf mehr als drei Milliarden Dollar. Im Jahr 1932 hortete nur die unangefochtene Wirtschaftssupermacht USA mehr Gold als »L'Ile Heureuse«, die glückliche Insel, wie die Franzosen ihr Land voller Stolz zu nennen pflegten. Erst im weiteren Verlauf der Dreißigerjahre schlug die Weltwirtschaftskrise auch in Frankreich durch.

Deutsche Traditionen

In der Nachkriegsära deutete zunächst nicht viel darauf hin, dass Frankreich als Finanzmacht hinter seinen argwöhnisch beäugten Nachbarn östlich des Rheins zurückfallen könnte. Die Republik war verwüstet, aber das galt für die Territorien des früheren Deutschen Reichs in noch stärkerem Maße. Sogar der Begriff »Deutschland« war durch die in Teheran, Jalta und Potsdam beschlossene territoriale Neuordnung Europas unbestimmt geworden, wachsweich wie die Reichsmark, die nach dem Ende des Krieges kaum noch für etwas zu gebrauchen war und immer mehr durch Naturalwährungen wie Zigaretten oder Schokolade ersetzt wurde.

Die Aufteilung in Besatzungszonen von Mächten, die einander – allen voran die Sowjetunion und die USA – zunehmend feindlich gesinnt waren, tat ein Übriges. Die Aussichten auf einen raschen Wiederaufstieg des

Landes wurden auch dadurch nicht verbessert, dass die ehemalige Zentralmacht des Kontinents als Folge des Krieges nahezu entindustrialisiert worden war. Im Osten, anfänglich aber auch im Westen wurden Maschinen und Anlagen als Wiedergutmachung abtransportiert. Dem amerikanischen Finanzminister Henry Morgenthau hatte ursprünglich sogar vorgeschwebt, das Land in der Mitte Europas in einen Agrarstaat zu verwandeln. Allerdings wurde der Plan im Zuge des Ost-West-Konflikts bald fallen gelassen.

Gegen die Aussicht auf eine starke deutsche Währung sprach Anfang der Fünfzigerjahre noch etwas anderes: die historische Erfahrung. Nach zwei Währungsreformen innerhalb von nur einer Generation, 1923 und 1948, hielten sich auch die Erwartungen an das neue deutsche Geld, die Deutsche Mark, in Grenzen. Als Hort des stabilen Geldes waren die deutschen Staatsgebilde seit 1918 in der Tat nicht aufgefallen. Warum sollte ausgerechnet die improvisierte neue deutsche Währung von diesen historischen Traditionen abweichen? Doch es kam anders. Gerade diese aus der Not geborene D-Mark sollte nicht nur die stabilste Währung der deutschen Geschichte werden, sondern eine der stabilsten der Weltgeschichte. Es war eine wahrhaft erstaunliche Wendung.

Viel ist über das deutsche »Wirtschaftswunder« geschrieben worden, das der Bundesrepublik eine ungeahnte Hochkonjunktur bescherte und selbst das durch Krieg und Teilung dezimierte Rest-Deutschland zur größten Ökonomie Westeuropas aufsteigen ließ. Durchschnittliche Wachstumsraten von 7,8 Prozent in den Fünfzigerjahren und 4,8 Prozent in den Sechzigerjahren sind zweifelsohne beeindruckend, zumal aus heutiger Sicht, da schon ein Plus von zwei Prozent als Boom gefeiert wird. Übersehen wird jedoch oft, dass sich die deutsche Wirtschaft in der ersten Jahrhunderthälfte klar unterdurchschnittlich entwickelt hatte. Infolge des verlorenen Ersten Weltkriegs, der unruhigen, krisengeschüttelten Zwanzigerjahre und der rücksichtslosen Eroberungswirtschaft der Nationalsozialisten hatte sich ein enormes Nachholpotenzial aufgestaut.

Auch im internationalen Vergleich relativiert sich das Wirtschaftswunder: Andere »zurückgebliebene« Ökonomien expandierten in der Nachkriegszeit ebenfalls auffallend schnell, manche sogar schneller als die bundesrepublikanische: Die häufig unterschätzte Wirtschaft Italiens legte von 1950 bis 1959 um durchschnittlich 5,8 Prozent und von 1960 bis 1969 um 5,7 Prozent jährlich zu, die japanische sogar um 9,5 und 10,5 Prozent jährlich. Selbst die sozialistische Planwirtschaft der Sowjetunion zeigte sich in den zwei Jahrzehnten nach dem Krieg äußerst dynamisch, so dynamisch sogar, dass keineswegs nur östliche Beobachter den Kommunismus im Wettlauf der Systeme im Vorteil sahen. Das eigentliche ökonomische Wunder der Nachkriegsgeschichte war mithin nicht die Entwicklung der deutschen Industrie (sie bewegte sich mehr oder weniger im europäischen Nachkriegstrend), sondern das neue deutsche Geld.

Das wahre Wunder

Das deutsche Währungswunder begann holprig. Bei der Einführung der neuen Deutschen Mark am 21. Juni 1948 war von Euphorie nichts zu spüren. Eher lagen Gefühle der Bedrückung und der Zukunftsangst auf den Straßen der besiegten Nation. Die Geburt der neuen Währung bedeutete zugleich das Begräbnis der alten. Für Millionen von Deutschen hieß das, dass sie einen Großteil ihrer Ersparnisse verloren. Zum zweiten Mal innerhalb von nur 25 Jahren wurde das staatlich garantierte Wertaufbewahrungsmittel für nichtig erklärt. Wieder hatte eine Generation umsonst gespart. Auch die Wirkung der D-Mark auf die Wirtschaft war zunächst zwiespältig. Unmittelbar auf die Einführung des neuen Geldes folgte eine Phase hoher Inflation. Im zweiten Halbjahr 1948 verteuerten sich Waren und Dienstleistungen um 18,9 Prozent. Zwar gingen die Preise danach unter anderem wegen der verbesserten Versorgungslage zwei Jahre lang zurück. Im Jahr 1951 stiegen sie aber wieder heftig an, nämlich um 7,5 Prozent. Auch im internationalen Kontext galt die D-Mark nicht als besonders starke Währung.

Wie auch hätte die D-Mark stark sein können? Der neue deutsche Staat verfügte anfangs über keine Devisenreserven, mit denen er das eigene Geld hätte stützen können. Dem wahnwitzigen Kampf um die militärische Vorherrschaft in Europa war auch der deutsche Goldschatz zum Opfer gefallen. Alles in allem deutete Anfang der Fünfzigerjahre kaum etwas darauf hin, dass die D-Mark einst zur Leitwährung Europas avancieren könnte.

Doch langsam konnte die deutsche Finanzpolitik Vertrauen zurückgewinnen. Die Inflation des Jahres 1951 blieb die Ausnahme, das neue deutsche Geld etablierte sich als Hartwährung. Für den Rest der Fünfzigerjahre stieg die Teuerungsrate in der Bundesrepublik nur ein einziges Mal, nämlich 1956, auf über zwei Prozent. Allerdings war der Preisauftrieb auch anderswo in der westlichen Welt nicht besonders stark – das bewirkte die Verankerung des Bretton-Woods-Systems in den Goldreserven der USA. Bei näherem Hinsehen war die Inflationsbilanz der Amerikaner in den Fünfzigerjahren sogar günstiger als die der Westdeutschen. Gleichwohl zeigten die hiesigen Zentralbanker jetzt, dass sie es besser machen konnten als ihre Vorgänger in der ersten Hälfte des Jahrhunderts. Vieles lag noch im Argen in der jungen Bonner Republik, aber was die Währung anging, schienen die Bundesbürger alles richtig zu machen.

Die Bundesbank

Das Jahr 1957 bildet eine Wasserscheide in der neueren Geschichte des deutschen Geldes. Es war das Gründungsjahr jener Institution, die über den Wert der Deutschen Mark wachte und zum Symbol der wiedergewonnenen deutschen Stärke wurde, der Bundesbank. Die Bundesbank war eine sehr ungewöhnliche deutsche Einrichtung. Regierung und Parlament des westlichen deutschen Teilstaats sahen sich durch zahlreiche Bündnisverpflichtungen eingeschränkt, etwa die militärische Einbindung in die nordatlantische Allianz und die ökonomische Verflechtung mit Frankreich und den Benelux-Staaten im Rahmen der Montanunion. Darüber hinaus mussten sie in der Konsensdemokratie des jungen Staates mannigfache innenpolitische Rücksichten nehmen. Seit 1955 konnte die Bundesrepublik als souveräner Staat bezeichnet werden, gleichwohl blieben viele alliierte Hoheitsrechte und sonstige Einschränkungen der Souveränität bestehen, aus denen der Vier-Mächte-Status Berlins als das augenfälligste Beispiel herausragt. Die Zentralbank dagegen konnte im

Vergleich dazu ausgesprochen frei agieren. Diese Freiheiten wusste die Bundesbank wohlbringend einzusetzen.

Die Deutsche Bundesbank ist acht Jahre jünger als die Bundesrepublik und neun Jahre jünger als die D-Mark. Sie wurde 1957 ins Leben gerufen, nachdem die junge Republik ihre Souveränität erhalten hatte. Die Vorgängerorganisation, die Bank deutscher Länder, war der Vorkriegsarchitektur der US-Notenbank nachempfunden worden: Autonomen Landeszentralbanken stand eine relativ schwache Zentrale in Frankfurt am Main gegenüber. Die Reform von 1957 beseitigte die institutionellen Überbleibsel aus der Zeit des Besatzungsstatuts. Die Bundesbank war demnach nicht in allen Fragen unabhängig, aber der Regierung eben nicht weisungsgebunden. Vor allem stattete die Reform die Bundesbank mit einem klaren Auftrag aus: Preisstabilität. So eindeutig wie sonst wohl nirgends auf der Welt war stabiles Geld die Mission dieser Institution.

Dieser Auftrag war einfach und zugleich schwer zu erfüllen: einfach, weil er sich an einem quantifizierbaren Kriterium messen ließ (der Teuerungsrate), und schwer, weil die Politik der harten Mark unweigerlich mit anderen Interessen kollidieren musste: Exporteure sind prinzipiell darauf bedacht, dass die eigene Währung nicht allzu teuer wird, weil das ihrer preislichen Wettbewerbsfähigkeit auf ausländischen Märkten schadet. Gewerkschaften bevorzugen eine laxere Geldpolitik, da Forderungen nach steigenden Löhnen leichter durchzusetzen sind, wenn die Notenbanker mitspielen und der Wirtschaft reichlich Liquidität zur Verfügung stellen. Die Vorläuferorganisation der Bundesbank in der Vorkriegszeit, die Reichsbank, hatte Anfang der Zwanzigerjahre unter anderem deshalb einen Inflationskurs eingeschlagen, weil sie dazu beitragen wollte, die innenpolitische Zuspitzung im Land zu entschärfen: die Arbeiter sollten nicht noch mehr in die Arme der »Revolution« getrieben werden, nur weil ihnen die Arbeitgeber höhere Löhne verweigerten. Eine im ersten Moment nachvollziehbare Strategie – mit den bekannten fatalen Folgen.

Es waren jedoch gerade die schmerzlichen Erfahrungen der Bevölkerung mit galoppierender Inflation, die der Bundesbank ihre Aufgabe erleichterten. Die Deutschen waren zwar nicht die Einzigen gewesen, die im

20. Jahrhundert desaströse Teuerungswellen erlebt hatten, aber in keinem anderen Land des Kontinents hatte die Hyperinflation derart tiefe Spuren im kollektiven Gedächtnis hinterlassen. Wahrscheinlich ist es keine Überinterpretation zu behaupten, dass sich in die Angst vor dem Wertverfall des Geldes auch ein Körnchen Angst vor dem Wertverfall als Deutscher mischte: Nach zwei verlorenen Kriegen mit nachfolgender ausländischer Besatzung (1923 waren Franzosen und Belgier ins Ruhrgebiet einmarschiert, um Reparationsleistungen zu erzwingen) und einer Weltwirtschaftskrise hätte es um das deutsche Selbstvertrauen auch ohne Inflationstraumata nicht zum Besten gestanden. Als Konsequenz der doppelten Entwertungserfahrung genoss die Politik der Bundesbank, das Geld knapp (also stabil) zu halten, in der Bevölkerung beträchtlichen Rückhalt.

Nicht alle Völker des alten Kontinents hatten derart traumatische Erfahrungen mit dem Wertverfall des Geldes gemacht. Manche, wie die Italiener, lernten vielmehr, dass es sich mit einer weichen Währung ganz gut leben ließ. Wenn bei FIAT in Turin die Kosten zu stark stiegen, half eine Lira-Abwertung, die Fahrzeuge »made in Italy« wieder ins Geschäft zu bringen. Die besondere Inflationsaversion der Deutschen sollte Jahrzehnte später, bei den Verhandlungen über die Einführung einer gemeinsamen europäischen Währung, noch einigen Zündstoff liefern.

Als Bezwingerin der Inflation genoss die Bundesbank bei den Deutschen ein hohes Ansehen, ein höheres Ansehen sogar als Parlament oder Exekutive. So lieb und teuer die Hüterin der starken Mark den Bundesbürgern war, so sehr entwickelte sie sich im Laufe der Zeit zum Stein des Anstoßes für die europäischen Partner. Was US-Finanzminister John Connally 1970 über den Dollar sagte (»Unsere Währung, euer Problem«), ließe sich auf die Bundesbank übertragen: Aus Sicht der Deutschen war sie »unsere« Notenbank, für die Europäer zuweilen ein Ärgernis, ein Problem. Die »Buba« (wie sie außerhalb deutscher Grenzen oft genannt wurde) war eine Institution, die über ihre Zinspolitik die Konjunkturentwicklung auf dem ganzen Kontinent mitbestimmte. Die anderen Europäer konnten darauf wenig bis überhaupt keinen Einfluss nehmen. Nicht einmal über europäische Verträge ließ sich die Bundesbank domestizieren. Durch ihre Autonomie war sie gegen Weisungen der Bonner Regierung immun. Vor allem für die Franzosen war das ein unhaltbarer Zustand – ein Zustand, der umso schwerer erträglich wurde, je mehr die D-Mark in Europa an Bedeutung gewann.

Stabilitätskultur

Indem sich die Bundesbank als unabhängige Institution etablierte und ihre Macht ausbaute, avancierte die Mark zu einer veritablen Hartwährung. In den Fünfziger- und frühen Sechzigerjahren war die Teuerungsrate in der Bundesrepublik meist noch höher gewesen als in der führenden westlichen Wirtschaftsmacht Amerika. Doch ab der zweiten Hälfte der Sechzigerjahre senkte sich die Waagschale zugunsten der Deutschen. Deutschland entwickelte eine »Stabilitätskultur«. Der Prozess verstärkte sich gleichsam von selbst: Die »harte« Mark wurde zum Symbol des deutschen Wiederaufstiegs, und mit ihr stieg auch das Renommee der Bundesbank, jener Institution, der dieser außergewöhnliche und unerwartete Erfolg maßgeblich zugeschrieben wurde. Zwischen 1967, als sich die Vereinigten Staaten immer tiefer in den unseligen Vietnamkrieg verstrickten, und dem Jahr 1990, als die Deutschen ihre Einheit wiedererlangten, hatte die Bundesbank nur zweimal eine höhere Inflationsrate zu vermelden als die Fed. Ganz zu schweigen von den langfristigen Teuerungsraten, die südeuropäische Weichwährungsländer wie Italien oder Griechenland vorzuweisen hatten. Unter den großen Währungen war die D-Mark zu einer »class of its own«, zu einer Klasse für sich geworden. Bereits in den Siebzigerjahren, nur 30 Jahre nach ihrer Einführung, galt sie unbestritten als die Leitwährung Europas.

Frühe Visionen

Trotz der großen Mentalitätsunterschiede und der nationalen Egoismen, die Europas Geldpolitiker trennten, spielten Verwegene schon früh mit dem Gedanken, die zunehmende Integration mit einer gemeinsamen Währung zu krönen. In den Fünfzigerjahren wurden erste Überlegungen für ein Europageld entwickelt. Ein Gedanke war, die Verflechtung der westeuropäischen Ökonomien zu erleichtern, ein anderer, ihre Wettbewerbsfähigkeit international zu steigern. In Zeiten eines politisch und ökonomisch verzwergenden Europas, das im Ost-West-Konflikt unter die Räder zu geraten drohte, hatte die Idee eine innere Logik. Der Gedanke einer kontinentalen Währung war selbst in den Fünfzigerjahren nicht ganz neu. Die Wurzeln reichten tiefer in die Geschichte.

Bereits Dekaden zuvor hatte es Träume von einem gemeinsamen europäischen Zahlungsmittel gegeben. Im 19. Jahrhundert hatte sich der französische Schriftsteller Victor Hugo für die damals utopische Idee eines gemeinsamen Geldes ausgesprochen. Ende der Zwanzigerjahre war es der deutsche Außenminister Gustav Stresemann, der einen Vorstoß in Richtung einer einheitlichen Währung wagte. Vor dem Völkerbund in Genf fragte er: »Wo bleibt in Europa die europäische Münze?« Wäre seine Vision aufgegriffen worden, hätte das die ökonomische Integration des geschundenen Kontinents ein gutes Stück voranbringen können. Doch der Zeitpunkt war ungünstig: Stresemann sprach die Worte am 9. September 1929. Sechs Wochen später riss der Crash an der Wall Street die globale Wirtschaft in die Tiefe. Die folgende Große Depression, der Aufstieg des Nationalsozialismus in Deutschland und dann der Zweite Weltkrieg machten alle Aussichten auf eine gemeinsame Währung der Europäer auf Jahrzehnte zunichte.

Erst knapp 30 Jahre später erhielt Stresemanns Vision eine irdische Dimension: Die Montanunion und wenige Jahre später die Europäische Wirtschaftsgemeinschaft (EWG) schlossen die Volkswirtschaften Deutschlands, Frankreichs, Belgiens, Italiens, Luxemburgs und der Niederlande eng zusammen. Die 1958 in Kraft getretenen Römischen Verträge, das Gründungsdokument der EWG, sahen erstmals eine Abstimmung der Währungspolitik in den sechs Mitgliedstaaten vor. Freilich sollte die Absichtserklärung nicht überbewertet werden. Zu der Zeit waren sämtliche Währungen über das Bretton-Woods-System auf den amerikanischen Dollar bezogen, der seinerseits in einem festen Verhältnis zum Gold stand. Ein Dollar entsprach 1/35 Unze. Von gelegentlichen Anpassungen abgesehen, war das System starr und theoretisch auf die Ewigkeit ausgelegt. Mittels fester Wechselkurse simulierte es eine globale Einheitswährung, die praktisch in der gesamten kapitalistischen Welt gültig war. Währungen wie das Pfund, der Franc oder die D-Mark repräsentierten gewissermaßen lokale Adjutanten des Dollar. Nach den Wirren der Zwanziger- und Dreißigerjahre sah die herrschende Lehrmeinung der Ökonomen in festen Wechselkursen den besten Garanten für einen florierenden internationalen Handel. Die überwältigende Stärke des Dollar als Währung der größten Industrie- und Militärmacht, gleichzeitig auch der größten Gläubigernation, gab der Ordnung von Bretton Woods anfänglich ausreichend Stabilität. In den Sechzigerjahren jedoch löste sich diese Verlässlichkeit auf. Durch die Defizitpolitik Washingtons verlor der Wertanker Dollar seinen Halt. Damit drohte auch das europäische Währungsgefüge gesprengt zu werden.

Werner-Plan

Alarmiert über die Zunahme von Auf- und Abwertungen, reagierte die Europäische Gemeinschaft auf die ihr eigene Weise: Sie betraute eine hochrangig besetzte Kommission mit der Aufgabe, Vorschläge für eine engere Währungskooperation der EWG-Staaten auszuarbeiten. Das brüchig gewordene Bretton-Woods-System sollte notfalls durch eine europäische Lösung ersetzt oder zumindest ergänzt werden.

Zum Vorsitzenden der Gruppe wurde Luxemburgs Premierministers Pierre Werner bestimmt, einer jener zahlreichen Söhne des Großherzogtums, die es in den europäischen Institutionen zu Rang und Ehre brachten. Nach etwa einjährigen Beratungen präsentierte das Gremium im Oktober 1970 einen Fahrplan für eine gemeinsame Währungspolitik, die alles in den Schatten stellen würde, was Europa bisher erlebt hatte: Der nach dem Kommissionsvorsitzenden benannte Plan sah erstmals konkrete Schritte zur Errichtung einer Einheitswährung vor. Das Vorhaben war äußerst ambitioniert, am meisten, was den Zeitrahmen der geplanten Umsetzung anging: Schon 1980 sollten die paneuropäischen Münzen in den Portemonnaies von Deutschen, Franzosen und Italienern klimpern. Hätte sich der Luxemburger mit seinem großen Plan durchsetzen können, hätte er europäische Geschichte geschrieben. Das Projekt war nicht nur dazu angetan, das globale Devisensystem zu revolutionieren, sondern den europäischen Gedanken gleich mit. Pierre Werner würde heute als Vater des europäischen Geldes in den Schulbüchern stehen. Allenthalben wäre womöglich von der Werner-Währung die Rede. In Wirklichkeit ging das Vorhaben sang- und klanglos unter. Denn die Siebzigerjahre verliefen ganz anders, als es sich der Luxemburger und seine Mitstreiter ausgemalt hatten.

Die schwierigen Siebzigerjahre

Für eine Währungsunion hätte das Umfeld widriger nicht sein können als in den Siebzigerjahren. Nachdem der Vietnamkrieg bereits seit den späten Sechzigern den Dollar geschwächt und das Bretton-Woods-Gefüge destabilisiert hatte, erschütterte 1973 mit der Ölkrise ein zweiter externer Schock das System: Die explodierenden Energiepreise würgten die Konjunktur in den westlichen Staaten ab. Zum ersten Mal seit den Dreißigerjahren wurde anhaltend hohe Arbeitslosigkeit wieder zum Problem, diesmal in Verbindung mit einer beunruhigend hohen Inflation. In den USA erreichte die Teuerung mit 9,8 Prozent den höchsten Wert seit Ende des Ersten Weltkriegs. In Japan schoss die Rate sogar auf über 20 Prozent.

Erschwerend kam hinzu, dass die verschiedenen Industriestaaten je nach Struktur ihrer Volkswirtschaft und je nach Abhängigkeit von importiertem Öl unterschiedlich stark betroffen waren. Das führte zu Konflikten. Regierungen und Ökonomen stritten darüber, wie den neuen Herausforderungen zu begegnen sei: Statt der erhofften ökonomischen Integration brachte die neue Dekade Fliehkräfte hervor, wie sie die Weltwirtschaft in der Nachkriegszeit noch nicht erlebt hatte.

Die Erschütterungen des Devisenmarkts waren die schlimmsten seit einem halben Jahrhundert. Schließlich hielt das System fester Wechselkurse den Belastungen nicht mehr stand und brach im August 1971 krachend auseinander. Mit seiner sonntäglichen Fernsehansprache versetzte US-Präsident Nixon nicht nur der Konvertierbarkeit des Dollar den Todesstoß, sondern auch der Nachkriegs-Wirtschaftsordnung. Im Kielwasser dieses einseitigen Schritts der Amerikaner wertete der Greenback gegenüber den Währungen der meisten Handelspartner spontan stark ab, zur Deutschen Mark zum Beispiel um 13,6 Prozent. Ein schwacher Dollar, so das Kalkül der Nixon-Regierung, würde Amerikas Wirtschaft neuen Handlungsspielraum verschaffen.

Die Europäer sahen sich nun unter Zugzwang gesetzt. Aus Angst vor einem monetären Chaos wie in den Zwanzigerjahren führten sie ein eigenes System der koordinierten Wechselkurse ein: die »Währungsschlange«. Dieses europäische Mini-Bretton-Woods sollte zumindest in der Alten Welt die Stabilität der Devisenmärkte gewährleisten. Die Kurse der Währungen im Europäischen Wechselkursverbund (so die offizielle Bezeichnung) durften untereinander um maximal 2,25 Prozent von einem gegebenen Mittelwert abweichen – eine recht rigide Vorgabe, die als Reverenz an die Ordnung von Bretton Woods zu verstehen war. Ziel war es, Verzerrungen im innereuropäischen Handel auf ein Minimum zu reduzieren. Zusätzlich war zunächst eine feste Bandbreite aller Europawährungen zum Dollar vorgesehen. Der gesamte Mechanismus erhielt den sinnigen Namen »Schlange im Tunnel«. Wenn jedoch eine Einheitswährung das Ziel war, dann führte der Weg eher davon weg als darauf zu.

Die »Schlange im Tunnel« hatte es von Anfang an schwer. Gleich zu Beginn versetzte ihr die Ölkrise von 1973 einen schweren Schlag. Die hochschnellenden Energiekosten trafen die beteiligten Volkswirtschaften in unterschiedlichem Maß. Die Regierungen mussten auf den Systemstress mit zahlreichen Auf- und Abwertungen reagieren: Teilweise betrugen die über Nacht wirksam werdenden »Anpassungen«, wie sie im offiziellen Sprachgebrauch hießen, acht Prozent. Selbst das reichte nicht: Wiederholt traten Länder ganz aus der Schlange aus, um ihre Währungen frei floaten zu lassen. Ob, wann und zu welchen Bedingungen sie zurückkehrten, war jeweils Gegenstand ausgiebiger Spekulationen. Zu keinem Zeitpunkt konnte von einem stabilen System gesprochen werden. Schon kurz nach der Gründung der Schlange verließen Großbritannien und Italien den Verbund wieder. Die Haushaltslage dieser beiden Staaten war in den Siebzigern besonders desolat. Im weiteren Verlauf des Jahrzehnts sahen sich London und Rom sogar gezwungen, den Internationalen Währungsfonds um Unterstützung zu bitten, was vor allem für die frühere Finanz-supermacht Großbritannien einer Schmach gleichkam. Die Bandbreite zum Dollar (der sogenannte Tunnel) musste im Jahr 1974 aufgegeben werden. Doch auch dieser Befreiungsschlag konnte die Schlange nur vorübergehend retten.

Das Tohuwabohu der Siebzigerjahre erinnert in vieler Hinsicht an das spätere Chaos, das die 2008 ausgebrochene Finanzkrise auslöste. Sie setzte den europäischen Ländern ebenfalls in ganz unterschiedlichem Maße zu. Der Unterschied war, dass im alten Jahrhundert noch die Option bestand, die eigene Währung abzuwerten oder den Währungsverbund zu verlassen.

Den schwersten Schock versetzte der europäischen Wechselkursgemeinschaft Frankreich. Die nach der Bundesrepublik zweitgrößte Volkswirtschaft auf dem Kontinent zog sich 1976 endgültig aus dem Verbund zurück. Paris hatte der Schlange schon einmal den Rücken gekehrt, im Januar 1974, sich ihr im Juli 1975 jedoch wieder angeschlossen. Nach dem zweiten und endgültigen Adieu aus Paris war das Ende allerdings nur noch eine Frage der Zeit. Im Jahr 1978 scherten auch die nordischen Länder Schweden und Norwegen aus. Nun hielten nur noch Deutschland und vier seiner Nachbarländer – nämlich Belgien, Dänemark, Luxemburg und die Niederlande – dem Wechselkursverbund die Treue. Wenn es die Aufgabe der Schlange war, einer Einheitswährung den Weg zu bereiten, dann deutete Ende der Siebzigerjahre wenig darauf hin, dass die Erreichung des Ziels näherrückte.

Europäischer Dauerdualismus

Erbfreundschaft

Der schmähliche Tod der Schlange in der zweiten Hälfte der Siebziger-jahre machte eines deutlich: Eine koordinierte europäische Währungspolitik, geschweige denn eine gemeinsame Währung – zu diesem Zeitpunkt wahlweise noch ein ferner Traum oder ein ferner Albtraum – konnte ohne engste Kooperation nicht funktionieren. Vor allem auf die deutsch-französische Abstimmung kam es an, schließlich war die Schlange nicht zuletzt auf Initiative von Paris ins Leben gerufen worden und sollte gleichzeitig deutschen Exportinteressen dienen. Doch gerade die deutsch-französische Freundschaft, wie die Kooperation beider Länder seit dem Elysée-Vertrag von 1963 quasi offiziell hieß, wurde in den Siebzigerjahren auf die Probe gestellt. Viele der Ereignisse im Währungsverbund waren europapolitisches »Rauschen«, das Kernproblem ließ sich darauf reduzieren, dass der Kontinent mit zwei schwer vereinbaren Machtansprüchen konfrontiert war: Auf der einen Seite stand die Französische Republik, die sich als politisch tonangebende Nation auf dem Kontinent verstand, auf der anderen Seite Deutschland mit gestärkter industrieller Macht und der D-Mark als europäischer Ankerwährung.

Die Wurzeln des Interessengegensatzes reichen tief in die Geschichte zurück. Frankreich war in den zurückliegenden hundert Jahren dreimal von Deutschland angegriffen worden. Der Krieg von 1870/71 führte nicht nur zur deutschen Reichsgründung in Versailles, sondern gebar auch den Mythos von der deutsch-französischen Erbfeindschaft. In den Jahrzehnten nach der Niederlage von 1871 fuhr Paris eine geschickte Bündnispolitik, die hauptsächlich gegen Deutschland gerichtet war. Der liberalen Republik gelang es, eine Entente mit dem autokratischen Russland und mit dem kolonialen Konkurrenten England zu schmieden. Das Reich sah sich eingekreist. Der Zusammenhalt der unwahrscheinlichen Dreierkoalition trug maßgeblich dazu bei, dass Frankreich den nächsten Kampf gegen Deutschland – »la Grande Guerre« von 1914 bis 1918 – für sich entscheiden konnte. Nach 1918 suchte Paris seine Sicherheitsinteressen durchzusetzen, indem es das Reich isolierte und mittels der Klauseln des Versailler Vertrags finanziell wie militärisch am Boden hielt. Insgesamt sollte Deutschland 132 Milliarden Goldmark an Wiedergutmachung zahlen, einen Großteil davon an Paris. Allerdings enthielt das »Versailler Diktat«, wie der Friedensvertrag in der Weimarer Republik verfemt wurde, einen inneren Widerspruch: Um derart hohe Reparationen zu leisten, hätte Deutschland eine enorm expansive Exportpolitik betreiben müssen. Genau dieser Boom der deutschen Ausfuhrindustrie wurde in den Zwanzi-

gerjahren aber durch beträchtliche Zölle behindert und lag auch überhaupt nicht im Interesse der Kriegsgewinner, deren Exporteure im harten
Wettbewerb mit denen aus Berlin, Hamburg oder Leipzig standen.

Die Lage nach dem verheerenden Zweiten Weltkrieg, der für Frankreich
Niederlage und Sieg zugleich war, rief nach einem neuen Ansatz: Nicht
mehr durch institutionalisierte Niederwerfung, sondern durch Einbindung sollte der mehrmalige Kriegsgegner von neuerlichen politischen
oder militärischen Eskapaden abgehalten werden. Die Montanunion von
1952 und vier Jahre später die Europäische Wirtschaftsgemeinschaft waren nicht nur, aber auch als ein »cordon sanitaire«, als eine Art Schutz-
gürtel für französische Sicherheitsinteressen konzipiert. Konnte man die
Deutschen dazu bringen, ihre Kräfte in nichtmilitärische, wirtschaftliche Aktivitäten zu lenken, so die Überlegung, würde Europa im Ergebnis insgesamt viel stabiler und friedlicher werden. Als Anreiz, sich auf diese freundliche, aber bestimmte Umklammerung einzulassen, wurde den
bundesrepublikanischen Exporteuren freier Zugang zu den Märkten der
anderen Europäer geboten. Gleichsam als Eintrittskarte musste Deutschland hohe Beitragszahlungen in einen EWG-Haushalt bestreiten, von
dem gerade in der Anfangsphase überwiegend französische Bauern profitierten. Bei allen Mängeln funktionierte das kooperative Modell »Brüssel«
weitaus besser als das konfrontative Modell »Versailles«.

Die Domestizierung Deutschlands

Aus dem Krieg von 1939 bis 1945, jener weltpolitischen Jahrhundertkata-
strophe, hatten Deutsche und Franzosen zwei Lehren gezogen, die in der
Währungspolitik schwer zu vereinbaren waren: Frankreich verfolgte fortan die Strategie, seinen als potenziell gefährlich empfundenen östlichen
Nachbarn durch Umarmung an sich zu binden und an künftigen Aggres-
sionen zu hindern. Die Bundesrepublik hingegen versuchte all ihr Wirken in den Dienst innerer und äußerer Stabilität zu stellen. Ein wichtiger
Aspekt war dabei stabiles Geld. Denn wenn das Jahr 1923 eines gezeigt
hatte, dann dies: Demokratie und Rechtsstaat hatten es schwer, sich auf
deutschem Boden zu festigen, wenn sich die Währung verflüssigte. Die

junge Bundesrepublik war zur Stabilität verdammt, wollte sie eine Republik bleiben. Wo das wilhelminische Reich allzu »ruhelos« gewesen war, da war der Bonner Staat das genaue Gegenteil: ein permanenter Ruhestifter. Es war eben jener Garant des stabilen Geldes, die Bundesbank, der sich dem französischen Ziel der Zähmung Germaniens am meisten widersetzte.

Selbst wenn das »Wirtschaftswunder« eine quasi mythische Verklärung ist, etablierte sich Deutschland in den drei Jahrzehnten nach der »Stunde null« kraft ihres produktiven Potenzials als dominierende Wirtschaftsmacht Westeuropas. Das Bruttoinlandsprodukt der Bundesrepublik überragte das Frankreichs, der zweitgrößten kontinentalen Ökonomie, im Jahr 1970 um mehr als 42 Prozent. Doch während sich deutsche Unternehmen wie Mercedes-Benz, BASF oder Siemens anschickten, die internationalen Märkte zu durchdringen – die spätere Deklassierung durch die Japaner deutete sich erst an –, liefen politisch und diplomatisch die Fäden weiterhin in Paris zusammen. Wenn Frankreich wie im Fall der gescheiterten Europäischen Verteidigungsgemeinschaft 1954 oder im Fall der frühen EU-Beitrittsgesuche Großbritanniens 1963 und 1967 auf Blockadekurs ging, trat die Integration eben auf der Stelle. Das Ungleichgewicht zwischen wirtschaftlicher und politischer Macht auf dem Kontinent rief zunehmende Widersprüche hervor.

In den Siebzigerjahren galten die Deutschen nicht mehr als die pflegeleichten Junior-Partner, die sie für Paris in den Fünfzigern und frühen Sechzigern gewesen waren. Jahre nach Konrad Adenauers und Charles de Gaulles historischer Versöhnung hatte sich in die Beziehungen eine nüchterne, manchmal kühle Note geschlichen. In seinen späten Jahren als Kanzler war Adenauer regelrecht zum »Gaullisten« geworden. Er hatte die junge Bundesrepublik eng nach Westen und vor allem Frankreich ausgerichtet. Doch schon unter seinem Amtsnachfolger Ludwig Erhard (1963 bis 1966) war die Paris-Orientierung einer stärker transatlantischen Politik mit Blick nach Washington gewichen. Die neue Ostpolitik des ersten sozialdemokratischen Kanzlers Willy Brandt (1969–1974) beäugte Paris erst recht mit Misstrauen. De Gaulles Nachfolger Georges Pompidou war »bestürzt über deren strategische Implikationen«, wie ein Historiker es ausdrückte.[38] In den frühen Siebzigerjahren erreichten die deutsch-französischen Beziehungen einen Tiefpunkt. Ohne »herzliches Verhältnis« zwischen Deutschland und Frankreich, soviel war klar, geriet das europäische Projekt ins Stocken.

Ironischerweise war es die relative Stärke der D-Mark, die die Bildung einer einheitlichen Währung hinauszögerte und zu diesem Zeitpunkt vielleicht sogar die europäische Einigung insgesamt bremste. Gerade während der ersten Ölkrise, die in der westlichen Welt allenthalben ein Hochschnellen der Inflation auslöste, wollten die Deutschen (aus nachvollziehbaren Gründen) nicht auf diesen Stabilitätsanker verzichten. Die Franzosen ihrerseits hatten (aus ebenso nachvollziehbaren Gründen) ihre Mühe damit, sich der Regie der Bundesbank zu unterwerfen. Genau das war jedoch der Nexus, den die »Schlange« unweigerlich mit sich brachte, was vielen Europäer allerdings erst jetzt klar wurde. Durch eine enge Bindung des Franc an die D-Mark gab Frankreich den Herren des Geldes in Frankfurt indirekt Einfluss auf die heimische Konjunktur. Die Mitgliedschaft im Wechselkursverbund bedeutete, dass das Auf und Ab der französischen Wirtschaft durch eine Institution mitbestimmt wurde, bei deren Entscheidungen Paris kein Mitspracherecht hatte. Selbst über internationale Verträge schien der autonomen Bundesbank nicht beizukommen zu sein. So bestand das vielleicht größte Hindernis für die Verwirklichung des Werner-Plans in der mangelnden Bereitschaft Frankreichs und anderer Staaten der Europäischen Gemeinschaft, die Deutsche Mark als Leitwährung zu akzeptieren.

Besonders zu schaffen machte den Franzosen die Gefahr einer allzu deutlichen Aufwertung des Franc im Schlepptau der D-Mark. Im Laufe der Siebzigerjahre verteuerte sich die bundesrepublikanische Währung zur Leitwährung Dollar beträchtlich. Mussten zu Beginn des Jahrzehnts noch knapp 3,70 D-Mark für den Dollar gezahlt werden, waren es 1979 nur noch 1,60 D-Mark. Mochte die Anti-Inflationspolitik der Bundesbank den Deutschen den Stolz und die Bürde einer harten Währung bescheren: La Grande Nation bevorzugte im Zweifel einen weichen Franc, der seinen Exporteuren das Agieren auf den Weltmärkten nicht unnötig erschwerte. Dahinter stand viel Völkerpsychologie: Die Franzosen brauchten für ihr nationales Selbstverständnis keine harte Währung. Für Frankreich war die Force de Frappe, die französische Atomstreitmacht, ein Kernstück seiner Identität. Charles de Gaulle hatte der von ihm gegründeten Fünften Republik quasi als Vermächtnis ein defensives nukleares Arsenal hinterlassen. Deutschland besaß eine andere Verteidigungswaffe, die ein Erbe seiner Geschichte darstellte: die Bundesbank. Sie war das Bollwerk, mit dem das Land eine Wiederkehr der inflationären Zerrüttung unterbinden wollte.

Aus gesamteuropäischer Sicht wäre es ideal gewesen, diese beiden Machtinstrumente zum Vorteil des Kontinents zusammenzuführen. Nicht zuletzt wegen der allgegenwärtigen sowjetischen Bedrohung im Osten waren Deutschland und Frankreich zu einer Art Erbfreundschaft verdammt. Anfang der Siebzigerjahre aber sah es eher so aus, als würden die weltpolitischen und weltwirtschaftlichen Stürme die beiden ungleichen Mächte voneinander wegtreiben. Dass es dennoch anders kam, hatte mit zwei unvorhersehbaren Ereignissen zu tun: dem überraschenden Tod eines Präsidenten und der Enttarnung eines Meisterspions.

Der Wehrmachtsoffizier und der Résistance-Kämpfer

Der 2. April 1974 war für Frankreich ein Tag der Trauer: Die Radiogeräte und Fernseher vermeldeten den überraschenden Tod ihres Staatsoberhaupts George Pompidou. Der Nachfolger de Gaulles hatte an Morbus Waldenström, einer seltenen Lymphdrüsenerkrankung, gelitten. Lange Zeit war das tödliche Leiden geheim gehalten worden, selbst ranghohe Regierungsvertreter erfuhren erst kurze Zeit vor dem Ableben des Gaullisten von dessen Zustand. Sechs Wochen nach dem Tod des als spröde geltenden Pompidou wurde der vornehme Valéry Giscard d'Estaing zum neuen Präsidenten der Französischen Republik gewählt. Auf einen Politiker, der mit den Deutschen wenig anzufangen wusste und vorwiegend in Kategorien gaullistischer Grandeur dachte, folgte ein Staatsmann, der dem östlichen Nachbarn gegenüber eine offenere Haltung einnahm. Vor allem zog mit Giscard d'Estaing ein Mann mit prinzipiell proeuropäischer Ausrichtung in den Elysée-Palast ein.

Doch der Politikwechsel in Frankreich hätte wohl kaum den gleichen Effekt gehabt, wenn nicht auch die Bundesrepublik Deutschland fast zur selben Zeit einen neuen Regierungschef bekommen hätte, und das ebenso unerwartet. Am 24. April 1974 nahm die Polizei in der Bundeshauptstadt Bonn einen Agenten des ostdeutschen Ministeriums für Staatssicherheit fest. Was zu diesem Zeitpunkt noch niemand ahnen konnte: Sie hatten einen Meisterspion an der Angel. Der Festgenommene trug den Namen Günter Guillaume und war nicht irgendwer, sondern ein enger Vertrauter von Bundeskanzler Willy Brandt. Als persönlicher Referent des Kanzlers, eine Art Mädchen für alles, hatte Guillaume seit Jahren Einblick in geheime Dokumente und das durchaus schillernde Privatleben des Regierungschefs. Nachdem er den Fall Guillaume anfänglich unterschätzt, verdrängt und als irrelevant abgetan hatte, stürzte Brandt schließlich über die Affäre. Er machte einem Mann Platz, der dafür prädestiniert schien, das Staatsschiff in solch schwierigen Zeiten zu lenken: Helmut Schmidt.

Am 16. Mai 1974 zog der frühere Superminister und »Retter Hamburgs« ins Bonner Kanzleramt ein. Schmidt, der im Zweiten Weltkrieg Wehrmachtsoffizier gewesen war[39], traf in Giscard auf jemanden, der sich schon als junger Mann dem französischen Widerstand gegen die deutsche Besatzung angeschlossen hatte. Ein inniges Verhältnis der beiden war also nicht zwangsläufig zu erwarten. Doch es kam anders: Schnell entwickelte sich zwischen beiden Männern ein produktives Arbeitsverhältnis. Ihre Männerfreundschaft sollte die europäische Einigung so stark voranbringen wie seit den Fünfzigerjahren nicht mehr und auch der europäischen Währungspolitik entscheidende neue Impulse geben.

Trotz der Schwierigkeiten der Siebzigerjahre befanden Giscard d'Estaing und Schmidt, dass Europa koordinierte Wechselkurse nötiger habe denn je. Für den Franzosen war ein wichtiger Antrieb, eine erneute Dominanz des Dollar zu verhindern, aber natürlich auch, den ostrheinischen Nachbarn einzubinden. Letzteres war aus Pariser Sicht so stark geboten wie noch nie seit 1945. Durch das anhaltende Wachstum der Nachkriegszeit war Deutschland ökonomisch zu einem Koloss herangewachsen, besonders für europäische Maßstäbe. Gleichzeitig schien die deutsche Ostpolitik die Gefahr heraufzubeschwören, dass die Bonner Republik eines Tages vielleicht versucht sein könnte, eine allzu eigenständige Bündnispolitik zu betreiben. Helmut Schmidt sah koordinierte Wechselkurse als entscheidenden Schritt auf dem Weg zu einem bundesstaatlichen Europa und als wichtiges Element seiner Wirtschaftspolitik.

Der Bundeskanzler war kein Stabilitätsfanatiker. Immerhin stammte von ihm der Ausspruch: »Lieber fünf Prozent Inflation als fünf Prozent Arbeitslosigkeit« – was sich im Laufe der Siebzigerjahre als falsche Alternative herausstellen sollte. Fünf Prozent Inflation konnten leicht mit fünf Prozent Arbeitslosigkeit einhergehen. Allerdings bereiteten Schmidt die großen Unterschiede zwischen den europäischen Ländern in der Geldpolitik Sorgen. Folglich wollte er darauf hinwirken, dass sich die Partner dem Primat des stabilen Geldes zumindest annäherten. Derweil arbeitete Paris weiter angestrengt daran, mehr Einfluss auf die deutsche Geldpolitik zu erlangen. Nach dem endgültigen Scheitern der »Schlange« 1978 beeilten sich Giscard und Schmidt, einen neuen monetären Verbund folgen zu lassen: das Europäische Währungssystem (EWS). Das ursprünglich bilateral formulierte Abkommen wurde im Juli 1978 vom Europäischen Rat übernommen und trat am 13. März 1979 in Kraft. Der neue Verbund sollte weitaus länger halten als sein Vorgänger. Aber auch ihm sollte eine äußerst wechselhafte Geschichte beschieden sein.

Als Problem des Vorgängergefüges hatten vor allem die Franzosen stets moniert, dass Länder mit starker Währung nicht immer hinreichend eingegriffen hatten, um schwächere Währungen zu stützen. Die Gründungsakte des EWS verpflichtete Hartwährungsländer nun auf eben diese Hilfe und räumte ihnen zu diesem Zweck das Recht auf eine unbegrenzte kurzfristige Kreditaufnahme ein. Die beteiligten Währungen durften, analog zu der früheren Regelung von Bretton Woods, in einer Bandbreite von 2,25 Prozent schwanken. Im Gegensatz zur Schlange waren von Anfang an alle Regierungen beteiligt. Sogar die »Dissidenten« Großbritannien und Italien konnten dank einiger Zugeständnisse für das EWS gewonnen werden. Der notorisch flatterhaften Lira wurde sicherheitshalber eine größere Bandbreite von sechs Prozent zugestanden. Man wollte realistisch bleiben. Zur Erleichterung der Zusammenarbeit und als symbolische Verneigung vor dem großen Ziel einer gemeinsamen Währung wurde die Europäische Währungseinheit eingeführt. Nicht zufällig erinnerte deren Akronym »ECU« (die Abkürzung für »European Currency Unit«) an eine französische Königsmünze des Mittelalters, den Ecu. Die Franzosen durften und sollten das Gefühl haben, dass die Währung Europas ihre Sprache spricht.

Franc fort und Frankfurt

Europa hatte nun sein eigenes Bretton Woods, als dessen Ankerwährung die D-Mark fungierte. Nach anfänglichen Zweifeln schien das neue System zu funktionieren: Im Gegensatz zur »Schlange« kam es zu keiner Kaskade von Austritten. Damit besserten sich auch die Aussichten auf eine künftige Gemeinschaftswährung der Europäer. Der Schlüssel für den Erfolg des Europäischen Währungssystems lag in den Achtzigerjahren in Paris. Frankreich sagte in dem neuen Jahrzehnt adieu zu den Wonnen einer Weichwährung und schwenkte auf eine Politik des harten Geldes um. Dieser Bruch mit französischen monetären Traditionen ließ die 1988 neu aufgestellten Pläne für eine Verschmelzung der europäischen Devisen zu einer Einheitswährung nicht mehr völlig illusorisch erscheinen.

Begonnen hatten die Achtzigerjahre zunächst aber ganz anders, nämlich ähnlich turbulent wie die Siebzigerjahre: In Frankreich ereignete sich etwas, das manch zeitgenössischer politischer Kommentator mit der großen Revolution von 1789 verglich: 1981 errang der Sozialist François Mitterand bei der Präsidentschaftswahl einen sensationellen Triumph. Er war das erste direkt gewählte sozialistische Staatsoberhaupt nicht nur Frankreichs, sondern ganz Europas. Mitterand, der seinen Sieg der Spaltung des bürgerlichen Lagers und einem Bündnis mit den Kommunisten verdankte, hatte ein wahrhaft revolutionäres Programm: Wirtschaftlich vollzog er einen radikalen Linksschwenk, wie es ihn in Europa seit der frühen Nachkriegszeit nicht mehr gegeben hatte. In einer Zeit, in der die angelsächsische Welt mit Ronald Reagan und Margaret Thatcher bereits den Weg der Öffnung, der Deregulierung und der Privatisierung eingeschlagen hatte (Thatcher war seit 1979 im Amt, Reagan im Herbst 1980 gewählt worden), flirtete Frankreich mit den Lehren von Marx und Engels: Vier der neuen Minister Mitterands gehörten der Kommunistischen Partei Frankreichs an, das Kernprogramm der neuen Regierung sah unter anderem die Verstaatlichung von Schlüsselindustrien und Kreditinstituten vor. In ihrem ersten Jahr an der Regierung wurden nicht weniger als 38 Banken und fünf der bedeutendsten Industrieunternehmen Frankreichs »nationalisiert«. Frankreich, das diplomatische und politische Kraftzentrum der Europäischen Gemeinschaft, die zweitgrößte Ökonomie des Kontinents, schien auf dem Weg in eine sozialistische Volksrepublik.

Erwartungsgemäß reagierten die Finanzmärkte verschreckt auf das Gespenst des Sozialismus in einem westeuropäischen Land. Der Franc geriet stark unter Druck. Im Oktober 1981 wertete die französische Währung im EWS zur D-Mark um 8 Prozent ab, schon acht Monate später (im Juni 1982) war eine »Anpassung« um weitere 9,6 Prozent erforderlich. Aber der Druck auf den Franc wollte nicht weichen. Der Verbleib Frankreichs im Europäischen Währungssystem stand auf der Kippe. Und nicht nur der Frankreichs: Würde die zweitgrößte Wirtschaftsmacht auf dem Kontinent ausscheiden, so wäre der neue Wechselkurspakt vermutlich irreparabel beschädigt: Das EWS, auf dessen Konstruktion Giscard d'Estaing und Helmut Schmidt so viel Mühe verwendet hatten, stand vor dem Aus.

Der rapide Wertverfall des Franc und das drohende Ausscheiden aus dem EWS (und möglicherweise sogar der Europäischen Gemeinschaft) waren eine Folge des Versuchs, eine sozialistische Utopie auf französischem Boden zu verwirklichen: Um den Werktätigen ihren gerechten Anteil am Wohlstand zukommen zu lassen, hatte die Regierung die Notenpresse rotieren lassen, woraufhin die Inflation in die Höhe schoss. Die Furcht vor Enteignung ließ Wohlhabende ihr Vermögen ins Ausland schaffen – wovon die Banken in der Schweiz profitierten, die sich einmal mehr als sicherer Hafen anpreisen konnte. Die sich verstärkenden Effekte brachten die französische Wirtschaft in Nöte. Das Jahr 1982 war überall in der westlichen Welt ein Rezessionsjahr, aber in Frankreich fiel der Abschwung besonders heftig aus. Die Revolution kehrte sich, wie so oft, gegen ihre Väter.

Im Angesicht des sich klar abzeichnenden Scheiterns seiner Politik vollzog Mitterand Anfang 1983 eine radikale Kehrtwende, die der »geistig-moralischen Wende«, die etwa zur gleichen Zeit Deutschland erregte, in nichts nachstand. Statt populärer, aber kostspieliger Wohltaten setzte Mitterand jetzt auf die Politik der »Rigueur« (Strenge). Vater dieser neuen Politik war Jacques Delors, der als Wirtschafts- und Finanzminister für einen pragmatischen Kurs stand. Der unkonventionelle Sozialist wurde Mitterands Mann fürs Grobe. Statt für Ideologie stand er für Effizienz. Und für neue Stärke. Sein Durchbruch sollte für die weitere Geschichte Europas von größter Wichtigkeit sein. Delors ist der vermutlich einflussreichste französische Politiker des 20. Jahrhunderts, der nie Président de la République war.

Delors verordnete Frankreich auch geldpolitisch eine neue Linie: Fortan bildete ein starker Franc, ein »franc fort«, das Ideal. Vorbei sein sollten die Zeiten, da sich Frankreich über häufige Währungsabwertungen seine Wettbewerbsposition gegenüber den effizienten Deutschen sichern musste. Delors' folgenreicher Umschwung war auch deshalb möglich, weil die französische Wirtschaft in den Achtzigerjahren bei Weitem nicht mehr so »lahm« oder »ländlich« war wie noch eine Generation zuvor. In den Sechziger- und Siebzigerjahren hatte Frankreich einen enormen Modernisierungsschub erlebt. Dieses Vermächtnis de Gaulles zahlte sich nun aus, auch indem es einen starken Franc ermöglichte. Zum ersten Mal verfügte Kontinentaleuropa, verfügte die Europäische Gemeinschaft neben der D-Mark über eine zweite große Hartwährung. Die Architektur des europäischen Währungsgefüges ruhte nun auf zwei Stützpfeilern statt auf nur einem.

Nach nur drei Jahren wurde Delors Mitterand zu mächtig und unbequem. Der ewig misstrauische Präsident schasste den allzu talentierten Parteifreund. Die Linie des »franc fort« führte Paris dennoch fort. Und auch Delors' Wirken war keineswegs beendet. Mitterand beförderte den Ehrgeizigen nach Brüssel, wo er 1985 Chef der Europäischen Kommission wurde. In der inoffiziellen EG-Hauptstadt entwickelte sich Delors zu einer Art Super-Eurokrat, der als Kommissionspräsident ein durchaus monarchisches Machtgehabe entwickelte. Schon bald würde Delors bei der Schaffung der europäischen Gemeinschaftswährung eine maßgebliche

Rolle spielen, die man je nach Standpunkt als die einer Hebamme, eines Vaters oder eines Kupplers beschreiben könnte.

Glücksgewinne

Das relativ reibungslose Funktionieren des EWS in dieser ersten Phase seiner Existenz ist gerade im Vergleich mit der Dauerkrise der Schlange frappierend. Leicht ließe sich daraus die teleologische Sichtweise ableiten, dass seit den Römischen Verträgen alles auf eine Einheitswährung der Europäer hingewirkt habe. Doch wie so oft in der Geschichte ist das Bild beim näheren Hinsehen nicht so eindeutig. Das EWS profitierte zwischen 1982 und 1992 von günstigen Umständen, die außerhalb des Einflussbereichs der Europäer lagen. Die Geldpolitiker der Alten Welt machten, um es in der Sprache der Börsianer zu sagen, »windfall profits«, Glücksgewinne.

Wie der amerikanische Denker Nassim Taleb herausgearbeitet hat, unterliegen Menschen häufig der Versuchung, solche Glücksgewinne auf eigene Leistungen und Entscheidungen zurückzuführen.[40] Als »Narren des Zufalls« bezogen viele Verantwortliche das Überleben des Währungssystems auf eine inhärente Verbesserung der europäischen Institutionen. Wenn das EWS in den zwei Jahrzehnten seines Bestehens anders als die »Schlange« nicht kollabierte, hatte aber auch das Glück seine Finger im Spiel.

In den Siebzigerjahren wurden die Bemühungen der Europäer, eine monetäre Union zu bilden, immer wieder durch existenzbedrohende Schocks von außen gestört: Kriege, Energiekrisen und internationale Handelskonflikte machten die Dekade zur ökonomisch unruhigsten Epoche der zweiten Jahrhunderthälfte. Es war gleichzeitig jenes Jahrzehnt, das den endgültigen Abschied vom Goldstandard und damit das bis dato größte Experiment mit Papierwährungen überhaupt sah. Die konjunkturellen Schwankungen waren enorm, und auch die Inflationserwartungen entwickelten sich in großen Sprüngen. Auf einen Wechselkursverbund mit so unterschiedlichen Volkswirtschaften hatte das die Wirkung von Nitroglycerin.

Ganz anders das folgende Jahrzehnt: Nach der anfänglichen schweren Rezession und dem dramatischen Scheitern von Mitterands Versuch einer sozialistischen Staatswirtschaft erlebten die Achtziger einen deutlichen Rückgang der Volatilität. Vereinfacht gesagt: Wirtschaften wurde insgesamt weniger riskant, es mussten nur noch bescheidene Risikopuffer angelegt werden. Mit Blick auf die fallenden Teuerungsraten sprachen Ökonomen von »Disinflation«. Der (vermeintliche) Sieg über die großen Wirtschafszyklen erleichterte den Europäern die Abstimmung ihrer Wechselkurse erheblich.

Auch die globalen Tendenzen auf dem Devisenmarkt kamen dem EWS zugute. Waren die Siebzigerjahre von starken Werteinbußen des Dollar gekennzeichnet, der den Europäern einen merklichen Verlust an Wettbewerbsfähigkeit bescherte, sahen die Achtziger die umgekehrte Tendenz: In der ersten Halbdekade stieg der Kurs des Greenback geradezu abenteuerlich an – ein Ergebnis der »Reaganomics«, jener Mischung aus Steuersenkungen und Deregulierungen, verbunden mit einem geradezu hollywoodesken Optimismus, für die der neue US-Präsident stand. Als die Dollar-Stärke mit dem Plaza-Abkommen von 1985 endete, nahm die Yen-Aufwertung Druck von den Europäern.

Gelungene Generalprobe – wirklich?

Im Jahr 1992 sollte das 1979 gegründete Wechselkurssystem in Form der Pfund-Krise auf eine existenzielle Probe gestellt werden. In dieser Zeit der Zweifel, von der noch zu reden sein wird, trösteten sich die Europapolitiker damit, dass besondere Umstände vorlägen und dass das EWS in den 13 Jahren davor ein bemerkenswerter Erfolg gewesen sei. Diese Behauptung bedarf einer besonderen Überprüfung, gibt sie doch auch wesentliche Hinweise auf die Überlebensfähigkeit des Euro. Es lohnt, unabhängig von den späteren dramatischen Ereignissen des Jahres 1992 einen Rückblick auf die Realitäten des Wechselkursverbundes zu werfen, jenes Verbundes, der als direkter Vorläufer der europäischen Gemeinschaftswährung anzusehen ist.

Allen günstigen Faktoren zum Trotz kann von einer makellosen Gesamtbilanz des Europäischen Währungssystems nicht die Rede sein. Auch jenseits der Turbulenzen von 1992 waren im EWS zahlreiche Wechselkursanpassungen notwendig, die teilweise recht kräftig ausfielen: In der Regel bedeuteten diese Anpassungen eine Verbilligung der anderen Währungen zur Ankerwährung D-Mark: Zwischen dem ersten Halbjahr 1979 und Anfang 1990 wertete die D-Mark zum Belgischen (und Luxemburgischen) Franc um 29,6 Prozent, zur Dänischen Krone um 38 Prozent, zum Irischen Pfund um 41,2 Prozent, zum Französischen Franc um 46,9 Prozent, zur Italienischen Lira um 67,5 Prozent, zur Spanischen Peseta um 73,3 und zum Portugiesischen Escudo sogar um 231,1 Prozent auf. In dieser Zeitspanne wurde der Französische Franc sechs Mal, die Lira nicht weniger als neun Mal verbilligt. Insgesamt mussten die Wechselkursparitäten im EWS 15 Mal neu festgesetzt werden.[41] Auch wenn die Häufigkeit der notwendigen »Anpassungen« nach 1983 insgesamt abnahm, blieben sie dennoch weiter notwendig. Die gelegentlichen vorsichtigen Auf- und Abwertungen wirkten wie gutmütige kleine Erdstöße, die verhinderten, dass sich zwischen tektonischen Platten gefährliche Spannungen aufbauten, die sich eines Tages in einem katastrophalen großen Beben entladen würden.

Mit dem Europäischen Währungssystem hatten die Europäer einen Modus Vivendi gefunden: Das System war nicht perfekt, aber es war stabil genug, um den Exporteuren, die einen Großteil ihres Handels mit europäischen Partnerländern abwickelten, genügend Planungssicherheit zu geben. Gleichzeitig war es flexibel genug, um bei auseinanderstrebenden Konjunkturentwicklungen Kursanpassungen vorzunehmen. Dass solche Anpassungen immer wieder notwendig sein würden, daran konnte auch vor der Krise von 1992 kein Zweifel bestehen. Trotz der bemerkenswerten Errungenschaft des »franc fort«, des starken Franc, war Ende der Achtzigerjahre kein zwingender Grund auszumachen, Europas Währungen noch enger aneinanderzuketten oder gar in Zement zu gießen.

Gleichwohl startete im Jahr 1988 der stets umtriebige Jacques Delors als Präsident der Europäischen Kommission eine neue Initiative, um eine gemeinsame europäische Währung auf den Weg zu bringen. Da Paris stabiles Geld als Leitmotiv für sich entdeckt hatte, waren diese französischen Überlegungen fundierter und aus Perspektive der Deutschen und nicht zuletzt der Bundesbank schwieriger zu kontern als die entsprechenden Vorschläge in den Jahren und Jahrzehnten zuvor. Dennoch deutete wenig darauf hin, dass die Deutschen auf absehbare Zeit freiwillig auf ihre geliebte D-Mark, die ihnen so ans Herz gewachsen war, verzichten würden.[42] Weder die Bevölkerung noch die politische Elite sah dafür die Zeit als reif an. Es bedurfte eines politischen Mirakels, um die Deutschen dazu zu bewegen, die Bundesbank auf dem Altar Europas zu opfern. Doch genau dieses Mirakel trat ein. Wie viele Jahrhundertereignisse kam es überraschend und begann an einem unwahrscheinlichen Ort: Die Rede ist von der Öffnung der innerdeutschen Grenze am Abend des 9. November 1989 auf der Bornholmer Brücke in Berlin.

Wiedervereinigung und Währungsvereinigung

Der Mann, der ein Land einte und eine Währung zu Grabe trug

Die Nachkriegsordnung des Kalten Krieges, so prekär sie sich wegen der latenten Gefahr einer atomaren Ost-West-Konfrontation gestaltete, war den Großmächten insgesamt recht angenehm gewesen: Durch die Teilung der deutschsprachigen Mitte des Kontinents in zwei Staaten und deren feste Einbindung in Bündnissysteme schien die Gefahr eines germanischen Revanchismus ein für allemal beseitigt. Niemand in der politischen Elite der Bonner Republik konnte daran zweifeln, dass die Rückkehr des deutschen Nationalstaats als politischer Akteur, und sei er auch aus einer friedlichen Revolution hervorgegangen, vielerorts auf dem Kontinent alte und neue Ängste heraufbeschwören würde. Ob die Deutschen das nun wollten oder nicht – Wirtschaftskraft und Bevölkerungszahl machten ihre Nation zu einer natürlichen Aspirantin auf eine europäische Vormacht. Im internationalen Maßstab des späten 20. Jahrhunderts war die neu entstehende Berliner Republik kein Riese, sondern allenfalls ein Riesenzwerg. Deutschland gab, mit den Worten des Historikers Paul Kennedy, einen Halbhegemon ab. Doch den übrigen Mittel- und Kleinmächten

Europas erschien dieser Gulliver allemal so riesig und potenziell gefährlich, dass man ihn binden musste. Die Frage war nicht, ob die Wiedervereinigung einen Preis hatte, sondern welchen und wie dieser Preis zu begleichen sein würde.

An dieser Stelle der Geschichte kommt die Person Helmut Kohl ins Spiel. Ob es die Einheit unter einem anderen Bundeskanzler so schnell gegeben hätte, darüber kann man viel spekulieren. Unwahrscheinlich ist jedoch, dass es unter einem anderen Kanzler so schnell zur europäischen Gemeinschaftswährung gekommen wäre. Dazu brauchte es schon den Vollbluteuropäer, der seine politische Mission nach der Vollendung der deutschen Einheit darin fand, auch Europa politisch zu einen. Spötter mögen hinzufügen: Und der gleichzeitig so wenig wirtschaftlichen Sachverstand mitbrachte.

In der Zeit nach dem Fall des Eisernen Vorhangs wurde viel von der Europarhetorik des Kanzlers als kalkulierte Beschwichtigung der »Siegermächte« verstanden, doch der Kontrast zu beiden Amtsnachfolgern verdeutlicht, wie sehr auch authentische Leidenschaft für die europäische Idee und für die europäische Integration im Spiel war. Als »Enkel« Konrad Adenauers strebte Kohl danach, den europäischen Einigungsprozess fortzusetzen. Und als Adenauer-»Enkel« und Historiker wusste er, welche Bedeutung der Aussöhnung mit Frankreich zukam, wollte man dieses Ziel erreichen.

Dass für die Einheit ein Preis zu entrichten sein würde, ergab sich nach Kohls Auffassung aus der Logik der jüngeren europäischen Geschichte. Zum Preis der Einheit gehörte ein endgültiger Verzicht auf die früheren Ostgebiete des Deutschen Reiches. (Immerhin war Kohl Taktiker genug, die Klärung dieser heiklen Frage als Verhandlungsmasse in die Zwei-plus-vier-Gespräche zur deutschen Wiedervereinigung einzubringen.) Zum Preis der Einheit gehörten auch die 71 Milliarden Dollar Transferzahlungen an die Sowjetunion und später Russland, ergänzt durch weitere 36 Milliarden Dollar an die ehemals kommunistischen Staaten Osteuropas. Zum Preis der Einheit gehörte auch Deutschlands Absage an eine eigenständige Bündnispolitik oder gar eine nukleare Bewaffnung. Die Frage ist, ob dazu auch die Aufgabe der D-Mark gehören musste.

Mit dem Beitritt der DDR zur Bundesrepublik wuchs der Druck auf die Deutschen, ihre Währung zu europäisieren. Die Frage war nicht, ob Kohl den Nachbarn für die Wiedervereinigung Konzessionen machen musste, die Frage war, ob er *diese* Konzession machen musste. Die aktive Rolle, die der Kanzler bei der Abschaffung der Mark spielte, ist in der Tat auffällig. Nicht nur, dass die deutsche Regierung in den Neunzigerjahren zum Motor einer Währungsunion wurde, die von einer klaren Mehrheit der Bevölkerung abgelehnt wurde – in einer Meinungsumfrage des ZDF-Politbarometers vom Herbst 1992 sprachen sich 70 Prozent der Bundesbürger gegen die Abschaffung der Mark aus.[43] Darüber hinaus trieb sie auch eine Politik voran, die die Souveränität des Landes in einem entscheidenden Punkt einschränkte. Als Erklärung wurde vielfach Kohls historische Mission herangezogen, nach der deutschen Einheit die Vereinigung Europas anzugehen. Dennoch wirft das fast schon verbissene Engagement des deutschen Regierungschefs bis heute Fragen auf. Die Motivlage bleibt unübersichtlich. Gab es womöglich auch innenpolitische Erwägungen, die für eine schnelle Auflösung der Währungsautonomie sprachen?

Schlag gegen die Bundesbank

Wieder führt der Weg zu einer Antwort über die Persönlichkeit Helmut Kohls. Der Kanzler war vieles: Sozialpolitiker, Europapolitiker, Außenpolitiker, aber eines war er nicht: Wirtschafts- und Finanzfachmann. Das zeigte sich bei der Vorbereitung der deutschen Währungseinheit, die der staatlichen Einheit Deutschlands um drei Monate voranging. Bei der Festsetzung des Umtauschverhältnisses war der Kanzler, der als Einiger des Vaterlandes die Rolle seines Lebens gefunden hatte, über den Rat von Bundesbank-Chef Karl-Otto Pöhl und zahlreicher Wirtschaftswissenschaftler hinweggeprescht. Die Experten hatten zu einem Kurs geraten, der näher an dem realen Wert des ostdeutschen Geldes lag, nämlich bei mehr als sieben DDR-Mark für eine D-Mark. Kohl indes gab einer weitaus teureren Parität den Vorzug, mit der Begründung, dass die sonst einsetzende Flucht von Ost nach West die neuen Bundesländer destabilisieren würde.

Privatleute konnten das Gros ihres Geldvermögens eins zu eins umtauschen: Kinder unter 14 Jahren maximal 2000 Mark, Erwachsene bis 59 Jahre maximal 4000 Mark und Über-59-Jährige maximal 6000 Mark.[44] Darüber hinaus wurden zwei DDR-Mark in eine D-Mark umgerechnet. Im Durchschnitt ergab sich daraus eine Parität von 1,80 Mark Ost zu einer Mark West, weit über der Kaufkraft des alten sozialistischen Geldes. Infolge der 1,8-zu-1-Umstellung verteuerte sich die Produktion in den neuen Ländern um das Drei- bis Vierfache. Natürlich konnte die Produktivität nicht im gleichen Maße gesteigert werden, und so sackte die Konkurrenzfähigkeit der ostdeutschen Betriebe ab. Indem die neuen Länder den Standortkampf an Staaten östlich von Oder und Neiße oder an die Schwellenländer in Asien und Lateinamerika verloren, brach die industrielle Basis der Ex-DDR weg. Die von Kohl im Einheitswahlkampf in Aussicht gestellten blühenden Landschaften im Osten wurden unter anderem deshalb keine Realität, weil der Kanzler der Einheit den allzu komfortablen Wechselkurs zur D-Mark durchgedrückt hatte.

Widerspruch war nicht das, was Helmut Kohl schätzte. Im Jahr 1990 muss den Kanzler, der sich auf dem Zenit seiner politischen Karriere befand, die Opposition gegen den Umstellungskurs aus den Reihen der Bundesbank außerordentlich verdrossen haben. Noch Jahre später war das Klima zwischen ihm und dem obersten deutschen Währungshüter Karl-Otto Pöhl vergiftet. Der Riss ging so tief, dass Pöhl 1991 von seinem Posten zurücktrat – offiziell hieß es, aus persönlichen Gründen, ausschlaggebend dürfte jedoch der präzedenzlose Streit zwischen Kanzleramt und Bundesbank gewesen sein. So liegt zumindest der Verdacht nahe, dass Kohl mit der Euro-Einführung auch die widerspenstigen Währungshüter disziplinieren wollte. Infolge des Maastricht-Vertrags würde die Frankfurter Institution schon bald nur noch eine Außenstelle der neu zu schaffenden Europäischen Zentralbank sein. Von der Bundesbank waren fortan keine ernsthaften Widerworte mehr zu erwarten.

Pariser Währungsneid

Dennoch: Der Hauptanstoß zur Beseitigung der deutschen Währungsautonomie kam zweifelsohne von außen. Indem die deutsche Wiedervereinigung näherrückte und schließlich am 3. Oktober 1990 Realität wurde, war es vor allem der Präsident der Französischen Republik, der darauf drang, die Mark zu europäisieren. François Mitterand hatte bereits in den Jahren zuvor eine Fixierung auf die Mark entwickelt, die man in Anlehnung an Freuds Konzept des Penisneids fast als Währungsneid bezeichnen könnte. Der britische Autor David Marsh hat eine Art Biografie des Euro verfasst. Darin weist er nach, dass das deutsche Geld und die Autonomie der Bundesbank für den Sozialisten schon Jahre vor den schicksalhaften Ereignissen vom 9. November 1989 ein Stein des Anstoßes waren. Bei einer Gelegenheit soll der französische Präsident die Mark als Deutschlands »Atomstreitmacht«[45] bezeichnet haben, die unter europäische (man mag lesen: französische) Kontrolle gestellt werden müsse. Einer anderen Version zufolge hat sich Mitterand von US-Präsident George Bush die Zusicherung geben lassen, dass Washington den Beitritt der DDR zur Bundesrepublik nur akzeptieren werde, wenn die Deutschen auf die D-Mark verzichten.[46] Sein Mitstreiter und Widersacher Jacques Delors hatte den Kampf um die D-Mark 1988 eröffnet, konnte realistischerweise aber nicht erwarten, dass sich vor dem Ende des Jahrhunderts in der Sache viel bewegen würde. So gesehen stellte die Wiedervereinigung für Frankreich die einmalige Gelegenheit dar, ein jahrzehntealtes Ziel zu erreichen: das Schleifen der deutschen Währungsfestung.

Über viele Beratungen und Beschlüsse der Wendejahre hat sich Kohls Mantel der Geschichte wie ein Mantel des Schweigens gelegt. Allenfalls künftige Historikergenerationen werden nach Freigabe der Quellen ein genaueres Bild erhaschen, wie die Euro-Währung mit der deutschen Einheit verknüpft war. Die Hast, mit der das Projekt Gemeinschaftswährung in den frühen Neunzigerjahren in direkter Folge der deutschen Einheit vorangetrieben wurde, zeugt davon, dass das gemeinsame europäische Geld ein politisch vorrangiges Projekt war. Am 9. November 1989 fiel die Berliner Mauer, am 3. Oktober 1990 traten die ostdeutschen Länder der Bundesrepublik bei, und schon im Dezember 1991 – nur 14 Monate nach der

Wiedervereinigung – stimmte der Kanzler dem Vertrag von Maastricht zu, der die Abschaffung der D-Mark festschrieb, jener Hartwährung, der die Ostdeutschen so sehr entgegengefiebert hatten und die für viele Westdeutsche quasi sakrosankten Status erlangt hatte.

Aus heutiger Perspektive muten viele Prioritäten, die damals von der deutschen Politik gesetzt wurden, merkwürdig an: Statt sich mit ganzer Kraft dem Aufbau der neuen Bundesländer zu widmen und auf eine möglichst zügige Erweiterung der europäischen Gemeinschaft nach Osten hinzuwirken, statt die dringend notwendige Reform der Rente, des Gesundheitswesens, des Arbeitsmarkts und des Steuersystems anzugehen, statt das Land (das sich in einem magmatischen, noch formbaren Übergangszustand befand) in einen Innovationsmodus zu versetzen, wurde der Vertiefung der alten Europäischen Union und der Einführung einer nunmehr zum Symbol der Einigung erklärten Gemeinschaftswährung Vorrang eingeräumt.

Die Bundesregierung nahm dabei sogar in Kauf, dass sich Europa durch das Ausscheren Großbritanniens und Dänemarks (die auf eine Opting-in- beziehungsweise Opting-out-Klausel gepocht hatten) in eine Euro- und eine Nicht-Eurozone spaltete. Was der offiziellen Lesart zufolge Einheit und Einigkeit schaffen sollte, barg von Anfang an den Keim der Zwietracht, wenn nicht gar der Zerstörung in sich. Helmut Kohl, der Mann, der die beiden deutschen Staaten zusammenführte, trug auch die Deutsche Mark zu Grabe. Er willigte ein, ein bewährtes, stabiles und anerkanntes Zahlungsmittel durch ein experimentelles, potenziell instabiles und von Anfang an hoch umstrittenes zu ersetzen. Unbeabsichtigt pflanzte der Kanzler damit einen Spaltpilz ins Herz Europas. Für den großen Europäer Kohl liegt darin wahrlich etwas Tragisches.

Nachruf auf die D-Mark

Die D-Mark war jenes kleine Stückchen »Weltmacht«, das Deutschland nach 1945 ergattern konnte. Militärische Eroberungszüge hatten das Land in der ersten Jahrhunderthälfte in die Katastrophe geführt. Erst als sich die Deutschen nach dem Zweiten Weltkrieg halb freiwillig, halb gedrängt dar-

auf verlegten, Waren zu produzieren und auf einem freien Weltmarkt zu verkaufen, stellte sich der Erfolg ein – in Gestalt des »Wirtschaftswunders«. Eine noch größere Leistung als das Wirtschaftswunder war die Stabilität der
D-Mark, die lange vor anderen Währungen für niedrige Inflation stand, lange sogar bevor China als Deflationsmaschine das Preisniveau in den westlichen Staaten nachhaltig drückte. Ihr späterer Status einer zweiten Weltwährung hinter dem Dollar war der Deutschen Mark bei ihrer Geburt Ende
der Vierzigerjahre alles andere als vorherbestimmt gewesen. Zwischen dem
Ersten Weltkrieg und der Gründung der Bundesrepublik standen die Deutschen in der angelsächsischen Welt im Ruf, nicht mit Geld umgehen zu
können. Die D-Mark war das schwächste Zahlungsmittel Europas. Die Er-
folgsgeschichte der neuen deutschen Währung kam unerwartet und ging
viel weiter, als das 1948 irgendjemand zu träumen gewagt hätte.

Ein halbes Jahrhundert später lauteten bis zu 16 Prozent aller weltweiten
Devisenbestände auf D-Mark. Das deutsche Geld rangierte als Reservewährung zwar weit hinter dem Dollar, auf den rund zwei Drittel entfielen,
aber um Längen vor allen anderen Währungen. Der Anteil des Japanischen Yen lag zum Beispiel bei maximal sieben Prozent. Der Sterling, jene
einst ehrwürdige Weltwährung, die dem Geldsystem des 19. und frühen
20. Jahrhunderts ein festes Fundament gegeben hatte (und als Wertaufbewahrungsmittel in höchstem Ansehen stand), brachte es am Ende des
20. Jahrhunderts nur noch auf drei Prozent der Reserven. Der Aufstieg
der Mark zum weltweiten Wertaufbewahrungsmittel ist umso bemerkenswerter, als verschiedene Bundesregierungen einen solchen Reservestatus
der Mark gezielt zu unterbinden suchten.

Für das Selbstverständnis des neuen deutschen Staates war diese Stabilität der D-Mark von größter Bedeutung. Der Historiker Michael Stürmer
drückte das einmal so aus: Die stabile Währung sei den Deutschen wie
eine Erlösung von den Desastern ihrer Geschichte vorgekommen. »Die
D-Mark war nicht eine Währung, sie war Lebensform und Versprechen,
dass die Vergangenheit sich nie wiederholen würde.«[47] Der unerwartete und überwältigende Erfolg macht verständlich, warum die Deutschen
1999 und 2002, als der Euro die D-Mark zuerst als Buchgeld, dann in
Gestalt von Münzen und Banknoten ersetzte, so sehr trauerten und damit

die Behauptung von der deutschen Unfähigkeit zu trauern Lügen straften. Als es ernst wurde mit dem europäischen Geld, sprach sich immer noch mehr als die Hälfte der Bundesbürger dafür aus, die Mark zu behalten – trotz der blumigen Politikerworte, trotz der steuerfinanzierten Werbekampagnen und trotz eines fast optimalen weltpolitischen Umfelds. Aber, wie Stürmer fortfährt, es sei gerade dieser Erfolg gewesen, der die deutsche Währung ihre Existenz kostete. Wäre die D-Mark eine Weichwährung gewesen wie die Mark der frühen Weimarer Republik oder die italienische Lira, hätten Deutschlands Alliierte nach der Wiedervereinigung wohl kaum darauf gedrungen, sie in der europäischen Gemeinschaftswährung aufgehen zu lassen.

Die europäischen Nachbarn bekamen es mit der Angst zu tun: Durch die Vergrößerung des Währungsraums gestärkte Machtansprüche der Deutschen konnten der Idee eines geeinten Europas nicht guttun, argwöhnten sie. Vor allem: Wie weit mochte der monetäre Expansionismus der Deutschen gehen? Ohne die Einführung der gemeinsamen Währung war Osteuropa dazu prädestiniert, dem D-Mark-Block zuzufallen. Aller Voraussicht nach wäre das deutsche Geld in einem geografischen Raum vom Baltikum bis zum Balkan mindestens zur Parallelwährung avanciert. Dieses Gebiet hätte in etwa der deutschen (und habsburgischen) Einflusszone in der Zeit vor dem Versailler Vertrag von 1919 entsprochen, was bei manchem in Ost und West ungute Erinnerungen weckte. Ansätze für eine D-Mark-Zone gab es nach dem Fall des Eisernen Vorhang in der Tat. In den Nachfolgestaaten des ehemaligen Jugoslawiens verbreitete sich das deutsche Geld de facto als Zweitwährung. Bosnien, der Kosovo und Montenegro verwendeten die Mark sogar ganz offiziell als Zahlungsmittel. Der Euro stoppte den Drang des deutschen Geldes nach Osten.

Würdiger Erbe gesucht

Die »Eindämmung« des D-Mark-Imperiums war zweifellos ein, wenn nicht *der* Beweggrund für das Dringen Frankreichs und anderer europäischer Partner auf eine gemeinsame europäische Währung. Doch neben dieser aus deutscher Sicht vergangenheitsbezogenen Motivation, die

D-Mark im Euro aufgehen zu lassen, gab es auch zukunftsorientierte Beweggründe: Würde es gelingen, die Europawährung ebenso »hart« zu machen wie die D-Mark, hätte Europa diese deutsche Errungenschaft übernommen. Insgesamt hätte der Kontinent dann ein Mehr an Stabilität und Prosperität. Am Ende könnte Europa dann sogar mit einer Alternative zum Dollar als Reservewährung aufwarten – einer Alternative, für die es wegen des nicht selten erratischen Verhaltens des Greenback – Helmut Schmidt sprach einmal vom Dollar-Jo-Jo – innerhalb und außerhalb Europas durchaus Bedarf gab.

Gleichzeitig könnten auch deutsche Exporteure durchatmen, dass ihre europäischen Konkurrenten nicht mehr Rückenwind durch sich verbilligende Währungen bekämen. Es ließ sich durchaus ein Europageld vorstellen, das im deutschen Interesse lag oder zumindest im Interesse weiter Teile der deutschen Industrie.

Die Voraussetzung war allerdings, dass sich die Spielregeln des soliden Geldes auf Europa als Ganzes übertragen ließen. Wenn der Euro so fest wie die Mark oder sogar fester als die Mark sein sollte, wie die Kohl-Regierung nicht müde wurde zu betonen, dann mussten sich auch alle Mitglieder an die Regeln halten, die hartes Geld ausmachen, vor allem musste es eine unabhängige Zentralbank geben, verantwortlich handelnde Tarifpartner und solide öffentliche Haushalte. Würde die Einheitswährung diese Merkmale der Stabilität nicht tragen, könnte sie mehr Schaden als Nutzen anrichten. Aber waren Länder mit so unterschiedlichen Fiskaltraditionen wie Deutschland und Griechenland oder so unterschiedlichen Bevölkerungstrends wie Italien und Irland in einem Währungsraum zu vereinen? Nicht nur bei den Deutschen war die Skepsis groß. Ereignisse, die weniger als ein Jahr nach der Einigung von Maastricht stattfanden, sollten die Zweifel noch verstärken.

Die Schlacht um das Pfund

Das Jahr 1992 sollte als *annus horribilis*, als Katastrophenjahr, in die Geschichte des europäischen Währungsgefüges eingehen. Dabei hatte 1992 für die Anhänger einer europäischen Einheitswährung als Jahr des Triumphs begonnen. Am 7. Februar wurde der Vertrag von Maastricht vom Europäischen Rat unterzeichnet. Zum ersten Mal existierte jetzt ein konkreter und realistischer Zeitplan für die Einführung des kontinentalen Gelds. Und die Entwicklung der jüngsten Vergangenheit schien zu unterstreichen, dass Europa auf dem richtigen Weg war: In den vergangenen Jahren hatten sich immer mehr Länder dem Europäischen Währungssystem angeschlossen – Länder, die diese Festlegung zuvor stets vermieden hatten. Der wichtigste Beitritt zum Wechselkursmechanismus war der des störrischen Britischen Pfunds am 8. Oktober 1990, der als Meilenstein auf dem Weg zu einem integrierten Europa gefeiert wurde. Doch ausgerechnet dieser kapitale Zugewinn sollte das EWS nur wenige Monate nach der Unterzeichnung des Maastricht-Vertrags auf eine harte Probe stellen. Ereignisse im Herbst 1992 drohten alles in Jahren aufgebaute Vertrauen binnen weniger Wochen zunichte zu machen.

Während des Sommers hatte sich das Europäische Währungssystem zunehmenden Belastungen ausgesetzt gesehen. Im Kessel der festen Wechselkurse staute sich gewissermaßen Druck an. Dafür gab es zwei Gründe: Zum einen musste die deutsche Bundesbank, die wichtigste Zentralbank auf dem Kontinent, die Zinsen in ungeahnte Höhen schrauben. Die Frankfurter Währungshüter setzten den Diskontsatz auf 8,75 Prozent herauf. Aus Sicht der Bundesbank war diese Hochzinspolitik notwendig, um die inflationären Effekte der deutschen Wiedervereinigung zu dämpfen. Doch die hohen Zinsen zogen enorm viel Kapital nach Deutschland, was den Kurs der D-Mark an den Devisenmärkten einem Aufwertungsdruck, den der anderen EWS-Devisen einem Abwertungsdruck aussetzte. Die dem Währungssystem angeschlossenen Zentralbanken intervenierten, doch der Druck stieg weiter an. Das hatte mit dem zweiten Faktor zu tun, der politischen Unsicherheit jener Tage. Für den 20. September war in Frankreich ein Referendum über den Maastricht-Vertrag angesetzt. In einer ähnlichen Volksabstimmung hatten die Dänen im Juni gegen die Einführung der Einheitswährung optiert. Das war bereits ein Rückschlag gewesen, doch würden die Franzosen den Vertrag von Maastricht ebenfalls ablehnen, wären der Binnenmarkt und das Europageld tot.

Spekulanten nutzten diese Stunde der Schwäche, um diejenigen Währungen ins Visier zu nehmen, die am anfälligsten waren. Das waren die Zahlungsmittel jener Nationen, deren Volkswirtschaften besonders schwach dastanden und folglich besondere Probleme hatten, mit dem hohen Zinsniveau der Deutschen mitzuhalten: allen voran die Italienische Lira, der Französische Franc und das Britische Pfund.

Zu einer regelrechten Devisenschlacht entwickelte sich der Kampf um den Sterling, den altehrwürdigen Stammvater der europäischen Hartwährungen. Mit einer Arbeitslosenquote von neun Prozent und einer kippenden Konjunktur befand sich die britische Wirtschaft zu diesem Zeitpunkt in einer besonders kritischen Position. Gleichwohl gab die Regierung Ihrer Majestät die Parole aus, das Pfund um jeden Preis im EWS zu halten. Es ging ums Prestige, und es ging ums Prinzip. Eine Armee von Investoren hielt mit milliardenschweren Wetten an den Devisenmärkten dagegen. Die Spekulanten waren davon überzeugt, dass die Insel-Wirtschaft in einer viel zu schlechten Verfassung war, um die Hochzinspolitik durchzuhalten, und ohne hohe Zinsen konnte der Sterling unmöglich zum vereinbarten Kurs von 2,95 D-Mark im Wechselkursverbund gehalten werden.

Angeführt wurde die Investoren-Phalanx von dem Großspekulanten George Soros. Der Amerikaner ungarischer Abstammung war einer der Pioniere der Hedgefonds-Branche. Seit den Siebzigerjahren erzielte er mit seinem Quantum Fund traumhafte Renditen – für sich und einen erlauchten Kreis von Anlegern. Zu seiner Spezialität hatten sich groß angelegte Wetten gegen volkswirtschaftliche Ungleichgewichte entwickelt, die er dank seines etwas bombastisch Reflexivitätstheorie genannten Gedankengebäudes früher als andere zu erkennen glaubte. Diesmal also ging es gegen das Vereinigte Königreich.

Im September 1992 standen sich die Kontrahenten gleichsam Auge in Auge gegenüber. Die Bank of England pumpte Tag für Tag Devisen im Gegenwert von zig Millionen Pfund in den Markt, um den Sterling zu stützen. Sie schraubte den Leitzins auf zehn, dann auf zwölf Prozent nach oben, um ausländisches Kapital nach Großbritannien zu locken. Alles vergebens. Die Pfund-Pessimisten behielten die Oberhand. Es bereitete ihnen keine Mühe, immer neues Geld in die Schlacht zu werfen und gegen den Sterling zu mobilisieren. Zunehmend sah sich die Bank of England öffentlicher Kritik ausgesetzt, da ihre Stützungskäufe die Fremdwährungsreserven und damit britisches Volksvermögen dahinschmelzen ließen. Insgesamt rund 30 Milliarden Dollar wurden auf diese Weise verpulvert.[48] Die hohen Zinsen drohten die ohnehin angeschlagene Konjunktur vollends abzuwürgen. Am 16. September 1992, einem Mittwoch, unternahm London einen letzten verzweifelten Anlauf: Die Ankündigung einer brachialen Leitzinserhöhung auf 15 Prozent sollte die Märkte beruhigen. Als auch dieser Kraftakt keine Wirkung zeigte, blieb der Bank of England nur noch eins – die Kapitulation: Der Kurs der britischen Währung wurde aus dem EWS gelöst und freigegeben. Der 16. September ging als »Schwarzer Mittwoch« in die Annalen der britischen Währung ein. Während der Sterling in den folgenden Tagen und Wochen rund 15 Prozent zur Deutschen Mark abwertete, verdiente George Soros eine Milliarde Dollar und begründete damit seinen Ruf als »der Mann, der die Bank of England knackte«.

Mit ihrer unverfrorenen Attacke auf das Pfund war es Spekulanten gelungen, eine Devise aus dem europäischen Wechselkursverbund zu bomben. Die direkten und indirekten Konsequenzen waren enorm. Für die Briten war das Kapitel Wechselkursmechanismus damit beendet. Die Londoner City identifizierte als Schuldigen die deutsche Bundesbank, die nicht genug getan habe, um die Pfund-Notierungen zu stabilisieren und das europäische Währungssystem insgesamt zusammenzuhalten. Zurück blieben Verstimmung und Misstrauen, was dazu beitrug, dass London dem Projekt Währungsunion fortan äußerst kritisch gegenüberstehen sollte. Eine weitere Folge des Angriffs auf das Pfund mutet paradox an: Ungeachtet des Prestigeverlusts konnte die Inselökonomie in den Jahren nach 1992 von der Abwertung profitieren. Der billigere Sterling machte die britische Wirtschaft wettbewerbsfähiger und ermöglichte kräftigeres Wachstum, als es zum Beispiel die deutsche Ökonomie vorzuweisen hatte, wenngleich auf Kosten einer höheren Inflation. Unabsichtlich hatte George Soros, der ungekrönte König der Wall Street, der insularen Monarchie vor Europas Nordwestküste einen Gefallen getan. Das Ausscheiden aus dem EWS beschleunigte zudem einen Prozess, der sich bereits in den Achtzigerjahren unter Margaret Thatcher angedeutet hatte: Großbritannien orientierte sich wieder stärker transatlantisch. Wirtschaftlich und politisch driftete das Vereinigte Königreich nach dem Schwarzen Mittwoch von Europa weg. Die Zeit des Flirtens mit dem Kontinent war vorbei.

Mit dem 16. September 1992 endete der Angriff auf das Britische Pfund, nicht jedoch der auf das europäische Währungsgefüge. Während die Briten tief durchatmen konnten, drohte anderen schwachen Währungen des EWS das gleiche Schicksal wie dem Sterling. Vor allem die Lira und der Franc blieben unter Beschuss. Nun, mit einiger Verzögerung, reagierten die Europäer: Um Italienern und Franzosen dieselbe Schmach zu ersparen wie den Briten, erweiterten sie die erlaubte Schwankungsbreite auf 15 Prozent nach oben und unten. Das kam einer De-facto-Freigabe der Wechselkurse gleich. Dreizehn Jahre nach der Gründung des Europäischen Währungssystems standen die Geld- und Finanzpolitiker vor einem Scherbenhaufen.

Doch wie so oft erwies sich das Prinzip Europa als langlebiger als seine Begräbnisredner. Immerhin blieben das Europäische Währungssystem und seine Institutionen, so verdüstert sich die Zukunft aus der Perspektive des Jahres 1992 auch präsentieren mochte, intakt. Bald schöpften die Anhänger einer Gemeinschaftswährung neue Kraft. Sie trösteten sich damit, dass in den Jahren 1992/93 extreme Bedingungen geherrscht hätten. Das ganze Chaos resultierte aus der deutschen Vereinigung und der Hochzinspolitik der Bundesbank. Ja, es wurde sogar argumentiert, dass Turbulenzen wie die von 1992 durch das gemeinsame Geld unmöglich gemacht werden würden. Die Reise in Richtung Einheitswährung wurde fortgesetzt. Jetzt erst recht, volle Kraft voraus, lautete die Devise.

Die schöne Mär von der Konvergenz

Brüssel wäre nicht Brüssel, hätte sein riesiger Apparat nicht zahlreiche Beweggründe für die Einführung des Euro gefunden, die die Skeptiker überzeugen und die Kritiker besänftigen sollten. Die gemeinsame Währung würde den Binnenmarkt vertiefen, die Kostentransparenz für Verbraucher erhöhen, die Exportindustrie stärken und die Finanzierungskosten senken. All diese Argumente klangen plausibel und sind es. Doch die positiven Effekte würden sich nur dann zum Nutzen Europas entfalten, wenn der Währungsraum hinreichend einheitlich war. Ohne diese Voraussetzung konnte aus dem Vorteil leicht ein Nachteil werden. Denn mit dem veränderlichen Wechselkurs geht eine entscheidende Stellschraube verloren, volkswirtschaftliche Ungleichgewichte zu regulieren.

Nach der Abschaffung nationaler Währungen kann zum Beispiel das Wachstums- und Produktivitätsgefälle zwischen verschiedenen Volkswirtschaften, zum Beispiel Deutschland und Griechenland, nicht mehr so leicht ausgeglichen werden. Auch Handelsdefizite oder -überschüsse sind schwerer zu adressieren. Die Zentralbank steht vor der Herkulesaufgabe, eine Geldpolitik zu machen, die den Flexiblen und den Trägen, den Großen und Kleinen, den Jungen und Alten in ihrer Obhut gleichermaßen gerecht wird. Dieser Verlust an ökonomischen Freiheitsgraden ist nicht so leicht zu beziffern, wie die Ersparnisse durch wegfallende Devisentauschgeschäfte. Doch in Extremsituationen können ein Fehlen oder Vorhandensein dieser Freiheitsgrade existenziell sein – wie die Finanzkrise später zeigen sollte.

Trotz dieser Bedenken gewann die europäische Währung in den Neunzigerjahren eine zunehmende Akzeptanz in der Bevölkerung, wenngleich die Zustimmungsquote in Deutschland nicht in die Nähe einer klaren Mehrheit kam. Diese überraschende Popularität hatte mehrere Gründe. Beim Treffen des Europäischen Rats im Dezember 1995 hatte das gemeinsame Geld endlich einen Namen erhalten. Die Europapolitiker entschieden sich für einen Vorschlag des deutschen Finanzministers Theo Waigel: »Euro« sollte die Einheitswährung heißen. Nun wurde den Europäern bewusst, dass es ernst wurde. Wissend, was in der Frage auf dem Spiel stand, warfen die EU-Staatsmänner ihr politisches Gewicht in die Waagschale, um das Projekt Wirklichkeit werden zu lassen. Keine europäische Integration ohne gemeinsames Zahlungsmittel, lautete ihre Parole. Der Euro, das war Europa.

Die Verbindung von Euro und Europa war einerseits geschickt und andererseits ruchlos. Geschickt, weil sich mit der Idee Europa zumindest in den Neunzigerjahren noch Rückhalt mobilisieren ließ. Ruchlos, weil ein simpler rhetorischer Trick die Wahrheit verschleierte: Natürlich konnte man ein guter Europäer sein und trotzdem die Kunstwährung Euro ablehnen. Deutsche Politiker reizten diese Argumentation besonders stark aus und suggerierten, dass der Euro ein erster unabdingbarer Schritt zu einer politischen Union sei. Helmut Kohl stilisierte den Euro gar zu einer Frage von Krieg und Frieden hoch.[49] Als Historiker hätte der Kanzler freilich wissen können, dass weder ein einheitliches Geld einen Bürgerkrieg ausschloss noch dass eine politische Union eine Währungsunion voraussetze. In den USA hatten sich Nord- und Südstaaten 1861 trotz des gemeinsamen Dollars aufeinander gestürzt – die Spaltung in eine Greenback- und Grayback-Zone folgte auf den Ausbruch des Sezessionskriegs. Und im von Bismarck 1871 geeinten Deutschen Reich zirkulierten noch Jahre nach der Staatsgründung verschiedene Währungen nebeneinander.[50]

Neben dem massiven Aufgebot an politischer Rhetorik wirkte auch der Zeitgeist zugunsten der europäischen Währungsunion. Der Euro ist, das hebt sich im Nachhinein deutlicher ab als in jener Zeit der Entscheidung, ein typisches Kind der Neunzigerjahre. Eine gewisse Parallele zum Börsenboom am Neuen Markt drängt sich auf. In keiner anderen Dekade des 20. Jahrhunderts hätte sich eine solch große Anzahl von Entscheidern in einer so großen Zahl von Ländern von einem Projekt wie der Europawährung überzeugen lassen. Nicht nur die Deutsche Regierung ließ sich dazu hinreißen, auch in anderen Ländern der EU überwog die Hinnahme und teilweise sogar Hingabe an das Experiment die kritischen Stimmen. In gewisser Weise verschmolzen in den Neunzigern die Aufbruchsstimmung der Fünfziger, der Idealismus der Sechziger und die Probierfreude der Siebziger miteinander, nicht zu vergessen die Gier der Achtziger. Die Neunzigerjahre waren die Jahre des »Hype«, die Ära, in der sich Millionen Menschen vorgaukeln ließen, dass Internet-Unternehmen quasi endlos wachsen könnten und eben auch dass sich so unterschiedliche Staaten wie Deutschland und Spanien (oder später Griechenland) in einer Währungsunion vereinigen ließen. Wenn die »New Economy« das Fetischwort der Anleger am Neuen Markt war, dann war es für die Euro-Anhänger der Begriff »Konvergenz«.

Konvergenz war das Zauberwort, das am Ende auch viele Zweifler für die neue europäische Währung einnahm. Frankreich hatte in den Achtzigerjahren bewiesen, dass auch solche Länder zu einer soliden Finanzpolitik gelangen konnten, die vorher lange einen lockereren Umgang mit der Preisstabilität betrieben hatten. Warum also sollten mit ein wenig Ermunterung nicht auch Italien, Portugal oder Griechenland diesen Weg gehen? Spanien hatte seit den Achtzigerjahren einen atemberaubenden wirtschaftlichen Aufholprozess zu Mitteleuropa hingelegt. Warum sollten sich nicht alle weniger entwickelten EU-Staaten an der Peripherie den Wohlstandsniveaus des Zentrums annähern? Wenn diese Angleichung der Lebensverhältnisse mit ein wenig Finanzhilfe über Brüssel zu bewerkstelligen ist, dann würde Europa eine viel einheitlichere Wirtschaftsregion abgeben: Wechselkursanpassungen, Transferzahlungen oder Wanderungsbewegungen von Arbeitnehmern wären dann nicht mehr nötig. Europa würde zum homogenen Währungsraum verschmelzen. Es wäre bereit für das gemeinsame Geld.

Im Idealfall würde der Euro diesen Prozess sogar beschleunigen. Könnten sich die Euro-Randländer künftig zu niedrigeren Zinsen finanzieren, würde sich daraus für deren Bevölkerungen ein Wohlstandsgewinn ergeben. Die zusätzliche Nachfrage aus der Peripherie könnte dann auf den Kern zurückwirken und im Ergebnis allen mehr Prosperität bescheren: Griechen, Portugiesen, Deutschen, Iren. Dank des Euro würden die Europäer zu einer großen und noch größer werdenden Familie zusammenwachsen und bis ans Ende aller Tage glücklich miteinander leben. Die Konvergenz war die europäische Version von Francis Fukuyamas *Ende der Geschichte*, ein schönes Märchen, dem viele Menschen am Vorabend der Jahrtausendwende, zu Beginn des neuen Säkulums, nur allzu gern Glauben schenken wollten.

Kriterien und Kritik

Garantiert und befördert werden sollte die Konvergenz durch die Kriterien, die im Maastricht-Vertrag festgeschrieben wurden. Um Mitglied im Klub der Euroländer werden zu dürfen, sollte jeder Staat erst seine fiskalische Tugendhaftigkeit nachweisen, so die Idee. Auf diese Weise würde nicht nur eine Annäherung der Volkswirtschaften gewährleistet, es würde auch von vornherein ausgeschlossen, dass die finanzielle Liederlichkeit eines Mitgliedslandes die übrigen Klubmitglieder kompromittiert. Im Einzelnen schrieben die Konvergenzkriterien vor, dass das Haushaltsdefizit 3 Prozent und die Gesamtverschuldung 60 Prozent des Bruttoinlandsprodukts nicht überschreiten darf. Ergänzende Bedingungen für eine Aufnahme in die Währungsunion waren, dass die Inflation maximal 1,5 Prozentpunkte und der langfristige Zins maximal 2 Prozentpunkte über dem Wert der drei preisstabilsten EU-Länder lagen. Darüber hinaus musste sich der Wechselkurs im Europäischen Währungssystem in den zwei Jahren vor dem geplanten Beitritt stabil verhalten. Für strenge Kriterien hatte sich namentlich die deutsche Regierung mit Finanzminister Theo Waigel (CSU) starkgemacht. Aller Euro-Vision zum Trotz wusste Waigel, dass er den Wählern zu Hause die Währungsunion nur würde schmackhaft machen können, wenn das Europageld zumindest den Anschein erweckte, ähnlich stabil zu sein wie die D-Mark.

Als Starttermin der europäischen Währung hatte der Vertrag von Maastricht den Zeitraum von Anfang 1997 bis Anfang 1999 festgelegt. Doch je näher der Termin rückte, desto stärker wurden bei den Regierungen die Bedenken, dass haushälterische Sorglosigkeit in einzelnen Ländern die Glaubwürdigkeit der gesamten Währung untergraben könnte. Deshalb legte der von Deutschland angeführte Block der Hartwährungsländer nach: Zwei der Maastricht-Kriterien, die Verschuldungs- und die Defizitobergrenze, sollten nicht nur Voraussetzung für die Zulassung zur Währungsunion sein. Sie sollten von allen Eurostaaten dauerhaft eingehalten werden müssen. Bei Nichtbeachtung drohten Strafzahlungen, die – zumindest theoretisch – recht empfindlich ausfallen konnten. Dieser 1996 beschlossene Stabilitäts- und Wachstumspakt war als eine Art Grundgesetz für die Währungsunion gedacht und sollte dem Manko entgegenwirken, dass dem Euro, anders als zum Beispiel dem amerikanischen Dollar, keine gemeinsame Finanzpolitik zugrunde liegt. Wenn der Euro schon kein stabiles Rückgrat ähnlicher Wirtschaftsstrukturen hatte, sollte er zumindest ein Außenskelett aus klaren Regeln bekommen.

In den Neunzigerjahren schienen die ökonomischen Daten an allen Fronten zu bestätigen, dass Europas Volkswirtschaften konvergierten. Während Deutschland nach dem Wiedervereinigungsboom eine bleierne Zeit der Quasi-Stagnation erlebte (nicht zuletzt infolge des von Kohl zu hoch angesetzten Umtauschkurses von Ost- zu West-Mark), legten die Ökonomien am Rand fast schon mit dem Tempo asiatischer Emerging Markets zu: Die Lohn- und Preisniveaus in Europa glichen sich an, ebenso die Pro-Kopf-Einkommen. Noch wichtiger aber war, dass auch die Inflationsraten konvergierten. Das Konzept der Stabilität schien sich auch in Ländern durchzusetzen, die früher als liederliche Haushälter verschrien waren: Italien, Spanien, zuletzt sogar Griechenland gelang es, den gefräßigen Drachen Geldentwertung niederzuringen.

Damit war den Gegnern des Euro ein wichtiges Argument aus der Hand geschlagen: Je homogener der europäische Wirtschaftsraum war, desto größer die Chance, dass die gemeinsame Währung ohne weitere Interventionen oder Geldtransfers würde funktionieren können. Und gerade Letzteres – noch mehr Zahlungen nach Brüssel – wäre vor allem den Deutschen sehr schwer schmackhaft zu machen gewesen. Die Bundesbürger stöhnten zu dem Zeitpunkt bereits unter den finanziellen Lasten, die der Aufbau der neuen Bundesländer ihnen abverlangte, und ahnten überdies, dass die sich abzeichnende Aufnahme neuer EU-Mitgliedstaaten im Osten nicht zum Nulltarif zu haben sein würde.

Mahner und Zweifler

Trotz der insgesamt positiven Stimmung mangelt es in den Jahren vor der Einführung der Einheitswährung nicht an Warnsignalen: Um die Konvergenzkriterien zu erfüllen, griffen viele Regierungen tief in die fiskalische oder statistische Trickkiste. Frankreich nutzte Einmalerlöse aus der Privatisierung von Staatsunternehmen, um seine Neuverschuldung unter drei Prozent zu drücken, Italien führte für das entscheidende Jahr eine Sondersteuer ein, die allerdings voll rückzahlbar war und den Staatshaushalt unter dem Strich also keinen Deut sanierte. Aber auch Deutschland hatte große Mühe, die selbst propagierten Stabilitätskriterien zu erreichen. Kurz vor dem für den 1. Januar 1999 angesetzten Start der Währungsunion forderten 155 deutschsprachige Ökonomen die nunmehr nach Berlin umgezogene Bundesregierung auf, den Start des Euro-Projekts wegen solcher Ungereimtheiten zu verschieben. Die Politik beschwichtigte und versicherte, dass der Euro nur Vorteile haben würde. Das war eine gewagte Behauptung. Und es war auch ein gewagtes Experiment, in das die Politiker Europa führten.

Entsprechend groß war die Spannung vor der Aufnahme des Handels mit der neuen Währung. Anders als Politiker, die ihre Lieblingsprojekte mit rosigen Worten zu schmücken verstehen, sprechen Devisenhändler eine unverblümte Sprache: Über vorhandene oder mangelnde Substanz einer Wirtschaftspolitik urteilen sie mit einer zackigen Bewegung ihres Zeigefingers, per Mausklick kaufen oder verkaufen sie Währungen in Millionenhöhe. Deckt sich die Einschätzung der Händler mit denen der Finanzminister und Notenbanker, werden sie »Investoren« genannt, halten die Händler hingegen die Aussichten für weniger günstig als die Politik, heißen sie »Spekulanten«. Das alles ändert nichts daran, dass es keine offene Weltwirtschaft ohne Devisenhandel gäbe. Nahezu jeder grenzüberschreitenden Waren- und Dienstleistungstransaktion steht ein Währungsgeschäft gegenüber. Dazu kommen täglich Myriaden von Devisenkäufen und -verkäufen, denen kein Güteraustausch zugrunde liegt, die aber als Gradmesser für die Attraktivität einer Währung oder eines Währungsraums im Vergleich zu anderen fungieren. Devisennotierungen sind eine unschätzbare Informationsquelle über den Zustand und die Zukunft der Volkswirtschaften auf dem Globus. Der Kurs einer Währung lässt sich wie eine Fieberkurve lesen.

Das ließ die Europäer kurz vor der Euro-Einführung den Atem anhalten. Mochten Politiker das Europageld noch so sehr schöngeredet haben, das Urteil der internationalen Devisenhändler würde einen starken Hinweis darauf geben, ob die neue Währung angenommen wurde oder nicht.

Schön- und Schlechtwetterjahre

Holprige Anfänge

Kurz nachdem die europäische Währung im Januar 1999 erstmals als Buchgeld gehandelt wurde, begann der Kurs zu bröckeln. Ironischerweise wurden die ersten Euros nicht in Frankfurt, Paris oder wenigstens der europäischen Finanzmetropole London notiert, sondern in Sydney. Die Australier waren die ersten, die nach Silvester, Neujahr und dem direkt folgenden Wochenende am 4. Januar 1999 an ihre Schreibtische zurückkehrten und den feiertagsbedingt unterbrochenen Devisenhandel wieder aufnahmen. Die Erstnotiz des Euro lag bei 1,1747 Dollar. Zeitweise stieg der Wert des Neulings an jenem Tag sogar auf knapp 1,19 Dollar. Das waren respektable Kurse für den Währungsnovizen. Europas Hauptstädte waren in Feierlaune. Doch schon bald war es vorbei mit der schulterklopfenden Glückseligkeit der europäischen Geldpolitiker.

Während die Börsen in Frankfurt, Paris und Rom boomten und die Manie am Neuen Markt ihrer hybriden Klimax entgegen strebte, hatte der Euro bereits alle Mühe, sich zu behaupten. Sicherlich war es nicht hilfreich, dass das Jahr 1999 einen sich zuspitzenden Konflikt um die frühere jugoslawische Provinz Kosovo sah. Alle Welt konnte gleichsam am Fernsehbildschirm miterleben, wie sich die Europäische Union erfolglos mühte, die militärische Konfrontation in ihrem geografischen Hinterhof abzuwenden. Schlimmer noch: Der Balkankonflikt ließ alte Gräben zwischen Paris, London und Berlin wieder aufbrechen. Um den Krieg im zerfallenden Exjugoslawien einzudämmen, mussten die Europäer schließlich wie in einem schlechten Hollywoodfilm amerikanische Militärhilfe anfordern. Wirtschaftlich schien der Kontinent zu prosperieren, aber politisch machte er einen hilflosen Eindruck. Europa erinnerte an einen neurotischen Elefanten.

Im Dezember 1999 fiel der Euro erstmals unter die Parität zum Dollar. Wie so häufig an den Märkten löste das Unterschreiten dieser psychologisch wichtigen Marke weitere Verkäufe aus. Als der Euro auf 0,85 Dollar abgesackt war, griffen Befürchtungen um sich, die schwache Europawährung könne die Weltwirtschaft destabilisieren. (In Wahrheit fürchteten wohl vor allem amerikanischen Exporteure, durch die billiger produzierenden Europäer aus dem Geschäft gedrängt zu werden.) Unterstützt durch die Zentralbanken Japans und Amerikas intervenierte die Europäische Zentralbank zugunsten des europäischen Geldes. Sie kaufte Euro am Markt und stabilisierte damit den Kurs – allerdings nur vorübergehend. Die Währungshüter konnten nicht verhindern, dass die Notierungen weiter abrutschten und Ende des Jahres 2000 schließlich bei 0,8225 Dollar ein historisches Tief markierten. Seit seiner Einführung hatte der Euro nunmehr 30 Prozent an Wert verloren.

Doch dann wendete sich das Blatt. Es kam wie so oft an den Märkten: Wenn ein Trend gebrochen ist, kehrt er sich ins Gegenteil um. Die Devisenhändler besannen sich darauf, dass die Volkswirtschaft, deren Währung sie dem Europageld vorgezogen hatten, die amerikanische nämlich, ebenfalls nicht vor Gesundheit strotzte. Vielleicht war der Euro ein Einäugiger mit Krückstock, der Dollar jedoch brauchte schon zwei Krücken. So begann der Kurs langsam, aber sicher zu steigen. Nun kamen die Schönwetterjahre der Gemeinschaftswährung, in denen die Europäer einen festen Kurs des Euro als Beleg für die Solidität des Euro-Gefüges und das Funktionieren der Union nahmen. Eine etwas voreilige Schlussfolgerung, wie sich noch zeigen würde.

Griechische Paradoxien

Zuweilen tritt an den Börsen der paradoxe Zustand ein, dass ein absurd hohes Bewertungsniveau von der Mehrheit der Akteure für normal gehalten wird. In aller Regel ist das ein Alarmsignal. So war es bei den astronomischen Kursen von Technologieaktien zur Jahrtausendwende, und so war es auch Mitte der neuen Dekade am europäischen Rentenmarkt. Um das Jahr 2005 stand die Konvergenzidee unter Volkswirten und Investoren in höchster Blüte. Wenn es in der europäischen Währungsunion noch ein Wohlstandsgefälle gab (und das gab es definitiv), dann schien es der Euro mit großer Geschwindigkeit zu nivellieren. Was Europas Südstaaten an modernen, international wettbewerbsfähigen Industrien mangelte, machten sie durch starken Konsum, dynamische Bautätigkeit und hohes Wachstum wett. Auch die Staatsfinanzen und Inflationsraten hatten sich so weit angenähert, dass der Euroraum Beobachtern so »harmonisiert« wie noch nie erscheinen musste.

Wenn sich die Euroländer gewissermaßen auf dem Weg zur vollkommenen Harmonie befanden und überdies dieselbe Währung hatten, fragten sich Investoren, warum sollten sie für ihre Anleihen dann noch unterschiedlich hohe Zinsen zahlen. Diese Frage zu stellen, hieß gleichzeitig, sie zu beantworten. Ergo machten sie sich in den Jahren nach der Einführung der Gemeinschaftswährung daran, höher verzinsliche, mutmaßlich unterbewertete Staatsanleihen aufzukaufen. Der Kaufdruck war umso stärker, als diese Jahre ohnehin eine Liquiditätsflut sahen: Viel, sehr viel Geld befand sich auf der Suche nach Anlagemöglichkeiten. Das durchaus absehbare Ergebnis war, dass sich die Risikoaufschläge in der Eurozone extrem annäherten. Nicht absehbar war, wie weit diese Angleichung gehen würde. Die Börsen waren in dieser Hinsicht für eine Überraschung gut.

In einem funktionierenden Markt erfüllen Risikoprämien eine wichtige Doppelfunktion: Sie schützen und informieren. Steigen die Aufschläge (in der Fachsprache »Spreads« genannt), signalisiert das dem Schuldner, dass die Marktteilnehmer eine Verschlechterung seiner finanziellen Gesundheit diagnostizieren. Aus Sicht des Gläubigers stellt die Prämie einen Ausgleich für das erhöhte Ausfallrisiko dar. Begibt ein notorisch unter Umstrukturierungsbedarf stehendes Unternehmen eine Anleihe, muss es dafür mehr Zins bieten als ein grundsolider Konzern. Ebenso verhält es sich bei Staaten: Zapft eine politisch und wirtschaftlich um Halt ringende Bananenrepublik den Kapitalmarkt an, muss sie Investoren mit einer höheren Rendite locken als ein Land, das als Hort der Stabilität bekannt ist. Fiskalische und ökonomische Anfälligkeit sollte sich in höheren Prämien niederschlagen, haushälterische Disziplin und strukturelle Stärke in niedrigeren. So zumindest die Theorie.

Im Falle der Europäer aber versagte die Warnfunktion des Marktes. Im Jahr 2005 hatten sich die Renditen deutscher und griechischer Staatsanleihen nahezu vollständig angenähert. Beide Länder mussten für fünfjährige Staatsanleihen das Gleiche zahlen, nämlich rund dreieinhalb Prozent. Nur ein einziges Basispünktchen mehr – 0,01 Prozentpunkte – verlangten Investoren zeitweise als Risikoausgleich dafür, dass sie ihr Geld dem griechischen und nicht dem deutschen Finanzminister liehen. Zur Ehrenrettung der Akteure muss gesagt werden, dass die Bundesrepublik Deutschland in dieser Zeit nicht gerade als der finanzpolitische Musterknabe Europas auffiel. Nach jeder Menge Polit-Gezeter, das es in den Neunzigerjahren (unter den meist mürrischen Augenbrauen des deutschen Finanzministers Theo Waigel) um den Wachstums- und Stabilitätspakt gegeben hatte, riss die Bundesrepublik die Defizitgrenze des Paktes von 2002 bis 2005 viermal in Folge.

Allerdings bildeten Bundesanleihen, unter Devisenhändlern kurz »Bunds« genannt, in Europa seit Jahrzehnten die Messlatte (Benchmark) und sollten daher einen gewissen Wertaufschlag genießen, ebenso wie es jenseits des Atlantiks für US-Treasuries selbstverständlich ist. Außerdem hatte sich Deutschland in den Jahrzehnten nach dem Zweiten Weltkrieg einen internationalen Ruf als erstklassiger Schuldner erworben. Unter Konrad Adenauer war die Bundesrepublik für die alten Schulden des Deutschen Reiches eingestanden, darunter sogar Reste alter Reparationsverpflichtungen aus dem Versailler Vertrag. Die Bundesrepublik hatte Zinsen und Tilgungen immer fristgemäß geleistet, obwohl das den jungen Teilstaat vor beträchtliche Belastungen stellte.

Griechenland hingegen hatte noch in den Neunzigerjahren mit zweistelligen Inflationsraten zu kämpfen und war in der Vergangenheit nicht gerade als verlässlichste Schuldnernation in Erscheinung getreten. Die Harvard-Ökonomen Carmen Reinhart und Kenneth Rogoff haben ausgerechnet, dass der hellenische Staat mehr als die Hälfte aller Jahre seines Bestehens in Zahlungsverzug war.[51] Griechenland erlangte seine Unabhängigkeit vom Osmanischen Reich 1830. Doch nicht nur die Geschichte hätte Anleger zur Vorsicht mahnen müssen: Bereits Ende 2004 wies die europäische Statistikbehörde Eurostat darauf hin, dass Athen beim Beitritt zur Währungsunion falsche Zahlen zu seiner Finanzsituation angegeben hatte. In Wahrheit waren die Defizite so hoch gewesen, dass sich das Mittelmeerland, gemessen an den Maastricht-Kriterien, nie für den Euro qualifiziert hätte. Im Klartext: Griechenland hatte sich die Mitgliedschaft im Klub erschwindelt. Doch nachdem es einmal mit dabei war, schien daran niemand mehr groß Anstoß zu nehmen.

Was dem gesunden Menschenverstand hätte Warnung sein müssen, kam bei professionellen Anleiheinvestoren offenbar nicht an. Wie also konnte es dazu kommen, dass es in den Jahren nach der Jahrtausendwende einen Run auf griechische Obligationen gab? Warum waren Investoren 3,75 Prozent Zinsen von Griechenland ebenso recht wie 3,66 Prozent Zinsen von Deutschland?

Eine ganz praktische Ursache war, dass die Europäische Zentralbank die Anleihen sämtlicher Eurostaaten gleichberechtigt als Sicherheit akzeptierte, ungeachtet der länderspezifischen Bonitätsunterschiede. Banken in der gesamten Währungsunion wurden dazu animiert, im großen Stil Schuldtitel der Peripherieländer auf ihre Bücher zu nehmen – eben weil diese ein paar Renditepünktchen mehr abwarfen als die deutschen. Ein anderer Grund lag in einem scheinbar neuen Paradigma, das auf die New Economy folgte, dem der New Safety. Im Millenniumcrash waren Aktien als riskant entlarvt worden, während Festverzinsliche, vor allem Staatspapiere, als der ultimative sichere Hafen galten. Sowohl in der breiten Anlegerschaft als auch bei professionellen Investoren war der Bedarf nach (vermeintlich) sicheren Anleihen groß. Zugegeben, die Rendite war nicht hoch, dafür gab es jedoch praktisch kein Risiko: Die Inflation galt als besiegt, und die öffentlichen Finanzen wurden wenn nicht als solide, so doch zumindest nicht als gefährlich unsolide wahrgenommen. Die Eigenkapitalvorschriften des Baseler Ausschusses für Bankenaufsicht, in der Branche kurz Basel II genannt, verstärkten das Spiel mit Euroland-Staatsanleihen, indem sie diese per se in die Kategorie sichere Investments einordneten, ungeachtet des Emittenten.[52] So verflocht sich das gesamte Kreditwesen der Währungsunion zu einem großen finanziellen Komplex. Die europäische Einigung, die auf politischem Gebiet schon lange stockte, wurde zumindest für Banker Realität. Doch diese europäische Kreatur hatte auch eine dunkle Seite: Ähnlich wie bei den schlecht oder gar nicht besicherten amerikanischen Schrotthypotheken schlummerten wahre

Bomben in den Bilanzen der Institute. Kaum jemand in den Vorstandsetagen schien sich der Gefahren bewusst zu sein.

Zwar hatte die Welt in den zurückliegenden Jahren mit Russland 1998 und Argentinien 2001 zwei spektakuläre Staatspleiten erlebt. Doch das waren außereuropäische Länder, *Emerging Markets*, Westeuropa hatte in den Siebzigerjahren zum letzten Mal Regierungen in Finanznöten gesehen. Und seither, so die allgemeine Auffassung, hatten Finanzpolitiker einen langen Lernprozess hinter sich gebracht. Am Kapitalmarkt war das Märchen von der ultimativen Konvergenz Wirklichkeit geworden. Und für die Banken war dieses Konvergenzistan ein Schlaraffenland. Der Schönheitsfehler war nur, dass es ein Schlaraffenland auf Pump war – ein Schimäristan.

Beben in Konvergenzistan

Griechenland stand für eines der vielen Wirtschaftswunder am Rande Europas, es war eines der Märchen, die die Europäische Union schrieb. Ähnlich wie Spanien, Portugal oder Irland hatte auch Griechenland gezeigt, dass die Mitgliedschaft im Klub der Europäer aus einem früheren Armenhaus des Kontinents in wenigen Jahrzehnten eine florierende Wirtschaftsnation machen konnte. Mitte des ersten Jahrzehnts des 21. Jahrhunderts war dieses Märchen praktisch bis zum letzten Satz: »… und sie lebten glücklich und zufrieden …« erzählt. Doch enden Märchen normalerweise an dieser Stelle, während die griechische Geschichte weiterging.

Nach der Übernahme des Euro 2001 – Griechenland schloss sich der Währungsunion zwei Jahre später an als die übrigen Staaten – begann sich die realwirtschaftliche Annäherung in wichtigen Punkten zu verlangsamen oder auf gefährliche Weise ins Gegenteil zu verkehren. Erst schleichend, dann immer schneller schwand die Fähigkeit des Landes dahin, sich im weltwirtschaftlichen Umfeld zu behaupten.

Die Wettbewerbsfähigkeit einer Nation auf den weltweiten Märkten wird durch eine Vielzahl von Faktoren bestimmt. Die vielleicht wichtigsten sind der Wechselkurs und die Lohnkosten. Nachdem Griechenlands Produktivität in den vergangenen Dekaden beträchtliche Fortschritte gemacht hatte, fiel das Mittelmeerland im neuen Jahrhundert zurück. Die Produktivität wuchs weiterhin, aber sie wuchs weniger schnell als die Löhne. In früheren Zeiten hätten die Südländer diese Verschlechterung ihrer Konkurrenzfähigkeit durch eine Abwertung der Drachme ausgeglichen. Aber seit der Euro-Übernahme hatten sie kaum noch eine Handhabe für den Wechselkurs. Da sich die Hellenen ihre Konsumlaune dadurch nicht verderben ließen, wuchsen die Einfuhren beträchtlich über die Ausfuhren hinaus. Griechenland verzeichnete kontinuierlich Handelsdefizite, die ihrerseits durch Kapitalimporte ausgeglichen werden mussten. So begann der Ägäis-Staat, sich immer mehr Geld im Ausland zu leihen.

Anfänglich wirkte das nicht weiter beunruhigend, denn durch die Mitgliedschaft in der Währungsunion konnte sich Athen an den Kapitalmärkten so günstig Geld besorgen wie noch nie. Der niedrige Eurolandzins schien die Griechen zum Schuldenmachen geradezu einzuladen. Umgekehrt waren deutsche und französische Kreditinstitute heilfroh, die viele Liquidität der fleißigen Sparer gewinnbringend verleihen zu können. Zusammen mit den nicht geringen Transferzahlungen aus dem Kohäsionsfonds dopte das billige Geld die hellenische Wirtschaft. In den Jahren nach der Euro-Einführung gehörte Griechenland trotz seiner schwindenden Wettbewerbsfähigkeit zu den am schnellsten wachsenden Ökonomien des Kontinents. Investmentstrategen sprachen großspurig vom Wirtschaftswunder in der Ägäis. Hellas wurde zum Brückenland zwischen Europa und der vielversprechenden Türkei stilisiert. An der Athener Börse vervierfachten sich die Kurse binnen zwei Jahren.

Die Gemeinschaftswährung schuf ihre eigene Blase. Die ägäische Scheinblüte, die auf den ersten Blick wie eine Bestätigung aller Hoffnungen wirkte, die mit dem Euro verknüpft waren, zeugte bei näherem Hinsehen von dessen unbeabsichtigt destruktiver Seite. Indessen gab es für Athen, um mit einem Buchtitel zu sprechen, keine Schulden ohne Sühne.

Ähnlich erging es anderen Ländern der Euro-Peripherie: Auch in Portugal, Irland und Spanien stiegen die Löhne schneller als die Produktivität. Auch diesen Ländern war es nicht mehr möglich, die Landeswährung zum Ausgleich zu verbilligen, wie sie es früher getan hatten. Und auch diese Länder narkotisierten ihren Verlust an Wettbewerbsfähigkeit mittels Schulden, seien es staatliche oder wie im Falle Spaniens private. In ihrer europäischen Glückseligkeit entwickelten die Iberer eine geradezu amerikanische Lust am Konsum auf Kredit. So schaffte es das 47 Millionen Einwohner zählende Königreich, das in absoluten Zahlen zweithöchste Handelsdefizit der Welt aufzutürmen, übertroffen nur von dem der Vereinigten Staaten, deren Bevölkerung mehr als sechs Mal und deren Volkswirtschaft fast neun Mal so groß ist.

Damit vergrößerten sich die Unterschiede in der Währungsunion: Denn anders als in den Neunzigerjahren wuchs nun die Diskrepanz zur größten Ökonomie des Kontinents, Deutschland. Der Bundesrepublik gelang es nach der Jahrtausendwende, ihre relative ökonomische Stagnation abzuschütteln und wieder konkurrenzfähiger zu werden. Die deutsche Wirtschaft erzielte Handelsüberschüsse, die vor allem im europäischen Vergleich gewaltig anmuteten. In den Jahren 2002 bis 2008 war Deutschland Exportweltmeister, kein anderer Staat führte so viele Waren und Dienstleistungen aus. Erst 2009 wurde Europas größte Volkswirtschaft von China übertrumpft, das das Erfolgsmodell eines exportgetriebenen Wachstums mehr als erfolgreich kopiert hatte.

Dieses ökonomische Auseinanderstreben von Kern und Peripherie brachte eine latente Instabilität in die Eurozone, die nur darauf wartete, sich in Form schwerer Erschütterungen zu entladen.

Das Drama nimmt seinen Lauf

Im Oktober 2009 kam in Griechenland eine neue Regierung an die Macht. Mit einem Erdrutschsieg löste der Sozialist Giorgos Papandreou die konservative Vorgängerregierung ab. Kaum jemand in der Finanzwelt oder darüber hinaus hätte sich zu dem Zeitpunkt vorstellen können, dass dieses eher marginale Ereignis in einem Land mit elf Millionen Einwohnern eine Serie von Ereignissen nach sich ziehen würde, die das Zeug hatte, der europäischen Währungsgeschichte eine neue Richtung zu geben. Kaum zum Premierminister gewählt, ging Papandreou mit einer unangenehmen Nachricht an die Öffentlichkeit: Das Budgetdefizit des Landes würde im Jahr 2009 nicht bei vier Prozent liegen (wie in der amtlichen Schätzung vom Frühjahr angegeben), sondern bei zwölf Prozent. Die Marktteilnehmer waren wegen der kurz zuvor bekannt gewordenen Zahlungsschwierigkeiten des Luxus-Emirats Dubai ohnehin ein wenig nervös. Sicherheitshalber gingen sie dazu über, ihre Positionen griechischer Wertpapiere zu reduzieren.

Griechenland hatte eben den Fehler begangen, bereits vor dem Ausbruch der Finanzkrise zu tief in den roten Zahlen zu stecken. Es war das schwächste Glied in einer Kette von Staaten, die eine unwahrscheinliche Währungsunion bildeten. Dieses schwächste Glied drohte nun zu reißen und die gesamte Kette zu sprengen. Als Lehman Brothers im September 2008 fiel, stand Athen bereits mit einem Betrag in der Kreide, der mehr als der jährlichen Wirtschaftsleistung des Landes entsprach. Nun, im Jahr 2010, bewegte sich die Schuldenquote im Bereich von 125 Prozent. Allein Japan hatte unter den Industrieländern noch ungünstigere Werte. Nur: Der japanische Staat stand zu 94 Prozent bei den eigenen Bürgern im Soll, Griechenland hingegen vorwiegend bei (weniger geduldigen) Ausländern. Im Gegensatz zu den langmütigen Japanern wurden die ausländischen Investoren, die Griechenland Geld geliehen hatten, zunehmend unruhig. In seiner Abhängigkeit von den »Ausländern« erinnerte Athen an das Buenos Aires des Jahres 2001. Die Parallelen alarmierten: Argentinien hatte aus seiner Bredouille keinen anderen Weg als die Staatsinsolvenz gefunden.

Papandreou blieb keine Wahl. Im Februar 2010 kündigte ein in die Ecke gedrängter Premier einen harten Sparkurs an. Das Konsolidierungspaket enthielt unter anderem Gehaltskürzungen für Mitarbeiter des öffentlichen Diensts und eine Anhebung der Mehrwertsteuer. Das Haushaltsdefizit sollte um mehr als 4 Prozentpunkte auf 8,7 Prozent der Wirtschaftsleistung heruntergedrückt und dann bis 2012 weiter auf die Maastricht-Schwelle von 3 Prozent gesenkt werden. Doch obwohl das Sanierungsprogramm der Griechen kaum hinter dem wenige Monate zuvor verkündeten der Iren zurückstand, reagierten die Akteure darauf nicht in der erhofften Weise. Dublin hatte gerade rechtzeitig den Kurs der Sanierung eingeschlagen, noch ehe die spekulativen Marktkräfte Blut geleckt hatten. Erschwerend kam hinzu, dass Athener Regierungen einen miserablen Ruf hatten, wenn es darum ging, schmerzhafte Reformen nicht nur zu verkünden, sondern auch durchzusetzen. Griechenland und die Eurozone als Ganzes hatten nun schon viel Glaubwürdigkeit eingebüßt. Es war klar, dass Athen schon zu tief in der Tinte saß, um sich aus eigener Kraft zu befreien. Die Situation wurde dadurch nicht erleichtert, dass die hellenische Bevölkerung im Ruf stand, als sozial ungerecht empfundene Sparpläne der Regierung mit heftigen Streiks zu hintertreiben.

Immer häufiger wanderte der Blick von Athen nach Brüssel, von dort nach Paris und Berlin und wieder zurück. Wie würden die Euro-Partner reagieren, wenn ein Staat der Währungsunion auf die Pleite zuschlitterte? Sicherlich gab es im Maastricht-Vertrag Artikel, die Hilfe für in finanzielle Schieflage geratene Mitgliedsländer untersagten. Doch Brüssel war die Hauptstadt der Gummiparagrafen. Viel gravierender war die Gefahr, dass sich die beiden wichtigsten Partner nicht auf die Art der Hilfe einigen konnten. Deutschland und Frankreich, die beiden Flügelmächte der Währungsgemeinschaft, schienen lange Zeit keine gemeinsame Linie zu finden. Während der französische Präsident Nicolas Sarkozy zu europäischer Finanz-Solidarität drängte, lehnte die deutsche Bundeskanzlerin ein Rettungspaket für Griechenland strikt ab. Am 11. Februar 2010 konnten sich die Eurostaaten lediglich zu einer lauwarmen Erklärung durchringen, derzufolge man Athen nicht hängen lassen werde. Das Kommuniqué blieb jedoch sogar für europäische Verhältnisse zu sehr im Ungefähren. Fondsmanager und andere Investoren quittierten diese Vagheit auf ihre Weise, indem sie griechische Staatsanleihen nun en bloc verkauften. Athen musste nun immer höhere Zinsen bieten, um überhaupt noch Abnehmer für seine Schuldtitel zu finden. Mehr und mehr wurde nun auch klar, dass der Fall Griechenland zu einem Fall Euroland wurde. Von griechischen Wertpapieren griff das Misstrauen auf europäische Werte insgesamt über. Der Euro begann, an den Devisenmärkten zu wackeln.

Moralisches Risiko

Die EU-Fürsten steckten in einem schrecklichen Dilemma. Griechenland sollte geholfen werden, aber nicht so sehr, dass sich andere Defizitsünder sorglos weiter verschulden würden. Würde es Athen allzu leicht gemacht, sich aus der Verantwortung für die Schulden zu stehlen, könnte das andere Länder sogar dazu ermutigen, das Geld erst mit vollen Händen hinauszuwerfen und sich dann in das europäische Sicherheitsnetz zu werfen. Der Fachausdruck für dieses Dilemma lautet »moralisches Risiko«, eine etwas spröde Übersetzung für das englische »moral hazard«.

Dahinter stand die Erkenntnis, dass Schuldner immenses Erpressungspotenzial haben, sind sie erst einmal groß genug. Ließ man, wie im Fall Lehman Brothers geschehen, einen wichtigen Spieler in Konkurs gehen, so hatte dies desaströse Folgen für das Weltfinanzsystem. In der Finanzkrise von 2008 hatten sich US-Regierung und -Notenbank in dieser Zwickmühle wiedergefunden: Stand der Staat Gewehr bei Fuß, um in Bedrängnis geratene Geldinstitute zu retten, konnten deren Manager bei ihren Geschäften ruhig immer höhere Risiken in Kauf nehmen. Das »moralische Risiko« wucherte. Nun waren es die Europäer, deren Wunschwelten von der Realität eingeholt wurden. Dabei hatte der Vertrag von Maastricht das moralische Dilemma ausgeschlossen. In Artikel 104b stand dort geschrieben, dass direkte Finanzhilfen für einen Mitgliedstaat ausdrücklich verboten waren.

> Ein Mitgliedstaat haftet nicht für die Verbindlichkeiten der Zentralregierungen, der regionalen oder lokalen Gebietskörperschaften oder anderen öffentlich-rechtlichen Körperschaften, sonstiger Einrichtungen des öffentlichen Rechts oder öffentlicher Unternehmen eines anderen Mitgliedstaats und tritt nicht für derartige Verbindlichkeiten ein [...]

Doch so einfach, wie es auf dem Papier aussah, war es nicht. Durch den gemeinsamen Binnenmarkt waren die Finanzmärkte der Mitgliedsländer eng zusammengewachsen. Griechische Banken hielten deutsche und französische Anleihen, vor allem aber hielten deutsche oder französische Banken auch beträchtliche Beteiligungen in Griechenland. Würde nun Athen den Staatsbankrott ausrufen, müssten Geldhäuser am Finanzplatz Frankfurt oder Paris Abschreibungen in zigfacher Millionenhöhe vornehmen. Die gesamten Verluste könnten sich leicht zu ähnlichen Dimensionen auswachsen wie nach der Pleite des Investmenthauses Lehman Brothers. Erneut würde eine »Kernschmelze« des Finanzsektors drohen, wie sie gerade erst mit viel Steuerzahlermitteln abgewendet worden war.

Athen wusste durchaus um dieses Erpressungspotenzial. Gar nichts zu tun und Griechenland in die Insolvenz stürzen zu lassen war für die Regierungen der Währungsunion keine Alternative. Gesucht wurde daher eine Auffanglösung, die den heimischen Bankensektor (in allen Hauptstädten nicht rein zufällig mit mächtigen Lobbygruppen vertreten) rettete und dennoch gleichzeitig genügend abschreckendes Potenzial entfaltete, um andere Defizitsünder davon abzuhalten, über die Stränge zu schlagen. Gleichzeitig musste die heimische Wählerschaft ausreichend besänftigt und es musste eine plausible Argumentation für die Beugung europäischen Rechts entwickelt werden. Diese komplexe Aufgabe, wie sie aus der Struktur der Eurozone und der Europäischen Union resultierte, kam wahrlich einem politischen Kunstwerk gleich. Und wie jedes andere Kunstwerk brauchte es Zeit zur Vorbereitung und Ausgestaltung. Unglücklicherweise war Zeit genau das, was die Märkte der Politik nicht zubilligten.

Vergemeinschaftet

Die Europäische Union selbst hatte nie Mechanismen entwickelt, wie einem finanziell in Not geratenen Mitgliedstaat zu helfen sei. Dafür gab es gute Gründe, und zwar juristische und politische. In der allgemeinen Wahrnehmung schloss der Maastricht-Vertrag ein Eingreifen zur Rettung eines in Not geratenen Mitgliedslandes aus. Hätte es einen Plan B gegeben, wäre dessen Glaubwürdigkeit auf ähnliche Weise untergraben worden, wie es mit dem Stabilitäts- und Wachstumspakt bereits geschehen war. Nationalstaatliche Regierungen wären im Sinne des »moralischen Risikos« noch mehr dazu ermutigt worden, die Ausgabendisziplin schleifen zu lassen.

Deutschland und andere relativ solide wirtschaftende Staaten der Währungsunion wie Österreich oder Finnland hatten ein starkes Eigeninteresse, dass die europäischen Länder getrennte fiskalische Einheiten blieben oder zumindest als solche wahrgenommen wurden. Während die Finanzierungskosten am Kapitalmarkt der Defizitsünder inzwischen vergleichsweise hoch waren, musste die Bundesrepublik Anfang 2010 auf ihre zehnjährigen Anleihen nur rund drei Prozent Zinsen zahlen. Damit war Deutschland in einer angenehmen, wenn nicht privilegierten Position. Mit einer Übernahme der griechischen Schulden würde jedoch ein Präzedenzfall geschaffen werden, der die Schulden von Einzelstaaten in gesamteuropäische Schulden verwandelte. Die vergleichsweise stark ausgeprägte Haushaltsdisziplin Berlins würde dann dadurch überschattet, dass es in der Wahrnehmung der Finanzmärkte am Ende ohnehin für Verbindlichkeiten Athens oder anderer schwacher Eurostaaten aufkommen müsste. Aus dem Grund hatte die Bundesregierung stets auch gemeinsame Euroland-Anleihen abgelehnt: Sie würden die fiskalischen Unterschiede verwischen oder im Fachjargon: »vergemeinschaften«. Investoren könnten dann auch bei deutschen Anleihen einen Risikoaufschlag verlangen, was die Finanzierungskosten für Berlin verteuern würde.

Allerdings waren das rein »haushälterische« Überlegungen, die einer deutschen Kanzlerin und Parteivorsitzenden gut zu Gesicht standen (zumal vor einer wichtigen Landtagswahl, nämlich der in Nordrhein-Westfalen), nicht jedoch einer Europapolitikerin. Indem sich der Kursverfall der griechischen Anleihen und des Euro verstärkte, sah sich die Merkel-Regierung mit gleichermaßen unangenehmen Alternativen konfrontiert: Half sie, würde sie den Maastricht-Vertrag und auch das deutsche Verfassungsgerichtsurteil übergehen, obendrein auch noch die Wähler provozieren. Half sie nicht, drohte in Europa wegen der intensiven Bankverflechtung ein finanzieller Super-GAU.

Mehr und mehr griff die Sorge um sich, das Griechenland-Drama könnte sich zu einer umfassenden Krise der Euro-Peripherie auswachsen. Schon war aus der angelsächsischen Welt ein anschwellendes Raunen zu vernehmen, die Fliehkräfte könnten die Währungsunion zerreißen. Je mehr sich an den Märkten die Erkenntnis durchsetzte, dass Athen auf den Abgrund zuraste, erwiesen sich das Fehlen eines Rettungsmechanismus und das Zaudern der Deutschen als Krisenverstärker.

Blackbox Brüssel

Da es kein europäisches Konzept für die Rettung eines strauchelnden Mitgliedstaates gab, lag die Idee nahe, den Internationalen Währungsfonds (IWF) einzubeziehen. Die in Washington ansässige Institution hatte in den vergangenen Jahrzehnten ihre zuweilen kaltblütige Kompetenz für diese Art von Sanierung mehrfach unter Beweis gestellt, zum Beispiel nach der Asienkrise von 1997. Athen selbst hatte gelegentlich mit der Karte gereizt, sich an den IWF zu wenden, um Druck auf die Europäer auszuüben: Wenn Europa nicht helfen wollte, dann würde sicherlich gern der IWF einspringen. Die »externe« Lösung ging aber vor allem den Franzosen gegen den Strich ging, die eine Einmischung Washingtons schon aus Prestigegründen ablehnten. Die deutsche Bundeskanzlerin Angela Merkel hingegen erwärmte sich früh für eine Beteiligung des Währungsfonds. Aus ihrer Sicht würde ein solch internationales Paket die Hilfe für ein Mitgliedsland der Währungsunion verfassungsrechtlich weniger problematisch machen. Eine Umgehung des Maastricht-Verbots direkter Finanzhilfen musste vor dem Bundesverfassungsgericht in Karlsruhe Bestand haben. Nach ewigem Hin und Her konnte sich Merkel mit ihrer Forderung schließlich in Brüssel durchsetzen. Doch über das Ringen um eine Beteiligung des IWF hatten die Europäer viele wertvolle Wochen verstreichen lassen. Zeit, die später erbarmungslos gegen sie arbeiten würde.

Während Deutsche, Franzosen, Griechen und die immer präsenten Luxemburger – diese heimliche europäische Großmacht des 20. und 21. Jahrhunderts – feilschten und lavierten, wurde die Gemeinschaftswährung immer schwächer. Von außen betrachtet, und das hieß auch aus Sicht der Kapitalmärkte, erschienen die Entscheidungsprozesse in Brüssel als Blackbox. Es war einfach unvorhersehbar, ob und in welchem Ausmaß die anderen Eurostaaten am Ende helfen würden. Die Risikoaufschläge für griechische Staatsanleihen schossen wieder nach oben. Im März 2010 waren sie auf 320 Basispunkte bei zehnjährigen Anleihen gestiegen, was hieß, dass das finanziell klamme Athen bei einem Emissionsvolumen von zehn Milliarden Euro im Jahr 320 Millionen Euro mehr an Zinsen zahlen musste als Berlin. Ließe sich dieser schmerzlich hohe Zins nicht bald reduzieren, war für die Griechen das Ende des Spiels in Sicht.

Vorsicht, Ansteckung!

Auch die anderen Länder der Euro-Peripherie gerieten nun ins Visier: Waren denn Portugal, Irland, Italien und Spanien in einer so viel besseren Position als der strauchelnde Ägäis-Staat? Zwar waren sie nicht ganz so hoch verschuldet wie Griechenland (obwohl Rom in der Hitparade der Schuldenmacher mit einer Quote von 119 Prozent nur knapp hinter Athen rangierte), doch auch diese Volkswirtschaften litten unter beträchtlichen Leistungsbilanzdefiziten und einem schleichenden Verlust ihrer Wettbewerbsfähigkeit. Was bis zur Finanzkrise und auch über weite Strecken des Jahrs 2009 niemanden gestört hatte, wurde nun zu einem Stigma.

Die Marktakteure sahen sie bei allen Unterschieden im Detail nun als Gruppe: Aus den Anfangsbuchstaben der Ländernamen Portugal, Irland, Italien, Griechenland und Spanien bildeten Investmentbanker das maliziöse Akronym PIIGS, das wie das englische Wort für »Schweine« klang. Die hellenische Republik repräsentierte nur 2,6 Prozent der Wirtschaftskraft der Währungsunion. Mit den iberischen Staaten und Irland zusammen waren es bereits 18 Prozent, und der alleinige Anteil Italiens belief sich auf beachtliche 17 Prozent. Einen Zahlungsausfall Griechenlands hätte der Euro wohl noch verkraften können, nicht jedoch einen Kollaps der Peripherieländer insgesamt. Wie eine ansteckende Krankheit schien der Verkaufsdruck von den griechischen Wertpapieren auf die Titel anderer Randländer überzuspringen. Die Risikoaufschläge der Peripheriestaaten schossen in die Höhe, die Geldaufnahme an den Kapitalmärkten verteuerte sich für Lissabon, Madrid und schließlich auch Rom auf gefährliche Weise. Jeder informierte Beobachter wusste: Diese »Peripheritis« konnte für die Eurozone tödlich enden.

Die Vergangenheit holt den Euro ein

Showdown im Mai

Der 9. Mai 2010 ist einer jener Tage, an denen das Schicksal der weltweiten Finanzmärkte und auch die Weltgeschichte auf Messers Schneide stehen. An diesem Sonntag kommen die Finanzminister der Eurozone in Brüssel zu einer Notsitzung zusammen. Ihre Mission ist die Rettung der europäischen Währungsunion und womöglich des europäischen Projekts überhaupt. In der Woche zuvor hat sich die Lage auf dramatische Weise zugespitzt: Der Ansteckungseffekt hat immer mehr Länder erfasst. Mit Ausnahme von Deutschland und einer kleinen Gruppe von »soliden« Eurostaaten haben fast alle Länder der Währungsunion einen Ausverkauf ihrer Anleihen an den Kapitalmärkten erlebt. Die Finanzierungskosten sind auf Niveaus weit jenseits der Schmerzgrenze gestiegen. Griechische Staatspapiere mit zweijähriger Laufzeit sind so weit heruntergeprügelt worden, dass sie einen Risikoaufschlag von 27 Prozent auf Bundesanleihen aufweisen. Um sich eine Milliarde für zwei Jahre am Kapitalmarkt zu leihen, muss Griechenland nun mehr als eine halbe Milliarde Euro Zins aufbieten – ein absurder Zustand und bereits für sich genommen ein Pleitegrund.

Der Zustand mutet auch deshalb absurd an, weil die Euroländer Griechenland nach schier endlosem Gezerre am 2. Mai schließlich 80 Milliarden Euro an Hilfen zugesagt haben, flankiert von 30 Milliarden Euro vom Internationalen Währungsfonds. Damit kann Athen für mindestens zwei Jahre als durchfinanziert gelten und braucht den Kapitalmarkt nicht mehr anzuzapfen. Doch inzwischen ist der Fall Griechenland zu einem Fall Euroland geworden. Die EU-Partner haben den Griechen geholfen, doch werden sie auch die Kraft und den Willen haben, den anderen Peripherieländern zur Seite zu stehen? In den Weltfinanzmetropolen London und New York, ohnehin nicht reich an Euro-Fans, bezweifelten das viele. Und zweifeln heißt für sie: den Verkaufsknopf drücken.

Die Furcht vor dem Kollaps

Über die Kapitalmärkte des Kontinents war in den Tagen vor dem 9. Mai eine Art Höllenfeuer hereingebrochen. Nicht nur die Kurse europäischer Staatsanleihen waren in den Keller gegangen (mit Ausnahme der deutschen, die den Fels in der Brandung bildeten), sondern auch die der Aktien. Vor allem Finanzwerte der Peripherieländer verbrannten in der Glut der Angst. Über dem Parkett lag eine unheimliche, bedrückende Stimmung, wie im September 2008, als Lehman Brothers in den Untergang taumelte. Eine zweite Finanzkrise schien nun mit Händen greifbar. Schon zeigten Kreditinstitute eine ähnliche Scheu wie damals, sich gegenseitig kurzfristig Geld zur Verfügung zu stellen; Liquiditätsengpässe konnten nicht mehr überbrückt werden, der Geldmarkt drohte auszutrocknen.

Die finanziellen Stresssymptome nahmen mit beunruhigender Geschwindigkeit zu, und mindestens ebenso bedenklich war: die Panik griff auch auf andere Erdteile über. Der Hongkonger und der Tokioter Aktienmarkt hatten im Lauf der Handelswoche bereits herbe Verluste verzeichnet. Doch wie ernst die Situation wirklich war, sollte sich am Donnerstag zeigen. An jenem 6. Mai stürzte der Dow Jones, der wichtigste Aktienindex der Welt, im Handelsverlauf binnen 30 Minuten um fast 1000 Punkte. Es war der größte Punktverlust in der Geschichte der New Yorker Börse. Zwar erholte sich das Börsenbarometer bis zum Handelsende auf mysteriöse Weise, zwar wurde der Einbruch eilends mit einem Computerfehler erklärt, doch blieb die Anspannung auch danach groß. Am Freitag, dem 7. Mai, ließ die Verunsicherung die Märkte erneut einknicken.

Der Euro war jetzt gleichsam auch offiziell eine angeschlagene, eine verwundete Währung. Binnen einer Woche hatte er sich zum Dollar um mehr als vier Prozent verbilligt. Seit seinem Zwischenhoch Ende November 2009 hatte er ein knappes Fünftel an Wert verloren. Durch diese Verschiebungen am Devisenmarkt war die gesamte Eurozonen-Wirtschaft rechnerisch um 2,7 Billionen Dollar geschrumpft. Der ohnehin angeschlagenen Konjunktur auf dem Kontinent drohte nun ein neuer Tiefstand. Würde es nicht gelingen, diese finanzielle Kernschmelze zu stoppen, könnte das der Beginn einer Großen Depression sein. Viel Zeit blieb nicht, um die

Dinge in Ordnung zu bringen. Am Montagmorgen um zwei Uhr mitteleuropäischer Zeit würde die Tokioter Börse den Handel aufnehmen. Von diesem wichtigen asiatischen Markt könnte der fatale Stoß ausgehen, der die Märkte rund um den Globus wie Dominosteine würde fallen lassen. Die platzende Euro-Blase drohte ein finanzielles Armageddon von globaler Dimension auszulösen.

Deutschland gegen Frankreich: mal wieder

Den EU-Oberen ist der Ernst der Lage sehr wohl bewusst, als sie an jenem Wochenende im Justus-Lipsius-Gebäude des Europäischen Rats in Brüssel zusammenkommen. Den Anfang machen am Freitagabend die Regierungs- und Staatschefs, die sich auf die großen Linien der Rettung verständigen sollen. Später würden die Finanzminister die Details klären müssen. Doch einig sind sich die Politiker lediglich darin, dass dies die letzte Chance ist, die brisante Lage zu entschärfen. Und klar ist auch, dass eine gewaltige Menge Geld nötig sein wird, um genügend hohe Dämme zu errichten. Durch ihre Uneinigkeit und Kleinkariertheit haben die Europäer die Spekulanten geradezu herausgefordert, gegen den Euro zu wetten.

Die vorherigen, zunächst sehr bescheidenen Hilfszusagen, die zuletzt auf 110 Milliarden Euro aufgestockt worden waren, hatten die Märkte nicht beruhigen können. Auf kurze Stabilisierungen waren stets neue Verkaufswellen gefolgt. In dieser Situation würde eine weitere Flucht ins Kleinklein weitaus mehr Schaden anrichten als Nutzen bringen. So weit war man sich einig. Weiter ging die Einigkeit allerdings nicht. Das lag vor allem daran, dass sich die Positionen von Deutschland und Frankreich, wie so oft in Fragen der gemeinsamen Währung, diametral entgegenstanden. Für Frankreichs Präsident Nicolas Sarkozy war die Krise der richtige Zeitpunkt, der alten französischen Forderung nach einer europäischen Wirtschaftsregierung zum Durchbruch zu verhelfen. Die deutsche Regierungschefin Angela Merkel hingegen hatte ganz andere Vorstellungen: Sie wollte dem Stabilitäts- und Wachstumspakt neues Leben einhauchen. Zur Not sollen Defizitsünder mit einem Entzug des Stimmrechts in EU-Gremien bestraft werden. Am allerwenigsten wollte sie Euroland-Anleihen, die die Finanzierungskosten für Deutschland in die Höhe treiben und die Haushaltsspielräume deutlich einengen würden. Die Verhandlungen zogen sich hin.

Als Angela Merkel am Samstag zu den Feiern des 65. Jahrestages des Siegs über Hitlerdeutschland nach Moskau reiste, war noch nichts entschieden. Finanzminister Wolfgang Schäuble sollte an ihrer Statt weiterverhandeln, doch der an den Rollstuhl gefesselte Schäuble musste wegen starker Schmerzen in ein Brüsseler Krankenhaus eingeliefert werden. Innenminister Thomas de Maizière übernahm kurzfristig. EZB-Chef Jean-Claude Trichet schaltete sich ein, und auch US-Präsident Barack Obama hatte der Bundesregierung kurz vorher per Telefongespräch seine tiefe Sorge über die Entwicklung auf dem Alten Kontinent ausgedrückt. Es wurden lange, sehr lange Verhandlungen, bei denen enorm viel auf dem Spiel stand: nicht nur die Zukunft des Euro, sondern auch die des globalen Finanzsystems und der transatlantischen Wirtschaft. Es war Europas Rendezvous mit der Geschichte im 21. Jahrhundert.

Nach dreitägigem Marathon, kurz nach Öffnung der Börsen in Fernost, wurde schließlich das Paket verkündet: An der Oberfläche war es ein typisch europäischer Kompromiss, in dem sich jede Seite wiedererkennen konnte. Im Kern jedoch war es der Einstieg in eine ganz andere Art von Europäischer Union: Beispiellose 500 Milliarden Euro würde die Eurozone in Bedrängnis geratenen Mitgliedern bei Bedarf zur Verfügung stellen, ergänzt durch zusätzliche 250 Milliarden Euro des Internationalen Währungsfonds, der zudem sein finanztechnisches Know-how einbringen sollte. Das Ganze trug den Namen Euro-Rettungsschirm, oder offiziell European Financial Stability Facility (EFSF). Allein der deutsche Anteil belief sich auf Ehrfurcht gebietende 148 Milliarden Euro oder rund sechs Prozent der bundesrepublikanischen Wirtschaftsleistung. Am 3. Mai hatte der Bundestag bereits Hilfszusagen in Höhe von 22,4 Milliarden Euro für Griechenland freigegeben und war damit Verpflichtungen in Höhe eines weiteren knappen Prozents der deutschen Wirtschaftsleistung eingegangen. Ein spöttischer Kommentator rechnete vor, dass auf Deutschland größere Belastungen zukommen könnten als unter den Auflagen des Versailler Vertrags von 1919.

An den Märkten verfehlte das Monsterpaket seine Wirkung nicht. Am Montag, dem 10. Mai, starteten die Börsen eine Erleichterungsrallye. Der Kurs zweijähriger griechischer Anleihen zog von 80 Prozent auf 92 Prozent des Nennwerts an. Der europäische Aktienindex EuroStoxx 50 sprang um zehn Prozent nach oben. Durch einen finanziellen und politischen Kraftakt war die Währungsunion vor dem Auseinanderbrechen bewahrt worden. Aber es war nicht mehr die gleiche Währungsunion wie noch Tage zuvor.

Die Konversion der »Madame Non«

Zu den bemerkenswerten Entwicklungen im Fortgang der Krise gehört der Wandel der Position von Angela Merkel. Das politische Chamäleon wechselte wieder seine Farbe. Anfang des Jahres 2010 hatte die Kanzlerin ein Eingreifen unter Berufung auf die EU-Verträge noch kategorisch ausgeschlossen. Ihre anfängliche strikte Ablehnung direkter Hilfen hatte Merkel in Brüssel bereits den Spitznahmen »Madame Non« eingebracht. Doch indem sich die Krise verschlimmerte, wurde aus »Frau Nein« erstaunlich schnell die Frau, die nicht mehr Nein sagen konnte. Während die deutsche Bevölkerung Athen am liebsten keinen Cent gegeben hätte, gab die Kanzlerin Mitte April in Brüssel schon Zusagen in Höhe von immerhin 8,4 Milliarden Euro. Anfang Mai reichte das nicht mehr aus. Ihrerseits von Brüssel und Paris unter Druck gesetzt, peitschte Merkel ein Gesetz durch das Parlament, das Griechenland deutsche Kreditgarantien in Höhe von 22,4 Milliarden Euro zubilligte. Seinen vorläufigen Abschluss fand die deutsche Zwangsfreigebigkeit in dem 148-Milliarden-Euro-Anteil am Rettungsschirm, der am 9. Mai in Brüssel beschlossen und schon am 21. Mai von der Regierungsmehrheit in Bundestag und Bundesrat verabschiedet wurde. Die gesamten, über die Jahre verteilten Verpflichtungen beliefen sich damit auf mehr als die Hälfte des Bundeshaushalts.

»Gesetz zur Übernahme von Gewährleistungen im Rahmen eines europäischen Stabilisierungsmechanismus« lautete der Name des Regelwerks, das praktisch eine neue Währungsunion schuf und die Eurozone noch weiter von den Nicht-Euroländern entfernte. Merkel war jetzt mehr oder weniger auf der Linie, die Sarkozy schon Monate zuvor vertreten hatte. Anders als der Franzose konnte sie sich aber nicht zu einem pathetischen Bekenntnis zu europäischer Solidarität aufschwingen. Die von ihr ausgegebene Losung lautete schlicht: Es gibt keine Alternative.

Ehe sie sich versahen, waren die Deutschen Opfer einer Machtdrift weg von ihrem nationalen Parlament, hin zu einem Brüsseler Superstaat geworden. Katalysator dieser Machtdrift war ironischerweise das von Brüssel so verfemte Finanzsystem. Dessen Stabilität lieferte die Begründung für Maßnahmen, die Ordnungspolitikern und Staatsrechtlern die Haare zu Berge stehen ließen und lassen. Auch eine andere Institution bekam diese Machtdrift zu spüren: die Europäische Zentralbank.

Der Crash der EZB

Die Europäische Zentralbank (EZB) hatte sich in den Jahren seit ihrer Gründung 1998 eine beachtliche Reputation erworben. In vieler Hinsicht tat sie sich als würdige Erbin der Deutschen Bundesbank hervor. Institutionell war die Unabhängigkeit der EZB von der Politik stärker ausgeprägt als die der deutschen Notenbank, nach deren Bilde man sie geformt hatte. Auch konnten sich die europäischen Währungshüter nicht vorwerfen lassen, die Preisstabilität vernachlässigt zu haben. Vielmehr weisen die offiziellen Zahlen aus, dass die Inflation in der ersten Dekade des Euro, also bis 2009, niedriger war als in den zehn Jahren davor. Nach einigen öffentlichen Ungeschicklichkeiten des ersten EZB-Präsidenten Wim Duisenberg besserte sich auch die Außenwirkung. Das war zum großen Teil dem Geschick des zweiten EZB-Präsidenten, Jean-Claude Trichet, zu verdanken. Der Franzose schien die Fleisch gewordene Stabilität des Euro zu sein.

Die Person Trichet stand für die Fortschritte, die die europäische monetäre Einigkeit in den vergangenen Jahrzehnten gemacht hatte. Während seiner langen Laufbahn im Staatsdienst der Fünften Republik war der Franzose zunächst keineswegs ein Anhänger einer unabhängigen Notenbank gewesen. Als früherer Chef des französischen Schatzamtes hatte er in den

Achtzigerjahren noch gegen eine solche Autonomie gewettert.[53] Doch als die Europäische Zentralbank ins Leben gerufen wurde, nahm Trichet passenderweise eine diametral entgegengesetzte Position ein: Nun verbat er sich ausdrücklich politische Einmischung in Fragen der Geldpolitik. Für viele in Europa war Trichet der ultimative Beweis dafür, dass sich die währungspolitischen Kulturen auf dem Kontinent angenähert hatten. Es gab keine französischen und keine deutschen Notenbanker mehr, es gab nur noch unabhängige Notenbanker, die sich die Geldwertstabilität auf ihre Fahnen geschrieben hatten. Nicht ohne Stolz betonte Trichet in der Öffentlichkeit, dass man ihm in Frankreich vorwerfe, allzu deutsche Positionen in der Geldpolitik zu vertreten. Er war die Galionsfigur der neuen Zeit.

Unter allen Notenbankchefs der Welt ragte der Franzose als derjenige heraus, der am konsequentesten für stabiles Geld eintrat. Noch 2008 hatte er in die sich zuspitzende Finanzkrise hinein den Leitzins erhöht, um die von explodierenden Rohstoffpreisen ausgehenden Inflationsgefahren zu ersticken. Im weiteren Fortgang der Finanzkrise lehnte er quantitative Geldmengensteuerung, wie sie die Federal Reserve für notwendig erachtete und die Bank of Japan schon seit Langem praktizierte, zunächst nachdrücklich ab. Erst später ging Trichets EZB zu einer abgeschwächten Form von quantitativer Lockerung über, bei der allerdings ausdrücklich keine Staatsanleihen aufgekauft wurden, sondern Pfandbriefe.

Der direkte Erwerb von Regierungstiteln gilt weithin als problematisch: Kauft die Notenbank Staatsanleihen, schürt sie potenziell die Inflation. Denn die Papiere werden mit frisch gedrucktem Geld bezahlt: Die Geldmenge erhöht sich, ohne dass dem ein Mehr an Gütern und Dienstleistungen entgegensteht, das das Geld »aufsaugen« könnte. Viele Ökonomen sind dennoch der Meinung, dass solche außergewöhnlichen Schritte bei angeschlagenen Volkswirtschaften notwendig sein können, um ein Abgleiten in die Depression zu vermeiden. Andere verweisen auf die Gefahr für den Geldwert. Dass sich Trichets EZB lange sträubte, dem japanisch-amerikanischen Weg zu folgen, wurde als Zeichen der Stärke gedeutet. Bis zum Jahr 2009 galt die EZB als saubere und prinzipientreue Notenbank.

Doch 2010 verlor die Europäische Zentralbank ihre Unschuld. Binnen weniger Monate rückte sie von jahrelang vertretenen Positionen ab und verspielte einen Großteil des Vertrauens, das sie in einem Jahrzehnt aufgebaut hatte. Schuld daran war nicht zuletzt Jean-Claude Trichet selbst, der einige Male besser den Sinnspruch des Boethius befolgt hätte: »si tacuisses …« (»Hättest du geschwiegen …«) Im Nachhinein strafte Trichet viele seiner Aussagen durch eigenes Tun Lügen, was den Verdacht nährte, der EZB-Chef habe politischem Druck nachgegeben, selbst wenn der Nachweis schwer zu erbringen sein dürfte.

Ein eklatanter Fall war der Umgang mit Griechenland-Anleihen: Wegen seiner sich verschlechternden Staatsfinanzen wurde die Kreditwürdigkeit des Landes in mehreren Schritten herabgestuft. Die Frage stand im Raum, ob europäische Banken die Titel weiterhin als Sicherheiten für EZB-Kredite nutzen konnten, auch wenn Griechenland nicht mehr den Bonitäts-Mindestanforderungen für solche Pfänder entsprach. Noch Mitte Januar 2010 hatte Trichet eine Sonderregelung für Griechenland, eine Lex Hellas, abgelehnt. Er sagte wörtlich: »Keine Regierung und kein Staat kann eine spezielle Behandlung erwarten. Die Notenbank wird ihre Prinzipien nicht ändern, nur weil die Staatsanleihen eines Mitgliedstaates die entsprechenden Kriterien nicht erfüllen.«[54] Doch weniger als vier Monate später waren diese Worte nichts mehr wert. Anfänglich waren die Bonitätsanforderungen aufgeweicht worden. Dann verkündete die EZB am 3. Mai, griechische Anleihen würden künftig ohne Ansehen ihres Ratings als Sicherheiten akzeptiert, also auch wenn sie nur noch Ramschniveau hatten. Das war ein radikaler Bruch mit den Traditionen der EZB und der Bundesbank, dessen schädliche Wirkung dadurch verschlimmert wurde, dass die »spezielle Behandlung« vorher ausdrücklich ausgeschlossen worden war.

Ähnlich unglücklich agierte Trichet, als es um die Frage ging, ob der IWF an den Rettungsmaßnahmen für Griechenland zu beteiligen sei. Noch unmittelbar bevor sich Deutsche und Franzosen Ende März endlich darauf verständigten, die Washingtoner Institution ins Boot zu holen, hatte er eine solche Lösung als »sehr, sehr schlecht« bezeichnet. Nach der Übereinkunft fand Trichet jedoch schnell anerkennende Worte. Wiederum waren vorherige anders lautende Äußerungen nichts wert gewesen oder hatten nur als Ablenkungsmanöver fungiert.

Mehr als eine Ungeschicklichkeit war indes das Lavieren in der Frage der unkonventionellen Maßnahmen. Am 5. Mai kamen am Markt Gerüchte auf, Europas Währungshüter würden bald dazu übergehen, Staatsanleihen schwacher Euroländer wie Griechenland oder Portugal aufzukaufen. In der jetzigen brenzligen Situation könne die EZB die aufgewühlte Börse durch den Kauf beruhigen, hieß es nun. Ein Eingreifen der Zentralbank werde den freien Fall der Anleihenpreise stoppen. Doch bei seiner monatlichen Pressekonferenz im Anschluss an die EZB-Ratssitzung dementiert der Präsident die Gerüchte: Darüber habe man gar nicht gesprochen.

Diesmal dauert es nicht vier Monate, sondern nur vier Tage, ehe Trichets Worte der verbalen Entsprechung einer Währungsreform zum Opfer fielen, sprich: wertlos wurden. Am 10. Mai, dem Tag nach dem historischen Brüsseler Gipfel, ging auch die EZB dazu über, den gefährlichen Weg der »quantitativen Lockerung« zu beschreiten. Sie gab ihre Erklärung zwei Stunden nach der Pressemitteilung der EU-Politiker zum Rettungsschirm heraus. Honi soit qui mal y pense.

Die Wirkung des Schlingerkurses ist fatal, und das nicht allein deshalb, weil die EZB mit der Aufgabe der Mindestbonitätsstandards für Pfänder einer tendenziell inflationistischen Geldpolitik den Vorzug eingeräumt hat. Hinzu kommt, dass sie den Eindruck erweckt, von der Politik gesteuert zu werden. Die größten Nutznießer der marktstützenden Aktion waren französische Banken, die Griechenland-Anleihen im Wert von rund 80 Milliarden Euro auf ihren Büchern hatten, doppelt so viele wie die deutschen Institute. Das mochte Zufall sein oder eben nicht. Bedenklich stimmt auch, dass der Chef der Deutschen Bundesbank, Axel Weber, als Mitglied des Zentralbankrats gegen den Ankauf von Staatsanleihen optierte und seine abweichende Meinung entgegen den EZB-Gepflogenheiten auch öffentlich kundtat. Ein anderer Deutscher, EZB-Chefvolkswirt Jürgen Stark, gilt als interner Kritiker des Programms. War dies ein letztes Aufbäumen des Geistes der »Buba« innerhalb der Europäischen Zentralbank?

Bis Mitte Juli 2010 hat die EZB für 60 Milliarden Euro Staatsanleihen gekauft – angesichts des riesigen Volumens des Euro-Rentenmarkts ist das keine überwältigende Summe, doch es könnte leicht der Einstieg zu viel mehr sein. Außerdem könnte die Zentralbank selbst mit diesen verhältnismäßig geringen Beträgen bestimmte Segmente des Markts gezielt manipulieren. Es wird sehr genau zu beobachten sein, ob aus dem Ausnahmezustand ein Dauerzustand wird, ob die Notenbank zur Notbank degeneriert.

Seit dem allzu abrupten Schwenk des Frühjahrs 2010 haftet der EZB der Hautgout an, eine politisch manipulierte Zentralbank zu sein. Können die europäischen Währungshüter diesen Ruch nicht abschütteln, ist der Wert des Euro ernsthaft in Gefahr. Es waren allzu willfährige Zentralbanken, die in Komplizenschaft mit der Politik die große Inflation der Siebzigerjahre provozierten. Und das Jahr 2010 erinnert noch auf manch andere Weise an das Jahr 1971, als die Ära des schwindenden Geldwerts begann. Ähnlich wie damals Amerika bei der Aufgabe des goldgedeckten Dollar brauchte Europa einen Sündenbock für den angeschlagenen Euro. Und ähnlich wie Richard Nixon im Jahr 1971 fand sie diesen Sündenbock in Gestalt der Spekulanten.

Kampf den Spekulanten

Der 9. Mai 2010 war nicht nur der Tag der großen Zahlen, sondern auch der Tag der starken Worte. Eines davon war »Wolfsrudel«. So bezeichnete der schwedische Finanzminister Anders Borg die Spekulanten an den Finanzmärkten. Dieses Wolfsrudel müsse daran gehindert werden, »schwache Eurostaaten in Stücke zu reißen«, fordere der Schwede stellvertretend für seine Kollegen. Pikanterweise war Anders Borg einst selbst ein Mann der Finanzindustrie gewesen. Auch Angela Merkel ging ab dem 9. Mai zu einer martialischen Rhetorik über, die ihr sonst eher fremd ist. »Die Spekulanten sind unsere Gegner«, sagte sie bei einem Treffen mit Sarkozy, der seinerseits die »Generalmobilmachung« zur Verteidigung der Eurozone ausrief. Der Chef der deutschen Börsenaufsicht BaFin, Jochen Sanio, sekundierte dienstfertig und sprach vor dem Haushaltsausschuss des Bundestags von einem »Angriffskrieg« auf den Euro.

Es dauerte nicht lange, und die deutsche Regierungschefin ließ ihren Worten Taten folgen: Mitte Mai 2010 verbot die Bundesregierung verschiedene gängige Handelsinstrumente wie ungedeckte Leerverkäufe. Auch für eine Finanztransaktionssteuer (gelegentlich nach deren Erfinder Tobin-Tax genannt), die sie wenige Wochen zuvor noch abgelehnt hatte, machte sich die Kanzlerin jetzt stark. Allerdings war das eher als symbolische Geste zu verstehen, denn gegen einen spekulativen Angriff, mit dem üppige Gewinne zu erzielen waren, würde eine solche Transaktionssteuer, die im Bereich von Prozent-Bruchteilen angesiedelt war, nichts ausrichten.

Der Vorwurf, Spekulanten hätten einen Angriffskrieg gegen die Währungsunion angezettelt, ist dennoch so schwerwiegend, dass er eine nähere Prüfung verdient. Unstrittig ist, dass Marktakteure im Frühjahr 2010 große Short-Positionen auf den Euro sowie auf Wertpapiere einzelner schwächerer Länder der Währungsunion aufgebaut hatten.

Derartiges Short-Selling läuft im Vergleich zu einem »normalen« Börsengeschäft genau entgegengesetzt ab. Die Marktakteure verkaufen Vermögenswerte, die sie gar nicht besitzen oder nur geliehen haben, in der Erwartung, dass der Kurs weiter sinkt. Zu einem späteren Zeitpunkt decken sie ihre »Leerposition« dann ab, indem sie den geliehenen und weiterverkauften Vermögenswert möglichst zu einem günstigeren Preis nachkaufen. Daher lautet der deutsche Ausdruck für diesen Vorgang »Leerverkauf«. Geht das Kalkül der Short-Seller auf, streichen sie die Differenz zwischen ihrem Verkaufskurs und dem späteren Nachkaufkurs als Gewinn ein. Ursprünglich waren Leerverkäufe eine Methode, um sich gegen fallende Notierungen abzusichern. Sie können durchaus defensiven Charakter haben. Jedoch verstärken sie in unruhigen Börsenzeiten häufig den Abwärtstrend, wie in den Wochen vor dem Lehman-Kollaps zu verfolgen war. Ist eine Aktie, eine Anleihe oder eine Währung angeschlagen, sehen sich zuweilen Hunderte oder gar Tausende Akteure – häufig die ominösen Hedgefonds – herausgefordert, Short-Positionen aufzubauen. Den Käufern steht dann am Markt ein Übermaß an Verkäufern gegenüber. Der Kurs rauscht in die Tiefe, vielleicht stärker, als es fundamental gerechtfertigt wäre.

Für Unternehmen des Finanzsektors und Staaten kann der durch Short-Selling verstärkte Kurssturz eigene, gefährliche Realitäten schaffen. Ihre Fähigkeit, sich am Markt Geld zu beschaffen, hängt von möglichst soliden Kursen ab. So waren die Verluste zahlreicher Euro-Staatsanleihen im April und Mai 2010 für die Regierungen in der Tat mehr als ein Ärgernis. Fielen die Notierungen um wenige Punkte, konnte sich das für Länder wie Portugal, Irland oder Spanien in zusätzliche Zinskosten in Millionenhöhe übersetzen – Geld, das in den Haushalten nicht mehr für sonstige Zwecke einsetzbar war. Banken kamen durch den Kursverfall ihrer Papiere zunehmend in Liquiditätsschwierigkeiten.

Einen ähnlichen, nicht ganz so direkten Effekt hatte die Spekulation mit Kreditausfallversicherungen auf Euro-Staatsanleihen (auch Credit Default Swaps oder kurz CDS genannt). Das Hochschnellen der CDS-Preise verteuerte ebenfalls die Finanzierungskosten, indem es auch die Renditeaufschläge bei den Anleihen nach oben trieb. Insofern stellte der Ausverkauf an den Anleihenmärkten eine Bedrohung der finanziellen Gesundheit mancher Länder und der europäischen Kreditinstitute dar. Ob von einem koordinierten Angriff oder gar einem Angriffskrieg gesprochen werden kann, ist allerdings fraglich. Deutsche Anleihen waren zum Beispiel nicht von den Leerverkäufen betroffen. Ihr Kurs stieg in der Zeit der Marktturbulenzen sogar.

Auch der rapide Wertverfall des Euro war nicht eindeutig negativ. Einerseits verteuerte die schwächer werdende Gemeinschaftswährung zwar Einfuhrgüter und verschlimmerte daher die Probleme mancher importabhängiger Volkswirtschaften. Zugleich stärkte sie jedoch die Wettbewerbsposition der europäischen Exporteure auf dem Weltmarkt. Eine angloamerikanische Weltverschwörung (wie von manchen kolportiert) war daran schwer festzumachen. Wenn die Wall Street und die City of London gegen die kontinentalen Wirtschaften konspirieren wollten, wäre ihnen sicher etwas Besseres eingefallen, als Produkte eines mächtigen Konkurrenten mittels Währungsmanipulation billiger zu machen. Der Vorwurf eines Angriffskriegs gegen Europas Währung war auch deshalb weit hergeholt, weil es die gleichen Marktkräfte waren, die den Kurs noch im Herbst 2009 auf 1,50 Dollar getrieben hatten. Auch als das europäische Geld im Sommer 2008 sein historisches Hoch bei 1,60 Dollar erreicht hatte, hielt sich das Schimpfen auf die Spekulanten in Grenzen. Auch damals waren die Milliarden-Spieler am Werk gewesen.

Aus anderer Perspektive ergibt die Kriegserklärung der EU-Fürsten gleichwohl Sinn: Ob gesteuert oder ungesteuert – die Aktivitäten der »Spekulanten« drohten die europäische Währungsunion im Mai 2010 zu sprengen. Dadurch nötigten sie den Entscheidern in Brüssel einen Entschluss auf, den sie um jeden Preis hatten vermeiden wollen: Ist die EU bereit, den Maastricht-Vertrag offiziell zu beugen, um die Währungsunion zu erhalten? Der Zorn der Politiker auf »die Zocker« ist also nur allzu verständlich: Ohne die Spekulanten hätte die Eurozone ihre inneren Widersprüche noch ein paar Jahre vor sich hin knirschen lassen können. Irgendwann hätte man sich dann in Brüssel zu einer Reform des Vertragswerks bequemt. Doch die Kursturbulenzen nötigten die Politik zu einem Tempo, auf das niemand eingestellt und zu dem angesichts der Unpopularität zusätzlicher Zahlungsverpflichtungen für Europa zunächst auch niemand bereit war, am allerwenigsten die deutsche Seite. Im Sommer 2010 erreichten die Umfragewerte der Merkel-Regierung ein historisches Tief. Der Beliebtheitsknick der Kanzlerin lag sicherlich nicht nur, aber auch an ihrer inkonsequenten Währungspolitik.

Alle Mängel der Eurozone – die Handelsungleichgewichte, die divergierenden Inflationsraten, die unterschiedliche Entwicklung der Konkurrenzfähigkeit, die auseinanderdriftenden Defizit-Kennzahlen – hatten bereits vor dem angeblichen »Angriffskrieg« gegen den Euro, hatten vor dem Jahr 2010 bestanden. Die EU-Oberen hatten die Probleme geschäftig übersehen. Die »Spekulanten« zeigten – zugegeben auf brutalstmögliche Weise – die inhärenten Schwächen, die Konstruktionsfehler der Eurozone auf. Sie ließen Europas Entscheider dastehen wie ertappte Hochstapler. Das erklärt, warum die Politik so aggressiv zurückschlug. Statt eines Angriffskriegs gegen den Euro gab es in Wahrheit eine 750 Milliarden schwere Vergeltungsaktion gegen die undisziplinierten Marktkräfte.

Ausweitung der Sarkozone

Im Jahr 2010 finden die Europäer eine veränderte Währungsunion vor. Aus einer Gemeinschaft von Staaten mit gemeinsamer starker Währung, aber getrennter Haftung ist eine Haftungsgemeinschaft mit potenziell schwacher Währung geworden. Doch die auf den 9. Mai folgende Erholung des Eurokurses zeigte auch, dass die Schlacht für das europäische Geld nicht verloren ist. Alles hängt von der weiteren Ausgestaltung der »neuen« Eurozone ab. Noch befindet sich diese in einem formbaren Zustand des Übergangs.

Kurzfristig steht der französische Präsident als Sieger da. Unterstützt durch Verbündete in den sogenannten »Club-Med-Staaten«, den Mittelmeerländern in der EU, allen voran den italienischen Ministerpräsidenten Silvio Berlusconi, ist es ihm gelungen, eine De-facto-Garantie der Schulden aller Euro-Mitgliedstaaten zu erwirken. Wenn es schiefgeht, werden vor allem die Deutschen zahlen müssen, die kraft der Größe ihrer Volkswirtschaft den Löwenanteil zum Hilfspaket beisteuern. In dieser Hinsicht hat Frankreichs alte Strategie der Kontrolle Deutschlands durch Einbindung in die EU einmal mehr verfangen.

Dass sich Deutschland dem Herrn im Elysée beugen musste, entspricht auch in anderer Hinsicht einer Traditionslinie der europäischen Integration. Der Souveränitätsverlust, und nichts anderes ist das Einstehen für fremde Schulden, wirkt einem relativen deutschen Machtgewinn entgegen. Diesen Machtgewinn haben die Deutschen nicht durch politische oder wirtschaftliche Großtaten erlangt, sondern – passiv – durch ihre maßvolle Haushaltspolitik und das Augenmaß der Tarifparteien. Die bundesrepublikanische Wirtschaft ist nicht schneller gewachsen als die anderer EU-Länder, ihre Wachstumsraten erholten sich nur ein wenig von der Schwäche der Zeit seit Anfang der Neunzigerjahre. Angesichts der Größe der deutschen Wirtschaft reichte das aber aus, alte Ängste vor dem Koloss Europas zu wecken.

Das Verdienst der Bundesregierung war dabei lediglich, etwas weniger freigebig Geld zu verteilen als andere Partner. In der Finanzkrise gereichte der vergleichsweise solide Staatshaushalt den Deutschen zum Vorteil. Nicht von ungefähr musste die Bundesrepublik auf ihre Schuldtitel so niedrige Zinsen zahlen wie kaum eine andere entwickelte Volkswirtschaft. Mit einem Federstrich ist dieser Wettbewerbsvorteil dahin. Vor allem aber ist Deutschland die Möglichkeit genommen, in Zukunft durch sorgsames Wirtschaften andere Handicaps seiner alternden Ökonomie auszugleichen. Der 9. Mai nivelliert die Unterschiede und entzieht der Bundesrepublik im friedlichen Wettstreit der Nationen wichtige Anreize, besser zu werden.

Gleiches gilt auch für andere, ähnlich solide haushaltende Länder der Eurozone, etwa Finnland, Holland und Österreich. Wenn das Gepräge der künftigen Währungsunion darin besteht, dass eine disziplinierte Finanzpolitik und die wohlüberlegte Kanalisierung von Ressourcen entmutigt werden, hat sich die Eurozone mit ihren Beschlüssen ins geoökonomische Aus katapultiert. Nivellierung, so viel steht fest, wird Europa nicht zur Wirtschaftsmacht des 21. Jahrhunderts machen, als die es sich selbst gerne sieht.

Trotz Nicolas Sarkozys taktischem Sieg in Brüssel – Spötter reden von der Ausweitung der Sarkozone – zeichnet sich die Zukunft der Währungsunion erst schemenhaft ab. Die nächsten Jahre werden viel Streit darüber bringen, welches Konzept – Transferunion, Wirtschaftsregierung, »robusterer« Stabilitätspakt, politisch abhängige Zentralbank – bei einer Reform der Eurozone zu bevorzugen ist. Denn selbst der 750-Milliarden-Euro-Rettungsschirm gibt den Defizitländern nur eine Atempause, sich zu reformieren. Mehr nicht.

Offenbar geworden ist indes, dass der Euro vor allem eine politische Währung ist. Er repräsentiert einen Ersatz für ein mangelndes europäisches Bewusstsein und zugleich eine seidene Fußfessel für den europäischen Halbhegomon Deutschland. Dem Euro ist offensichtlich eine politische Mission zugedacht, und er muss daher, »koste es, was es wolle«, verteidigt werden, wie EU-Währungskommissar Olli Rehn es an jenem denkwürdigen 9. Mai 2010 mit noch denkwürdigeren Worten zu Protokoll gab.

Mit dem Rettungsschirm mögen sich die Europäer zwei oder auch fünf Jahre Zeit gekauft haben. Aber selbst wenn zwischenzeitlich wieder ruhigere Zeiten einkehren, werden Sparer und Bürger die eine Erkenntnis doch nicht aus ihrem Bewusstsein bannen können: Eine politische Währung ist nicht notwenderweise eine stabile Währung. Die Zukunft des europäischen Geldes bleibt dunkel. Sie ist ebenso ungewiss wie die Aussicht des europäischen Projekts selbst, dem die wachsende EU-Müdigkeit in den europäischen Völkern sowie der unbewältigte deutsch-französische Antagonismus zu schaffen machen.

Der Euro war über weite Strecken ein Surrogat für die Idee Europa, das von den Völkern mehr schlecht als recht angenommen wurde, weil sich mögliche Schäden und Kosten in Grenzen hielten. Mit dem Übergang der EU zur Schulden-Union sind die Sonnenscheinjahre vorbei. Angela Merkels minimalistische Begründung für Griechenland-Hilfe und Rettungsschirm – nämlich dass es um die Stabilität »unserer Währung« geht – deutet es an: Künftig werden alle ihren Obolus für die »Festigkeit« des Euro-Geldes beitragen müssen: Die ehedem relativ solide wirtschaftenden Länder werden ihre Bürger mit zusätzlichen Steuern oder Abgaben belasten, es wird so etwas kommen wie eine »Stabi-Steuer«, eine Stabilitätsabgabe.

Euro, Teuro, Steuro

Mit den Entscheidungen vom Frühjahr 2010 ist die No-Bailout-Formel des Maastricht-Vertrags zu einer Now-Bailout-Formel abgewandelt worden. Zwar hatte die Hilfe zu dem Zeitpunkt noch die Gestalt von Garantien. Doch die sich verschlechternde Finanzlage im Süden der Währungsunion macht es immer wahrscheinlicher, dass die Bundesrepublik und die anderen finanzstarken Eurostaaten für die Verbindlichkeiten der Schwächeren werden einspringen müssen.

Im Juni 2010 hielten bereits 73 Prozent der professionellen Kapitalmarktteilnehmer, die von der Finanznachrichtenagentur Bloomberg befragt wurden, eine Insolvenz Griechenlands für wahrscheinlich, 35 Prozent der

Befragten trauten auch Portugal nicht mehr zu, seine Schulden aus eigener Kraft zu bedienen, und mehr als ein Viertel auch Spanien nicht. Fondsmanager dürfen ihre Einschätzung freier kundtun als Finanzminister.

Die Risiken sind europäisiert worden. Für die Verbindlichkeiten eines einzelnen Mitgliedslandes kam durch die Kraft des Faktischen die Gemeinschaft auf. Die vom Bundesverfassungsgericht gebilligte Begründung der Bundeskanzlerin, dass die Stabilität »unserer Währung« geschützt werden müsse, wird im Nachhinein als Geburtsstunde einer Transfergemeinschaft gewertet werden. Denn jene Bürgschaften, die Deutschland im Rahmen des 110-Milliarden-Hilfspakets für Griechenland und des 750-Milliarden-Rettungsschirms für den gesamten Euroraum übernommen hat, könnten schon allzu bald zum Tragen kommen. Aus Garantien werden dann Subventionen.

Das Geld, mit dem Griechenland oder ein anderes Land der Eurozone zwischenfinanziert wurde, ist am Ende Geld, das nicht für inländische Zwecke zum Einsatz kommt. Daher sind die jetzigen »Bürgschaften« aus deutscher Sicht am Ende entweder Einsparungen oder Steuererhöhungen. Auch wenn sich die Politiker am Ende natürlich viel wohlklingendere Namen werden einfallen lassen: Gut ein Jahrzehnt nach der Gründung der Währungsunion sieht es so aus, als müssten die Deutschen die Festigkeit des Euro und des europäischen Finanzsystems künftig in Gestalt einer Stabilitätssteuer erkaufen. Auf den Stabilitäts- und Wachstumspakt, kurz »Stabi-Pakt« genannt, der nie richtig funktionierte, folgt so womöglich die Stabilitäts-Abgabe, kurz Stabi-Steuer.

Die Defizitsünder wiederum werden harte Sparauflagen erfüllen müssen, um sich für die Unterstützungen zu qualifizieren. Das alles wird die Europäische Union und den Euro wohl nicht beliebter machen. Und das alles ist auch keine Garantie für das Überleben des Euro über die nächsten paar Jahre hinaus, als Hartwährung zumal.

Durch den Sündenfall der EZB ist jenseits der momentan akuten Deflationsgefahr die Saat für eine Inflationsunkultur und damit für einen künftigen Geldwertverfall in Europa gelegt worden. In Deutschland und anderswo in der Europäischen Union werden die Bürger in den nächsten Jahren Alternativen zum Papier-Euro suchen. Ebenso wie viele Amerikaner werden sie auf jene Währung zurückkommen, der keine politische Mission zugedacht ist – eine Währung, die, wie es in einem alten Bonmot heißt, noch nie Pleite gegangen ist.

3. Gold – das quicklebendige Währungsfossil

Die Goldbestände in den Büchern der Zentralbanken sind das Relikt einer vergangenen Epoche, wenngleich nicht völlig ausgeschlossen ist, dass sie irgendwann in Zukunft wieder eine andere Rolle einnehmen werden.

Milton Friedman, 1992[55]

Die überraschende Wiederentdeckung des gelben Metalls

Der Brown-Indikator

Im Jahr 1999 hatte Gordon Brown, seinerzeit britischer Schatzkanzler, eine brillante Idee. Warum nicht die Löcher im Staatshaushalt mit den Erlösen aus Goldverkäufen stopfen, fragte er sich. Seit Jahren lag das Metall nutzlos in den Tresoren der Bank of England, als Erinnerung an die längst vergangenen Tage des internationalen Goldstandards. Brown fackelte nicht lange und wies die Bank an, einen Großteil der Edelmetallreserven des Landes zu verkaufen. Bei den Beamten der Old Lady of Threadneedle Street stießen die Pläne des Finanzministers auf denkbar wenig Gegenliebe. Am Ende mussten sie sich aber den Anordnungen aus Downing Street Nummer 11, dem Amtssitz des Schatzkanzlers, beugen. Widerwillig gaben die Hüter des Pfundes 1999 und in den folgenden Jahren 400 Tonnen des gelben Metalls auf den Markt. Das Vereinigte Königreich erzielte im Schnitt einen Preis von 270 Dollar je Unze und nahm insgesamt rund 3,5 Milliarden Dollar ein.

Im Nachhinein stellte sich Gordon Browns Idee als weniger brillant heraus. Das erlöste Geld deckte schon damals nur einen Bruchteil der britischen Staatsschulden ab, und von großen Zukunftsinvestitionen war ebenfalls nicht viel zu merken. Nur ein paar Jahre später aber, in den

Wirren der Finanzkrise, hätte das Edelmetall womöglich als psychologische Stütze für den Sterling dienen können, der 2008/09 bis zu ein Drittel seines Werts einbüßte. Noch verdrießlicher aber war, dass Brown das Volksvermögen der Briten zum denkbar ungünstigsten Zeitpunkt veräußerte. Er war fast so, als hätte er die Kronjuwelen weit unter Wert verscherbelt.

Kaum waren die Verkäufe der Bank of England abgeschlossen, startete die längste und nachhaltigste Goldrallye seit den Siebzigerjahren. Von Notierungen unter 300 Dollar je Unze kletterte der Preis auf bis zu 1264 Dollar im Sommer 2010. Hätte Brown auf die umstrittene Transaktion verzichtet, dürften sich die Untertanen Ihrer Majestät heute um 13 Milliarden Dollar reicher fühlen.

Angesichts des miserablen Timings von Browns Verkauf wundert es nicht, dass Devisenhändler und Gold-Fans gern über den bärbeißigen Labour-Mann spotten, der es trotz seines epochalen Fehlgriffs später zum britischen Premierminister brachte. Der Brown-Kontraindikator sei verlässlicher als jede Chart-Analyse, frotzeln die Börsianer. Und ihr Hohn ergießt sich auch auf andere hohe Staatsdiener: Je abfälliger sich ein Spitzenpolitiker über das gelbe Edelmetall äußere, desto besser stehe es um dessen Kurschancen. Inzwischen sind die Stimmen der Entscheider, die die goldenen Schätze aus den Tresoren der Notenbanken kehren wollen, indes rar geworden. Zur Jahrtausendwende war das noch ganz anders. Als Gordon Brown die Teilliquidierung des metallenen Staatsschatzes anordnete, war er unter Europas Finanzpolitikern keineswegs ein Außenseiter. Er war vielmehr ein besonders konsequenter und eifriger Verfechter einer starken Mehrheitsmeinung, die da lautete: Die Tage von Gold als Wertaufbewahrungsmittel sind gezählt. Bedeutung hat es allenfalls noch für die Schmuckindustrie, die Zahnmedizin und die Elektrotechnik.

In den Neunzigerjahren, der Dekade von Hightech- und Aktienkult, galt Gold in den modernen Industriestaaten als Überbleibsel alter Zeiten. Es war das Währungsmetall des 19. Jahrhunderts. Wer sich am Bankschalter nach dem Preis für einen »Krügerrand« erkundigte, erntete häufig ein müdes Lächeln. Kreditinstitute lösten ihre Edelmetallhandelsabteilungen auf. Und für die meisten Notenbanker hatten die gelb schimmernden Barren in den unterirdischen Safes allenfalls noch symbolischen oder nostalgischen Wert.

Abschied vom Gold

Im Jahr 1999 hatte Gold tatsächlich einen langen, schmerzlichen Abstieg hinter sich. Jüngere Generationen brachten das Edelmetall kaum noch mit Geldanlage in Verbindung. Die letzte große Gold-Hausse war in den Siebziger- und frühen Achtzigerjahren gewesen. Nach der Entkopplung des Dollar vom Edelmetall 1971 konnte der Unzenpreis frei floaten. In den Zeiten der Ölkrise und der rasant steigenden Verbraucherpreise war Gold als Inflationsschutz gefragt. Bis zum Ende der Siebzigerjahre hatte sich der Unzenpreis auf 500 Dollar mehr als verzehnfacht. Dann, Anfang 1980, kam es zum dramatischen Finale der Goldrallye: Der sowjetische Einmarsch in Afghanistan und die islamische Revolution im Iran provozierten einen Run der Investoren auf den »sicheren Hafen« Gold. Am 21. Januar 1980 explodierte der Preis auf 873 Dollar. Es war der Höhe- und Endpunkt der Edelmetall-Hausse. Als weder der Dritte Weltkrieg noch ein anderer internationaler Flächenbrand ausbrach, stürzte der Boom in sich zusammen. Ein ähnliches Niveau sollten die Notierungen 28 lange Jahre nicht wiedersehen. Nach dem am Ende hysterischen Höhenflug der Siebzigerjahre erlebte Gold einen quälenden Bärenmarkt, in dessen Zuge es als privates Anlagemedium und erst recht als Währungsmetall in der Bedeutungslosigkeit versank.

Die Totengräber der goldenen Währung waren just jene, für die es jahrzehntelang der Anker des internationalen Finanzsystems gewesen war. In den Jahren und Jahrzehnten nach der Goldhysterie 1980 gehörten die Notenbanken kontinuierlich zu den größten Verkäufern auf dem Markt. Insgesamt stießen sie in der Zeit 6000 Tonnen des Edelmetalls aus ihren Beständen ab. Ihre umfangreichen Verkaufstransaktionen übten punktuell erheblichen Druck auf die Notierungen aus, sie verdarben die Preise, die ohnehin schon schwach waren, noch mehr. Für die Goldmarkt-Akteu-

re bedeutete der permanente Abgabedruck der Notenbanken einen großen Unsicherheitsfaktor.

Die erratischen und tendenziell sinkenden Notierungen machten Gold
(das ja keine Zinsen abwirft) als Investment vollends unattraktiv. Der negative Rückkopplungseffekt von Verkäufen und sinkenden Kursen lief
schließlich dem Ansinnen der Institutionen zuwider, beim »Ausstieg aus
dem Gold« möglichst hohe Preise zu erzielen. Daher verständigten sich
die 15 wichtigsten Notenbanken 1999 in der amerikanischen Hauptstadt
Washington auf eine Selbstbeschränkung beim Goldverkauf. Pro Jahr
sollten die Institutionen nicht mehr als 400 Tonnen auf den Markt werfen. Es war eine Art Rettungsplan für den desolaten Goldmarkt, ein Gna-
denerlass für das gelbe Metall, fast schon eine Artenschutzverordnung für
ein vom Aussterben bedrohtes Anlagemedium.

Das Washingtoner Abkommen fiel in eine Zeit, als das frühere Metall der
Könige wie der Bettler unter den Anlageklassen dastand und jede Stütze
brauchte. In der Finanzwelt zog es kaum jemand auch nur in Erwägung,
dass sich dies auf absehbare Zeit ändern könnte. Im Jahr des Abkom-
mens verzeichnete die Feinunze mit 252 Dollar den niedrigsten Preis seit
18 Jahren. Zu der Zeit, als Gordon Brown seine folgenschwere Entscheidung traf, britisches Gold auf den Markt zu werfen, erschien Edelmetall
als ebenso anachronistisch wie die Pferdekutsche oder das Grammofon.
Eine der bemerkenswertesten Entwicklungen in den Jahren vor der Jahrtausendwende war, dass Gold sich als Währung fast ganz aus dem öffentlichen Bewusstsein verabschiedet hatte. Eines der ältesten Wertaufbewahrungsmittel der Menschheit, Gold in Form von Münzen und Barren, hatte
nicht viel mehr als den Status eines Sammelobjekts, es war beinahe auf
die Ebene von Briefmarken und Autogrammkarten herabgesunken. Innerhalb einer Generation schien vollkommen in Vergessenheit geraten zu
sein, dass Edelmetall bis in die frühen Siebzigerjahre hinein 100 Jahre
lang mit wenigen Unterbrechungen als Rückgrat des Währungssystems
fungiert hatte. Außerhalb der Zirkel eingefleischter Goldfans, die häufig
einen Hang zum Exzentrischen hatten, gab es im beginnenden Internet-
zeitalter kaum jemanden, der das Metall als Wertaufbewahrungsmittel, geschweige denn als Anlageform ernst nahm.

Ein schwarzer Schwan

Zu Anfang des 21. Jahrhunderts deutete zunächst wenig darauf hin, dass für Gold ein neuer Superzyklus angebrochen sein könnte. Die neue Dekade schien für das Metall ähnlich unspektakulär zu verlaufen wie die alte. Investoren beschäftigten sich eher mit der Frage, ob Technologieaktien schon wieder günstig genug waren, um einen Neueinstieg zu wagen. Die großen Aktienindizes notierten ein Fünftel bis ein Drittel unter ihren Höchstständen vom Winter und Frühjahr 2000. Erst die Terroranschläge von New York und Washington sowie die Feldzüge in Afghanistan und dem Irak brachten Unruhe in den Markt. Die Preise für Erdöl und andere Rohstoffe zogen an. Allerdings ist es schwierig, einen direkten Kausalzusammenhang zwischen dem 11. September und der Wiederentdeckung des Goldes herzustellen.

Entgegen einem weit verbreiteten Klischee profitiert Gold nicht generell von kriegerischen Konflikten. Zwar können der sowjetische Einmarsch in Afghanistan und der Sturz des Schahs im Iran als Mitauslöser für die Edelmetall-Manie von 1980 gesehen werden. Doch ließ der Irak-Krieg von 1990/91 den Goldpreis zum Beispiel nicht explodieren – er bröckelte vielmehr leicht ab. Auch der Kosovo-Konflikt Ende der Neunzigerjahre, der immerhin scharfe russische Proteste gegen die westliche Intervention heraufbeschwor, konnte den am Boden liegenden Edelmetallmarkt nicht reanimieren. Gold ist nicht das Metall der Schlachten. Selbst die Anekdote, dass die Rothschilds den Grundstock ihres Vermögens während der Napoleonischen Kriege mit einer geschickt eingefädelten Edelmetall-Spekulation gelegt hätten, erweist sich bei näherer Prüfung als Legende.

Als der Unzenpreis in den Jahren nach der Jahrtausendwende gemächlich anzuziehen begann, wurde das Außergewöhnliche der Entwicklung zunächst nicht wahrgenommen, am wenigsten von den Investmentinstituten. Bis ins Jahr 2007 hinein blamierten sich Rohstoff-Analysten regelmäßig damit, dass sie die Dynamik der Entwicklung Jahr für Jahr unterschätzten: Immer wieder wurden die Expertenprognosen am Jahresende von den tatsächlichen Edelmetall-Notierungen übertroffen. Rohstoff-Spekulanten würden versuchen, den Preis in die Höhe zu treiben, war ständig als Erklärung für das »irrationale Marktverhalten« zu hören und zu lesen. Doch jene vermeintlichen Spekulationen, die den Unzenpreis angeblich aufblähten und die eher früher als später zusammenbrechen mussten, erwiesen sich als Chimäre, kläglich ungeeignet, die anhaltende Gold-Hausse zu erklären. Sicher waren auf dem Goldmarkt auch Hedgefonds und andere Hasardeure am Werk – die treibenden Kräfte indes waren andere.

Die Rückkehr von Gold in die Finanzwelt zu Beginn des dritten Millenniums war das, was der amerikanische Denker Nassim Taleb als »Schwarzer Schwan« tituliert hat: ein epochaler Einschnitt, der zur damaligen Zeit unerwartet kam, aber im Rückblick vollkommen zwingend erscheint. Und in der Tat war die Renaissance des Goldes hochgradig vorhersehbar – im Nachhinein.

Krügerrand statt T-Aktie

Ein wichtiger Grund für die Renaissance des gelben Metalls war schlicht, dass zu dieser Zeit Alternativen händeringend gesucht wurden, vor allem Alternativen zu Aktien. Der im März 2000 einsetzende dreijährige Börsenabschwung entzauberte die Investmentklasse, welche in den Achtziger- und Neunzigerjahren so großartig aufgetrumpft hatte. Stück für Stück zerbrach der Kult um die Aktie.

Für eine ganze Generation von Anlegern waren steigende Börsenkurse der Normalfall gewesen. Zwischen 1981 und 2000 hatten sich Anteilscheine großer deutscher Unternehmen wie Siemens oder BASF verzehnfacht. In anderen Industriestaaten waren die Märkte ähnlich bombastisch gelaufen. Jeder Rückschlag in dieser längsten Hausse aller Zeiten erwies sich als Kaufgelegenheit. Nach dem Crash von 1987 brauchte der amerikanische Aktienindex Dow Jones zwei Jahre, um seine Bestmarke von vor dem Krach einzustellen. Dem Deutschen Aktienindex Dax gelang dies noch viel schneller. Banken und Fondsgesellschaften förderten diesen Hype nach Kräften, indem sie darlegten, langfristig sei die Aktie die mit Abstand ertragreichste Form der Geldanlage. Ende der Neunzigerjahre schien es zwei Kategorien von Anlegern zu geben: kluge und dumme.

Die klugen investierten ihr Geld in Firmenbeteiligungen, meist Techno-
logietitel, und machten ein Vermögen (das man je nach Gusto verjubelte
oder fürs Alter zurücklegte), die dummen legten es aufs Sparbuch, was so
viel hieß, als dass sie sich mit Minizinsen abspeisen ließen, während sich
der Banker ins Fäustchen lachte.

Der New-Economy-Crash zerstörte die Illusion von den ewig steigenden
Aktienmärkten und vom schmerz- und angstfrei verdienten Geld an der
Börse. Dividendenpapiere verloren ihren Nimbus als Krone allen Inves-
tierens, und das lenkte den Blick unweigerlich auf andere Anlageformen.
Ein Teil des aus Technologietiteln abgezogenen Kapitals floss, vor allem
in den USA, Großbritannien und Spanien, in den Immobilienmarkt und
ließ dort die nächste Blase schwellen. Ein anderer Teil jedoch verirrte sich
ins Gold. Es waren zunächst nicht viele, die ihre AOL- oder Amazon-Ak-
tien gegen Krügerrand- oder Maple-Leaf-Münzen tauschten. Aber je länger sich die Baisse in Dax und Dow Jones hinzog, desto gefragter wurde
die glänzende Fluchtwährung. Als der Deutsche Aktienindex Dax am 12.
März 2003 sein Dekadentief bei 2202,96 Punkten markierte, stand der
Preis der Feinunze bereits ein Fünftel höher als zu Beginn des Jahrzehnts.
Aktien hatten in den drei Jahren seit Beginn der Dakade rund vier Fünftel
ihres Wertes verloren.

Der Aufstieg des Goldes sollte sich noch beschleunigen. Ein zusätzlicher
Nachfrageschub kam aus Ländern, die durch die Entgrenzung der Weltwirtschaft zu neuem Wohlstand gelangt waren. Anders als es die westliche Tradition will, ist Gold in vielen Regionen der Erde kein »Krisenmetall«, sondern ein »Wohlstandsmetall«. Auf dem indischen Subkontinent,
im Fernen Osten und über weite Teile der muslimischen Welt dient Edelmetall seit Generationen als Wertaufbewahrungsmittel, oft in Form von
Halsketten oder anderem Schmuck. Als die Globalisierung, ungeachtet
der Probleme im Norden, den Reichtum in den südlichen Ländern wachsen ließ, zog langsam, aber sicher auch die Nachfrage nach Gold an. Im
Jahr 2007 kauften die Chinesen, deren Wohlstand besonders schnell an-
zog, gemessen am Gewicht rund 60 Prozent mehr Gold als 1999. Da hatten die Bewohner des Reichs der Mitte ihre Vorliebe für das Metall der
Könige eben erst entdeckt.

Zwar setzten sich in diesen Schwellenländern sukzessive auch »moderne« Formen der Geldanlage durch, das änderte jedoch nichts daran, dass Gold dort so gefragt war wie nie. Sogar die steigenden Preise konnten das Interesse nicht stoppen. Das war ein Unterschied zu früher, als nicht nur indische Goldschmiede ihre Orders schnell stornierten, wenn die Notierungen merklich anzogen. Zwischen 1999 und 2007 verdoppelte sich das Volumen der weltweiten Schmucknachfrage nahezu, von 28,1 auf 54,2 Milliarden Dollar. Das Gros der zusätzlichen Nachfrage kam aus Ländern, die ehedem als »Dritte Welt« bezeichnet worden waren.

In der neuen Dekade war das Edelmetall so begehrt, dass all das Erz, das Bergleute weltweit aus dem Grund holten, in manchen Jahren nicht ausreichte, um den Bedarf der Goldschmiede zu decken. Seit Jahren verharrt die Minenproduktion bei etwa 2400 bis 2600 Tonnen pro Jahr. So viel wurde 2007 allein von der Schmuckindustrie abgenommen. Zusammen mit anderen Kunden wie der Zahnmedizin oder der Halbleiterbranche brachte es die Menschheit in jenem Jahr auf einen Verbrauch von 3552 Tonnen. Auf dem Goldmarkt entstand ein Nachfrage-Überhang, der nur durch die Verkäufe von Notenbanken und das Recycling von Altgold, auch unter dem kuriosen Wort »Goldschrott« bekannt, ausgeglichen werden konnte.

Im Jahr 2007 war das Edelmetall in der westlichen Welt als Anlagemedium rehabilitiert, während sein Stellenwert in den Schwellenländern mit dem Wohlstand deutlich zugenommen hatte. Auch die Mainstream-Medien, die das Thema Gold zuvor spezialisierten Newslettern und Internetportalen überlassen hatten, berichteten nun ausführlich über die Gold-Hausse. Der Unzenpreis lag bei 700 Dollar.

Der Anti-Dollar

Indem der Preis weiter stieg, kam es nun doch gelegentlich zu heftigen Rückschlägen am Edelmetallmarkt. Angesichts der nahezu verdreifachten Notierungen traten die traditionellen Abnehmer aus der Schmuckindustrie gelegentlich in den Käuferstreik. Auch die Spekulanten wetteten verstärkt auf sinkende Goldpreise. Schließlich hatten sich die Notierungen seit Ende der Neunzigerjahre fast verdreifacht. War das bereits eine Blase?

Womöglich wäre die Edelmetallrallye an diesem Punkt langsam ausgelaufen, wäre nicht eine andere mächtige Motivation, Gold zu horten, hinzugetreten: die Notwendigkeit, sich gegen eine Krise des Dollar abzusichern. Seit ihrer Entkopplung Anfang der Siebzigerjahre sind Gold und Dollar Antagonisten. Ein steigender Edelmetallpreis zeigt seither an, dass es dem Greenback schlecht geht, und umgekehrt. In der globalen wirtschaftlichen Verunsicherung, die auf das Platzen der Technologieblase im Jahr 2000 folgte, war der US-Devise zunächst eine Phase der relativen Stärke vergönnt. Die ersten Jahre des neuen Jahrzehnts sahen einen Dollar, der Anlegern aus aller Welt als Kapital-Fluchtburg diente. Gegenüber der noch jungen (und gerade in der englischsprachigen Welt kritisch beäugten) Gemeinschaftswährung der Europäer konnte der Greenback beträchtlich zulegen. Zeitweise mussten nur 82 US-Cent für einen Euro gezahlt werden.

Aber mit den Terroranschlägen vom 11. September 2001 begann sich das Blatt gegen den Dollar zu wenden. Unter George W. Bush rüsteten die Vereinigten Staaten für den »Krieg gegen den Terror«. Die Verteidigungsausgaben stiegen um mehr als 100 Milliarden Dollar, und der Staatshaushalt, der zur Jahrtausendwende noch einen (bescheidenen) Überschuss ausgewiesen hatte, rutschte tief in die roten Zahlen. Folglich sprang die Neuverschuldung nach oben. Zwar konnten die USA den Afghanistan- wie den Irak-Feldzug rein militärisch für sich entscheiden, jedoch gelang es nicht, die beiden Länder in der anschließenden Besatzungszeit zu befrieden und zu stabilisieren. Darüber hinaus hatte die Irak-Kampagne zu einem Zerwürfnis mit alten Verbündeten in Europa und einem angespannten Verhältnis zu anderen Großmächten geführt. All das lastete ebenso auf dem Dollar wie die beharrlich hohen Handelsdefizite der USA, die unentwegt davon kündeten, dass sich die Amerikaner daran gewöhnt hatten, in Kriegs- wie Friedenszeiten über ihre Verhältnisse zu leben.

In Ermangelung einer starken Währungsalternative fanden Investoren, die sich gegen einen schwachen Dollar absichern wollten und gleichzeitig

Wert auf Liquidität legten, keinen besseren sicheren Hafen als das Edelmetall. Liquide heißt ein Investment, wenn es relativ schnell »verflüssigt«, also veräußert werden kann. In dem Sinne sind Immobilien nicht liquide, Aktien oder Gold dagegen schon. Ab dem Jahr 2003 mussten die Rohstoffnotierungen schon allein deshalb steigen, weil der Dollar fiel.

Dem Antagonismus von Gold und US-Devise liegt aber auch eine tiefere ökonomische Logik zugrunde: Schwächt sich der Greenback gegenüber anderen Währungen ab, bedeutet das für die Minengesellschaften Umsatzeinbußen: Gold wird auf den internationalen Märkten stets in Dollar abgerechnet, ein schwacher Greenback heißt daher: niedrigere Erlöse in heimischem Geld. Gleichzeitig werden die Arbeiter weiter in Landeswährung, zum Beispiel südafrikanischem Rand, entlohnt. Sinkende Einnahmen bei gleichbleibenden Kosten unterminieren die Margen der Unternehmen. Sinkende Gewinne machen neue Investitionen in Exploration und Produktion auf Dauer weniger wahrscheinlich und verringern damit die erwartete künftige Förderung. Die Aussicht auf eine geringere Produktion in der Zukunft wiederum rechtfertigt im Hier und Jetzt höhere Unzenpreise. An den Rohstoff- und Devisenmärkten fließt das Morgen in die Preise von heute ein.

Mit der Zeit gewann der Trend zum Gold eine Eigendynamik. Privatanlegern und professionellen Geldmanagern wurde bewusst, dass sie diese Anlageklasse in den zurückliegenden Jahren vernachlässigt hatten. Im Jahr 2007 orderten Private bereits Barren, Münzen und Medaillen im Wert von 9,5 Milliarden Dollar, ein Jahr später (als die Finanzkrise ihren Schatten auf die Weltwirtschaft warf) war die Nachfrage nach physischem Gold auf 23,5 Milliarden Dollar gesprungen – sieben Mal so viel wie noch 2003. Auch 2009 ging sie, trotz der Beruhigung der Lage an den Börsen, nur unwesentlich auf 22,1 Milliarden Dollar zurück.[56]

Die zunehmende Nachfrage rief die Anbieter von Investmentlösungen auf den Plan. Sie brachten neuartige Fonds auf den Markt, mit denen Anleger indirekt physisches Edelmetall erwerben konnten: Exchange Traded Funds oder abgekürzt ETFs. Mit einem ETF-Anteil erwirbt der Käufer eine bestimmte Menge Edelmetall, die in einem Tresor für ihn ge-

lagert wird und die er sich bei manchen Fonds theoretisch auch auslie-
fern lassen kann. Waren diese ebenso leicht wie Aktienfonds zu handeln-
den Gold-ETFs einmal etabliert, lockten sie neue Interessenten in das
Metall, die den Preis zusätzlich antrieben. Im Jahr 2008 wurden bereits
Goldfonds im Wert von 8,9 Milliarden Dollar geordert, im Jahr 2009
schnellte das Volumen dann auf 18,4 Milliarden Dollar nach oben[57] –
sechs Jahre vorher hatte das Handelsvolumen bei bescheidenen 460 Millionen Dollar gelegen.

Die neuen Produkte waren gefragt, sehr sogar. Das lag auch an der glänzenden Wertentwicklung, mit der Goldfonds aufwarten konnten. In der
ersten Dekade des neuen Jahrhunderts hat sich keine Anlageform so gut
geschlagen wie das Edelmetall. Während der breite amerikanische Aktienmarkt zum ersten Mal in seiner Geschichte ein ganzes Jahrzehnt lang
keinen Gewinn hervorbrachte – ein Umstand, der den Apologeten der
Wirtschaftssupermacht USA wahrlich als Menetekel erscheinen muss –,
konnten Goldbesitzer aus 1000 Dollar 3800 Dollar machen. Je mehr das
neue Jahrhundert fortschritt, desto mehr nährte die Hausse die Hausse. In Gestalt der privaten Investoren griff auf den Rohstoffmärkten eine
neue Käufergruppe ein. Sie zerstörte den alten Gleichgewichtszustand,
der den Preis in den Neunzigerjahren unter 500 Dollar je Unze gehalten
hatte. Und schon bald würde das Gleichgewicht noch mehr verschoben
werden.

Die Reue der Notenbanken

Das Jahr 2009 bedeutet einen Wendepunkt in der jüngeren Geschichte des Goldes wie der Finanzmärkte insgesamt. Bis dahin war die Hausse des Edelmetalls fast ausschließlich vom Interesse privater Investoren
getrieben worden. Zwar hatte es immer wieder vereinzelte Meldungen
gegeben, asiatische Notenbanken würden ihre Goldreserven aufsto-
cken. Doch blieben diese Käufe meistens unterhalb der Wahrnehmungs-
schwelle der breiten Öffentlichkeit. Dann sorgte Anfang November 2009
eine Mitteilung aus Bombay für Furore: die indische Zentralbank, die Reserve Bank of India, kaufte 200 Tonnen Gold vom Internationalen Wäh-

rungsfonds (IWF) und erhöhte ihre Bestände damit schlagartig um mehr als die Hälfte.

Der Währungsfonds hatte ein paar Wochen zuvor erklärt, sich von einem Teil seines Edelmetalls trennen zu wollen. Analysten und Akteure waren ursprünglich davon ausgegangen, dass die Verkäufe über den Markt abgewickelt und den Unzenpreis (wegen des zusätzlichen Angebots) vorübergehend belasten würden. Dass nun die indische Regierung im großen Stil kaufte, änderte alles. Die Entscheidung demonstrierte, wie groß das Interesse mancher Zentralbanken war, ihre Goldbestände aufzustocken, und zwar schnell. Vor allem aber demonstrierte sie, dass öffentliche Institutionen nicht länger auf der Angebots-, sondern zunehmend auf der Nachfrageseite standen. Im Jahr 2009 kauften Notenbanken zum ersten Mal seit zehn Jahren wieder mehr Edelmetall, als sie verkauften. Für die Institutionen war Gold nun ein gefragtes Gut.

Auch von anderen Notenbanken wurde bekannt, dass sie ihre Bestände aufstockten. Sri Lanka kaufte, Mauritius kaufte, und vor allem: China und Russland kauften. Nachrichten und Gerüchte über größere Erwerbungen trugen wesentlich dazu bei, dass die Goldnotierungen im Dezember 2009 erstmals auf mehr als 1200 Dollar je Unze stiegen. Seit Anfang des Jahres hatte sich Gold da bereits um ein knappes Drittel verteuert. Der Rohstoffmarkt war jetzt so »heiß« wie seit Jahren nicht.

Während kleine Länder ihre Transaktionen problemlos publik machen können, hüten sich die großen Staaten, damit unnötig an die Öffentlichkeit zu gehen. Oft entnehmen Investoren erst den Quartals- oder Halbjahresberichten der Institutionen, dass (Monate vorher) eine Aufstockung stattgefunden hat. Zu groß ist die Gefahr, sich durch eigene »Geschwätzigkeit« die Preise zu verderben. Die Mitteilung der indischen Reservebank Anfang November 2009 hatte die Goldnotierungen an einem Tag um 25 Dollar je Feinunze hochschnellen lassen. Das musste die Inder nicht bekümmern, da sie den Preis zuvor in Verträgen mit dem IWF festgeklopft hatten. Wäre die Transaktion am offenen Markt erfolgt, hätte eine voreilige Mitteilung viel Schaden anrichten können. Folglich waren andere Länder wie Russland oder China bei ihren Käufen geradezu manisch auf Diskretion bedacht. Länder wie die Volksrepublik, die über umfangreiche Dollarreserven verfügen, mussten besonders behutsam vorgehen. Nicht nur kann ein schwacher Greenback die Rohstoffpreise steigen lassen, umgekehrt können auch steigende Goldnotierungen die US-Devise belasten. China mit seinen Beständen von rund 2,5 Billionen Dollar würde sich ins eigene Fleisch schneiden, brächte es durch unbedachtes »Goldgeplauder« seine wichtigste Reservewährung zum Absturz. So sehr Peking und andere ein langfristiges Interesse daran hatten, den Staatsschatz zu diversifizieren, so sehr hatten sie ein starkes kurzfristiges Interesse daran, dessen wichtigste Komponente, den Greenback, zu schonen.

Aber die Kaufaktivitäten waren nur die eine Seite der Medaille. Ebenso interessant wie das, was passierte, war das, was nicht passierte auf dem Rohstoffmarkt: Während die Währungshüter der Schwellenländer beschlossen, ihre Goldreserven auszubauen, entschieden sich die Notenbanken der alten Industrieländer dafür, ihre Goldreserven nicht mehr zu reduzieren. Dieser Schritt ist bemerkenswert, weil einige der westlichen Institute recht üppig mit Gold ausgestattet sind: Im Vergleich zu China, Indien oder Brasilien horten Deutschland, Italien oder die USA immer noch beachtliche Mengen des Metalls.

Die Reserve Bank of India kommt selbst nach dem IWF-Coup nur auf einen Goldanteil an ihren Gesamtreserven von etwas über 6 Prozent. Bei der amerikanischen Notenbank Federal Reserve beläuft sich die Quote auf beachtliche 69 Prozent. Die Fed verfügt mit 8134 Tonnen des Edelmetalls über so viel Gold wie keine andere Institution auf dem Planeten. Der Wert der Barren, die in den Tresoren des berühmten Fort Knox und der New York Fed lagern, belief sich Ende des ersten Halbjahrs 2010 bei einem Unzenpreis von 1200 Dollar auf mehr als 300 Milliarden Dollar. Die Deutsche Bundesbank rangiert mit rund 3400 Tonnen, die zwei Drittel ihrer Devisenreserven ausmachen, auf Platz zwei der staatlichen Goldbesitzer. Der Hort der Bundesbanker war 130 Milliarden Dollar wert.

Unter den westlichen Notenbanken bildeten Fed und Bundesbank in den vergangenen Dekaden eine Ausnahme, da sie anders als viele vergleichbare Institute keine größeren Mengen Gold abgaben. Doch selbst bei verkaufsfreudigeren Instituten wie der Bank of England oder der Schweizerischen Nationalbank hat die Neigung, sich von großen Teilen des Goldschatzes zu trennen, deutlich nachgelassen. Obwohl das Preisniveau für solche Verkäufe gegen Ende des Jahrzehnts sehr viel attraktiver gewesen wäre als zum Beispiel 1999, gab es zuletzt keine nennenswerten Verkäufe mehr. Am Markt ist von einer leisen Kapitulation der Goldverächter die Rede. Sie eröffnet für das Edelmetall völlig neue Horizonte.

Perspektiven für einen neuen Goldstandard

Metall des Vertrauens

Der bisher jüngste Akt im großen Golddrama ist die Euroland-Krise. War Gold bis in das Jahr 2009 hinein vor allem die Nemesis des amerikanischen Dollar, so ist es nunmehr die Gegenwährung zu Papiergeld schlechthin geworden. In jenem Jahr verlor der Euro seine Reputation als Defensivwährung. Vorher galt das europäische Einheitsgeld als »friedlichere« Alternative zum Greenback, dem der Ruf anhängt, ein aggressives Instrument Washingtoner Interessen zu sein. Zunächst zogen die eskalierenden Schuldenprobleme in Griechenland den Eurokurs nach unten, dann setzten ihm die politische Zerstrittenheit der Europäer und der Finanzstress des kontinentalen Bankensektors zu. Schließlich crashte auch die Europäische Zentralbank, indem sie in der akuten Notlage ihre Prinzipien über Bord warf. Die Investoren, die dieses Verhalten erschreckte, waren nun dafür sensibilisiert, wie prekär sich auch die Situation des Euro gestaltete. Der Bundesbank-Nachfolgerin EZB war zuzutrauen, dass sie noch so manches Tabu brechen würde, um das politische Projekt Euro zu retten.

Die Marktentwicklung spricht eine deutliche Sprache. Bis 2009 hatte der Goldpreis in Dollar stets stärker zugelegt als der Goldpreis in Euro. Das änderte sich mit dem Beginn der Griechenland-Posse, die Merkel, Sarkozy, Trichet und andere Europafürsten aufzuführen begannen. In Dollar gerechnet stiegen die Unzennotierungen zwischen Ende Oktober 2009 und Anfang Juni 2010 um 15 Prozent, doch auf Eurobasis ging es sogar um 44 Prozent nach oben. Die Marktteilnehmer sprachen der Problemlösungskompetenz der Europäer ein deutliches Misstrauen aus.

Mit dem Dollar und dem Euro waren die beiden großen Devisen der westlichen Welt im Verdacht, auf dem Weg zu Weichwährungen zu sein. Dieses Misstrauen färbte nun auch auf andere Zahlungsmittel ab. Nur einige wenige Währungen konnten sich der allgemeinen Papiergeldschwäche entziehen, auffälligerweise vor allem Devisen von Ländern mit mächtigen Rohstoffvorkommen (also Währungen, die implizit durch Sachwerte gedeckt waren) wie Australien.

Zehn Jahre nach dem ersten Washingtoner Goldabkommen hat sich die Stellung des Edelmetalls im internationalen Finanzgefüge radikal gewandelt: Zunächst entdeckten Private das Metall als Wertaufbewahrungsmittel neu. Dann verwandelten sich die Notenbanken von einem gefürchteten Preisverderber zu einem potenziellen Preistreiber auf dem Edelmetallmarkt. Die Institutionen müssen nicht mehr durch Abkommen an markterschütternden Verkäufen gehindert werden, sondern Strategien finden, wie sie eine Aufstockung ihrer Bestände bewerkstelligen, ohne eine gefährliche Knappheit und Preissprünge hervorzurufen. Innerhalb einer Dekade hat Gold einen erstaunlichen Weg genommen: vom obskuren Sammelobjekt zur allseits ernst genommenen Ersatzwährung. Doch damit muss die Geschichte von der Wiederentdeckung des Edelmetalls nicht zu Ende sein.

Seit Angela Merkel und ihr Finanzminister Peer Steinbrück im Oktober 2008 vor die Presse traten, um alle deutschen Spareinlagen zu garantieren, wurden viele Jüngere zum ersten Mal in ihrem Leben damit konfrontiert, dass das Geld auf dem Festgeldkonto möglicherweise nicht so sicher war, wie es die marmorne Schalterhalle ihrer Bank suggeriert. Und als der Staat sich im Folgejahr genötigt sah, so viele Kredite aufzunehmen wie noch nie, um eine neue Depression abzuwenden, dämmerte vielen, dass die Zeiten des harten Geldes vorbei sein könnten. Nicht nur die Bundesrepublik, auch andere westliche Staaten haben inzwischen solch furchterregende Schuldenberge aufgehäuft, dass eine Rückführung der Verbindlichkeiten unter normalen Bedingungen schwer vorstellbar erscheint. Die Griechenland-Misere wird zum schlechten Omen für das neue Jahrhundert.

Allein die Konjunktur- und Bankenrettungspakete der Jahre 2008 und 2009 schlagen mit zwölf Billionen Dollar zu Buche – zwölf Billionen Dollar, die fast ausschließlich auf Kredit finanziert wurden. Die Zinslast der Verbindlichkeiten droht die Staatshaushalte über kurz oder lang zu sprengen. Die Kapitalflucht aus Griechenland als Reaktion auf die ausufernden Defizite 2009/10 war ein Vorgeschmack auf das, was andere Länder in Zukunft heimsuchen könnte. Bei immer neuen Rekordschuldenständen sind auch Industrienationen nicht davor gefeit, in eine finanzielle Tragödie zu taumeln, deren letzter Akt der Staatsbankrott sein könnte. Während die Bundesrepublik 2010 mit mehr als 80 Prozent ihrer jährlichen Wirtschaftsleistung in der Kreide stehen wird, strebt die Schuldenquote für die USA (inklusive Bundesstaaten) auf die 100-Prozent-Marke zu. Die ehemalige Superökonomie Japan ist gar mit dem Doppelten ihres Bruttoinlandsprodukts verschuldet. Allein die rekordniedrigen Zinsen verhindern den finanziellen Harakiri der drittgrößten Volkswirtschaft.

Die Lösung für diese Schuldenorgie, argwöhnen historisch Gebildete, könnten die Staaten in einer mutwillig herbeigeführten Inflation suchen. Indem die Zentralbanken die Notenpressen rotieren lassen und die Wirtschaft mit Geld überschütten, so das Kalkül, provozieren sie einen Preisauftrieb, dessen größter Nutznießer der Staat ist. Anders als Private oder die meisten Unternehmen steigert die Regierung ihre Einkünfte proportional zum allgemeinen Preisniveau. Der Verdacht steht im Raum, dass es der Staat mit der Geldwertstabilität in Zukunft nicht mehr so genau nehmen könnte wie in den zurückliegenden 30 Jahren. Die schwere Vertrauenskrise, die mit der Finanzkrise einherging, ist keineswegs überwunden, sondern von den Banken auf die staatlichen Institutionen übergegangen.

Der Vertrauensverlust wirft die Frage auf, ob die künftige Rolle des Goldes nicht darüber hinausgehen könnte, ein Wertaufbewahrungsmittel für Privatpersonen und Notenbanken zu sein. Wenn die von Höchstand zu Höchstand eilende Staatsschuld und die lockere Geldpolitik den Wert der Währungen zu unterminieren drohen, wäre es dann nicht eine Überlegung wert, das »unkaputtbare« Edelmetall wieder zum Fundament eines reformierten Geldes zu machen? Sollte, mit anderen Worten, ein neuer internationaler Goldstandard errichtet werden, um den Wert unseres Geldes zu schützen?

Der Ebenezer Scrooge der Währungswelt

Unter Ökonomen und zumal Geldpolitikern steht der Goldstandard in einem schlechten Ruf. Die akademische Mehrheitsmeinung geht dahin, dass die Bindung der Geldmenge an die Edelmetallbestände Notenbanken zu unflexibel macht, um auf extreme Ereignisse zu reagieren. Das mache ihn geradezu gefährlich. Die Forderung nach Wiedereinführung von Goldgeld, so drückte es ein Kritiker aus, sei schlicht »verrückt«.

Der prototypische Vorwurf lautet, die Goldparität habe nach dem Crash von 1929 eine die Wirtschaft stützende Reaktion der Notenbanken verhindert und die Große Depression mitverursacht. Zumindest bei oberflächlicher Betrachtung hat die Edelmetall-Fixierung tatsächlich einen Anteil am katastrophalen Entgleisen in eine Weltwirtschaftskrise Anfang der Dreißigerjahre. In der beginnenden Krise war die Federal Reserve, ganz dem damaligen Paradigma verhaftet, darauf bedacht, nicht zu viel Gold ins Ausland abfließen zu lassen. Genau dies wäre jedoch die Folge gewesen, hätte sie die Zinsen gesenkt. Die einzelnen Notenbanken rangelten um Gold, und besonders begierig, Edelmetall ins Land zu ziehen, waren die Franzosen. Daher behielten die Amerikaner selbst im konjunkturellen Absturz eine relativ restriktive Geldpolitik bei.

Mitten im Abschwung, im Herbst 1931, hob die Federal Reserve den Leitzins von 1,5 auf 3,5 Prozent an, obwohl die Verbraucherpreise zu diesem Zeitpunkt schon um 7 Prozent gefallen, die Industrieproduktion um ein Viertel geschrumpft, Tausende Firmen pleite gegangen und die Arbeitslosigkeit auf 20 Prozent hochgeschossen war. Kritiker werfen dem Goldstandard daher vor, er verwandele Währungshüter in Ebenbilder von Ebenezer Scrooge, in kaltherzige Geizkrägen, denen das Schicksal von

Menschen, die ihren Job oder ihren Laden verlieren, gleichgültig ist, solange der Wert des Geldes nur erhalten bleibt.

Die wenigen Verteidiger des Goldstandards halten dagegen, nicht die Barren in ihren Tresoren hätten die Fed zu ihrer fatalen Fehlentscheidung verleitet, sondern das Fehlen einer internationalen Kooperation. In der Tat war der Hauptunterschied zwischen 1929 und 2008 der, dass sich Notenbanker und Finanzminister nach dem Lehman-Desaster eng abstimmten, nach der Großen Depression aber nicht. Hätten die Währungshüter auch damals kooperiert, wäre die fatale Zinserhöhung vom Herbst 1931 womöglich nicht nötig gewesen. Wenn also das Personal von Fed, Bank of England, Banque de France und Reichsbank Anfang der Dreißigerjahre dem prototypischen Geizkragen Ebenezer Scrooge aus Charles Dickens' *Weihnachtserzählung* glich, dann nicht unbedingt wegen des Goldstandards, sondern weil es die Ära des Wirtschaftnationalismus war.

Die Kritik an der Goldwährung geht indessen noch weiter: Sogar in normalen Zeiten sei ein Edelmetallstandard nicht anpassungsfähig genug. Warum solle man die Geldmenge von den Unwägbarkeiten der Goldproduktion abhängig machen? Wozu sich diesen zusätzlichen Risikofaktor ins Haus holen, wo Geldpolitik doch schon komplex genug ist?

Wie gesehen lag die Förderung des gelben Metalls in den vergangenen Jahren relativ konstant bei 2400 bis 2600 Tonnen im Jahr.[58] Allerdings darf man nicht selbstverständlich davon ausgehen, dass es niemals Angebotsschocks in die eine oder die andere Richtung geben kann. In der Vergangenheit gab es immer wieder Phasen, in denen deutlich weniger Gold geschürft wurde als in den Jahren zuvor. So in den Vierziger- und Siebzigerjahren des 20. Jahrhunderts. Wächst die Menge der erzeugten Güter und Dienstleistungen schneller als die des Goldes, ruft das die Gefahr einer Geldknappheit hervor. Hiergegen lässt sich jedoch einwenden, dass milde Deflation nichts Schlechtes sein muss. Wenn die Verbraucherpreise nur leicht fallen, können sich Erzeuger und Konsumenten darauf einstellen. Nur eine abrupte und einschneidende Geldverknappung wie in der Großen Depression hätte fatale Folgen. Der klassische Goldstandard im letzten Drittel des 19. Jahrhunderts hinderte Ökonomien wie Deutschland, Großbritannien und die USA jedenfalls nicht daran, zu expandieren und das Realeinkommen pro Kopf auszuweiten – und das bei einer wachsenden Bevölkerung.

Theoretisch ebenso schädlich wäre auch eine starke Ausweitung der Edelmetallproduktion. Werden keine Gegenmaßnahmen ergriffen, bedeutet ein Mehr an Gold in einem Goldstandard ein Mehr an Geld, auch in Perioden, in denen die zusätzliche Liquidität nicht gebraucht wird. Das wiederum ist gleichbedeutend mit Inflationsgefahren. Allerdings müssen selbst Edelmetallskeptiker einräumen, dass Fälle ausufernder Geldentwertung häufiger in Papierwährungssystemen anzutreffen sind als im Edelmetallstandard.

Theoretisch sollte sich die Edelmetallproduktion im Paradigma des Goldstandards sogar selbst regulieren. Besteht in deiner deflationären Phase eine hohe unbefriedigte Nachfrage nach Goldgeld, so haben die Minen einen starken Anreiz, ihre Edelmetallproduktion auszuweiten. In der Inflation wiederum sinkt der Bedarf an zusätzlichem Gold: Die Bergwerke drosseln ihre Förderung. Diese Ausgleichsmechanismen funktionieren in der Realität zwar nie so gut wie in der Theorie, da es bei der Reduzierung und Ausweitung des Goldausstoßes zu einer zeitlichen Verzögerung kommt. Sie zeigen aber, dass der Goldstandard keineswegs so starr ist, wie von seinen Gegnern immer wieder behauptet wird.

Das vielleicht größte ökonomische Hindernis zur Wiedererrichtung eines internationalen Goldstandards ist die schiere Menge des Geldes, die er abdecken müsste. In einem echten Edelmetallsystem, das den Namen verdient, ist Geld gleichbedeutend mit Gold oder, unter Umständen, Silber. Banknoten oder elektronische Euro auf dem Girokonto wären nur so etwas wie ein einfacher zu handhabender Platzhalter für den metallenen Sachwert, der irgendwo in einem sicheren Tresor deponiert ist. Es würde daher nicht genügen, zum Beispiel die Euroland-Geldmenge M3 zu einem minimalen Teil mit Barren und Münzen zu unterlegen, etwa zu 2 oder 3 Prozent. Echtes Goldgeld müsste zu mindestens 40 Prozent mit Edelmetall gedeckt sein. Beim aktuellen Marktpreis reicht das von den

Ländern der Währungsunion gehortete Gold aber lediglich aus, um eine Geldmenge von 333 Milliarden Euro zu 100 Prozent zu unterlegen. Die breite Geldmenge M3 liegt in der Eurozone hingegen bei 9,4 Billionen Euro, wäre also nur zu kläglichen 3,5 Prozent gedeckt.

Diese Lücke ließe sich auf zweierlei Weise schließen: Entweder, indem die Geldmenge radikal beschnitten wird, oder, indem der Goldpreis enorm steigt. Beides würde mit einem extremen Anpassungsschock einhergehen. Besonders Ersteres wäre für die Regierungen vollkommen unbtragbar: Eine Reduzierung der Geldmenge käme einer politisch herbeigeführten großen Deflation gleich. Jeder moderne Staat würde an den damit einhergehenden Massenprotesten zerbrechen. Es bleibt die Option, den Unzenpreis auf 13 500 Dollar je Unze steigen zu lassen, damit eine 40-Prozent-Deckung erreicht werden kann – vorausgesetzt natürlich, dass sich die Geldmenge nicht weiter aufbläht.

Alles in allem steht außer Zweifel, dass der Goldstandard kein perfektes Währungsregime ist. Letztlich wäre die Verankerung des Geldes in Edelmetall eine Behelfskonstruktion. Eine disziplinierte Notenbank, die sich verlässlich an (ehrgeizige) Inflationsziele hält, bräuchte Gold als Krücke für die Preisstabilität nicht. Die Tatsache, dass in den vergangenen Jahren unter Fachleuten wie Laien wieder stärker über den Edelmetallstandard diskutiert wird, zeigt indessen, dass vielen Menschen das augenblickliche Papiergeld-System als Problem erscheint.

Die wesentlichen Argumente pro Edelmetall drehen sich alle darum, dass ein Edelmetallstandard der Menge des produzierten Geldes Schranken auferlegt. Die Notenbank kann nicht frei darüber entscheiden, wie viele Dollar, Pfund oder Euro sie produziert. Es gehört zum Selbstverständnis von Alan Greenspan, dass er die Federal Reserve zu einer Institution gemacht hat, deren Politik den Goldstandard nachahmt, ohne dessen Beschränkungen zu unterliegen. Heute wird man bestreiten, dass diese Selbstbeweihräucherung Greenspans gerechtfertigt war. Schließlich sind während seiner Amtszeit die Voraussetzungen für die New-Economy- und die Hypothekenblase geschaffen worden.

Zu Beginn der zweiten Dekade des 21. Jahrhunderts traut der Fed kaum noch jemand eine solche Disziplin zu. Der Fed nicht und anderen westlichen Notenbanken ebenso wenig. Zu groß sind die Finanznöte der Staaten, als dass die sogenannten Währungshüter nicht im Verdacht stünden, eine geldwertgefährdende Komplizenschaft mit den Regierungen anzustreben. Es ist seine Leichtigkeit, die das Papiergeld gerade in dieser Situation so attraktiv macht. Schulden in einer Edelmetallwährung sind, insbesondere für Staaten, »schwere« Schulden. Sie lassen sich nicht einfach weginflationieren, wie es mit Geld aus der Druckerpresse gleichsam auf Knopfdruck möglich ist und schon vielfach praktiziert wurde. Doch diese Leichtigkeit des Papiergeldes birgt enorme Gefahren, sie könnte für Sparer schon bald unerträglich werden.

Glänzender Staatsfeind

Die Frage nach dem Goldstandard ist deshalb eine eminent politische. Auch wenn es paradox klingt: Ebenso wie Milliarden Menschen ein Interesse daran haben, dass ihr Geld die Kaufkraft behält, haben die hochverschuldeten Regierungen ein Interesse daran, dass die Währung nicht allzu stabil bleibt. Für den einzelnen Bürger sind steigende Preise mindestens ein Ärgernis, wenn sie nicht gar seinen Wohlstand bedrohen. Für den Fiskus hingegen bedeuten sie ein Mehr an Einnahmen, sie lassen die Steuerquellen kräftig sprudeln. Zwar gibt es auch für den Staat Grenzen, jenseits derer die Geldentwertung keinen Nutzen mehr hat und beginnt, wie eine ätzende Säure an den Institutionen zu nagen – das war im Deutschland des Jahres 1923 der Fall, aber ansatzweise auch in den USA der späten Siebzigerjahre. Grundsätzlich aber gilt: Es gibt keinen größeren Nutznießer der Inflation als den größten Schuldner von allen, den Staat.

Da die Verschuldung ein *Fait accompli* ist, ein nicht mehr zu änderndes Faktum, wird es keine hartnäckigeren Gegner einer Wiedereinführung des Goldstandards geben als die Regierungen. Wer mit mehr als 50 Billionen Dollar in der Kreide steht – auf dieses Volumen schätzen Ökonomen die Staatsverschuldung der Industrienationen im Jahr 2011 – kann alles gebrauchen, nur kein hartes Geld. Denn dann wür-

den auch Zinsen und Tilgung der Kredite tonnenschwer und unverrückbar auf den Haushalten lasten. Ein Goldstandard könnte die
Bürde der Schulden ins Unerträgliche steigern. Je abhängiger eine Notenbank daher von der Regierung (und damit indirekt von Interessengruppen) ist, desto vehementer wird sie sich gegen einen neuen Edelmetallstandard wenden.

Der Widerstand gegen das Edelmetall hat auch eine weitere hochpolitische
Dimension. Gold ist ein »rechtes« Metall, in dem Sinne, dass es als nahezu
inflationsresistente Währung jene begünstigt, die begütert sind und über ein
relativ hohes Geldvermögen verfügen. Genau diese Stabilität war es, die Bezieher von Zinseinkünften – die berühmten Rentiers – im 19. Jahrhundert
für den Edelmetallstandard optieren ließen. In Großbritannien, das früher
als andere Nationen eine parlamentarische Kultur ausgebildet hatte, konnten
die Rentiers besonders wirksam Einfluss auf die Geld- und Fiskalpolitik aus-
üben. So wundert es nicht, dass das Vereinigte Königreich als eines der ersten Länder 1817 per Gesetz eine Goldparität einführte. Den Besitzern von
Zinspapieren ging der Schutz vor der Geldentwertung über alles, im Zweifel
mussten Konjunktur und Arbeiter durch Deflation den Preis zahlen.[59]

Als sich hingegen nach der Jahrhundertwende und vor allem nach dem
Ersten Weltkrieg die »linke« Idee des Sozialstaats durchsetzte, begann das
Primat des stabilen Geldes zu erodieren. Man kann das schlechte Funktionieren des neuen Goldstandards in den Zwanzigerjahren unter diesem
Aspekt betrachten: Die monetäre Disziplin der Goldwährung, die in den
anciens régimes vor 1914 so gut funktioniert hatte, wurde für die um Ar-
beitsplätze und Sozialleistungen bemühten Regierungen der Zwischen-
kriegsära zunehmend untragbar.

Die frühe Weimarer Republik von 1919 bis 1923 ist nicht von ungefähr
das exakte Gegenbild eines Landes mit stabiler Währung. Die Regierung
hatte nicht nur den Goldstandard aufgegeben, sondern trieb gezielt eine
Inflationspolitik, teils um sich der finanziellen Altlasten der kaiserlichen
Vorgängerregierung zu entledigen, teils um die Siegermächte auf ökonomisch melodramatische Weise davon zu überzeugen, dass die Reparati-
onsforderungen an Deutschland unerfüllbar seien. Nicht zuletzt sollten

mit der Flut des frisch gedruckten Papiergelds innenpolitische Brandher-
de gelöscht werden.

Zwar erlebte der Rentier, der nach einem schauerlichen Diktum von
Keynes in den Zwanzigerjahren *Sterbehilfe* bekam, seit den Achtzigerjahren eine Auferstehung. Unter anderem wären nicht wenige der Besitzer
der mehr als 90 Millionen Lebensversicherungspolicen in Deutschland
zu dieser Gruppe zu zählen. Die Versicherungsgesellschaften investieren das Geld der Kunden zum überwiegenden Teil in Festverzinsliche.
Doch die meisten Bezieher von Zinseinkünften sind eben auch Empfän-
ger staatlicher Umverteilungen, vom Kindergeld über die Pendlerpau-
schale bis hin zu Wohnriester. Während sie auf der einen Seite also von
solidem Geld profitieren würden, müssen sie auf der anderen Seite befürchten, dass die durch einen neuen Goldstandard in die Bredouille ge-
brachte Schuldenrepublik ihre wohlfahrtsstaatlichen Leistungen kürzt.
Der Historiker Niall Ferguson bringt es auf den Punkt, wenn er schreibt:
»In einem gewissen Sinn war der Wohlfahrtsstaat dazu bestimmt, den alten Kämpfen zwischen Rentiers, Unternehmern und Arbeitern ein Ende
zu bereiten.«[60]

Im 19. Jahrhundert standen sich die Anhänger des lockeren Geldes, häufig Agrarier, und die Befürworter eines gezügelten Geldes, allen voran
die Rentiers, noch unversöhnlich gegenüber. Die sozialen Gruppen waren in der Regel säuberlich getrennt. Heute schlagen beide Herzen in einer Brust. Es ist höchst unwahrscheinlich, dass aus dieser Gemengelage
die politischen Mehrheiten hervorgehen, die die Wiedereinführung des
Goldstandards durchdrücken könnten. Das heißt, es ist unwahrscheinlich *vor* einem Kollaps der Staatsfinanzen, unwahrscheinlich *vor* der großen Enteignung durch Inflation.

The Day After

Es waren die sich ausweitenden Defizite und die Dollar-Schwemme, die
Richard Nixon im Jahr 1971 veranlassten, das »Goldfenster« zu schließen. Solange der Sozialstaat in seiner heutigen Form existiert, wird die-

ses Fenster zum Edelmetallstandard wohl nicht mehr geöffnet werden. Doch so sicher es ist, dass ein neuer Goldstandard keine Chance auf ein Comeback in den Sozial- und Defizitstaaten hat, so sehr könnte sich die Frage *nach* einer möglichen großen Schuldenkrise stellen. Die Dynamik der Ereignisse in Griechenland hat deutlich gemacht, dass die Gefahr einer Staatspleite keine rein hypothetische ist. Selbst große Industrieländer wie die USA, Großbritannien, Japan oder Deutschland sind nicht immun: Ihre Verschuldungskennzahlen steigen so rapide, dass ein Zusammenbruch unter der Last der Verbindlichkeiten in den nächsten Jahrzehnten eine reelle Gefahr ist.

Mit beispiellosem finanziellem Ballast taumeln die Industriestaaten der größten demografischen Herausforderung der neueren Geschichte entgegen, einer Ära, in der eine numerisch überwiegende ältere Generation ihre Ersparnisse eher auflösen als neue bilden dürfte. Für die Situation, in der sich die Industrieländer heute befinden, gibt es keine historische Präzedenz. Gerade in dem Moment, da Sparer händeringend gesucht werden, um die Finanzlöcher zu stopfen, gehen den Volkswirtschaften die Sparer aus. In Japan ist der Prozess von Verschuldung und Alterung am weitesten vorangeschritten. Bleibt das in Tokio, Berlin, Washington und anderen Hauptstädten beschworene Wachstumswunder (welches die Schulden dahinschmelzen lassen soll) aus, erscheint eine Staatsinsolvenz, eine Inflation oder eine Währungsreform als Endpunkt der Schuldenkrise nicht mehr abwegig.

Nach dem finanziellen »Großreinemachen« oder »Armageddon«, wie man es auch, je nach Einstellung, nennen will, dürfte es den westlichen Regierungen schwerfallen, Vertrauen für ein neues Papiergeld zu gewinnen. Um dem Reform-Yen, dem New Dollar oder dem Neuro (oder wie immer die Währung nach dem großen Crash der Staatsfinanzen heißen mag) einen unzweifelhaften Unterbau zu geben, könnte Gold sehr wohl wieder ins Spiel kommen. Probleme einer klassischen Edelmetallwährung wie die Schwankungen der Goldproduktion könnten dadurch minimiert werden, dass die Notenbanken das neue Geld statt allein mit Gold mit einem Korb von Rohstoffen decken.

Die deutsche Rentenmark von 1923, welche die durch Hyperinflation gleichsam ins Nichts verdampfte Reichsmark ablöste, verbriefte neben Grundschuld – Hypotheken auf landwirtschaftlichen und industriellen Grundbesitz – auch Goldanrechte. Ähnlich wie 1923 werden die Verantwortlichen, die sich am »Tag danach« daran machen, ein neues Währungsgebäude zu errichten, einen Stützpfeiler finden müssen, der für eins steht: monetäre Disziplin und Beständigkeit. Wetten darauf, dass das älteste Wertaufbewahrungsmittel der Welt zumindest ein Baustein der neuen Währung sein wird, sind nicht ganz aussichtslos.

Der private Goldstandard

Während die Währungsreform und ein neues Rohstoffgeld noch einer amorphen Zukunft angehören, schaffen private Anleger schon heute Realitäten. Indem sie einen wachsenden Teil ihrer Ersparnisse in Edelmetallmünzen und -barren sowie physisch unterlegte Indexfonds investieren, stärken sie die Reservewährung ihrer Wahl. In gewisser Weise sind ETFs wie der SPDR Gold bereits mit privaten Notenbanken zu vergleichen. Inzwischen halten die Fonds zusammen gut 2000 Tonnen Gold und belegen damit Platz fünf der größten Goldreservenbesitzer. Der Trend zur Privatisierung der Goldreserven setzt sich damit weiter fort. Die Fonds sind auch Ecksteine einer neuen Ära, in der Geld viel stärker als heute wieder als Gut begriffen wird, das individueller Obhut unterliegt und nicht der Aufsicht und Kontrolle einer Notenbank mit heimlichen Hintergedanken.

Die Rückkehr einer staatlich garantierten Goldwährung mag noch Zukunftsmusik sein. Der private Goldstandard ist hingegen schon da. Und er wird stärker mit jedem Tag, an dem Sparer Dollars, Euros oder Pfunde in Gold tauschen. Das lange vergessene »Metall des 19. Jahrhunderts« ist auf gutem Weg, das Metall des 21. Jahrhunderts zu werden. Im Weltkrieg der Währungen ist seine strikte Neutralität gegenüber allen Regierungen die stärkste Bastion.

TEIL III:
DIE NEUE WELTORDNUNG DER WÄHRUNGEN

1. Demarkationslinien des 21. Jahrhunderts

Wenn künftige Historiker auf das frühe 21. Jahrhundert zurückblicken, werden sie zahlreiche geopolitische Bruchlinien erkennen: den Nahen Osten, Taiwan und die koreanische Halbinsel, die Ukraine und den Kaukasus, um einige Beispiele zu nennen. In all diesen Regionen prallen nationale Interessensphären aufeinander, deren Grenzen nicht ohne schwerwiegende Folgen überschritten werden dürfen. Doch werden künftige Historiker ohne Zweifel auch eine andere Demarkationslinie identifizieren, deren Bedeutung sich vielen der heute Lebenden noch gar nicht erschließt: die zwischen dem Dollar und dem Yuan. Der Wechselkurs zwischen der chinesischen und der amerikanischen Währung – zuletzt bei knapp unter 6,80 Yuan zum Dollar – ist die vielleicht wichtigste und umkämpfteste Grenze des 21. Jahrhunderts. Je nachdem, wo diese monetäre Demarkationslinie verläuft, ob sie eher in die eine oder die andere Richtung verschoben werden kann, werden Billionen von Dollar in die westlichen Volkswirtschaften kanalisiert – oder eben in die schnell expandierende chinesische Ökonomie.

Chinas Chance

Die aufstrebende Volksrepublik steht vor einer ähnlichen Entscheidung wie die triumphierenden Vereinigten Staaten nach dem Ersten oder dem Zweiten Weltkrieg. Tatsächlich bringt das Zusammentreffen von Kreditexplosion und demografischer Implosion die westlichen Staaten finanziell in eine ähnlich prekäre Lage wie die Alte Welt nach 1918 oder 1945. Ein Historiker merkte bereits 2009 an, dass die Situation nach dem Lehman-Fiasko von den Ausmaßen der Finanz-Misere nach einem großen Krieg ähnelte.

Im 20. Jahrhundert war es an Amerika, seinen rasant wachsenden Wohlstand mit anderen zu teilen. Nach dem Ersten Weltkrieg nahmen die USA diese Berufung nur zum Teil an: Zwar trug Washington mit dem Dawes- und später dem Young-Plan sein Scherflein dazu bei, die Schuldensituation in Europa zu entspannen. Doch blieb die Unterstützung für eine politisch, wirtschaftlich und nicht zuletzt geistig zerrüttete Alte Welt Fragment. Nach dem Zweiten Weltkrieg lernten die USA aus ihrem Fehler. In Fom des Marshallplans halfen sie dem ehemaligen Mutterkontinent, wirtschaftlich wieder auf die Beine zu kommen.

Heute argumentiert China, dass seine Möglichkeiten, globale Verantwortung zu übernehmen, begrenzt sind. In weiten Teilen sei es ja selbst noch ein Entwicklungsland. Der Westen müsse der Volksrepublik schon die gleiche ungestörte Entwicklung zugestehen, die er selber 200 Jahre in Anspruch genommen habe. Dieser Argumentation ist moralisch wenig entgegenzuhalten.

Gleichwohl hat es China in der Hand, dem 21. Jahrhundert eine friedliche Richtung zu geben oder eine, die in Konflikt und schlimmstenfalls sogar Krieg münden kann. Der Kurs des Yuan ist ein Schlüssel dazu. Wie ein Pflug wird die Parität von Yuan einerseits und Dollar und Euro andererseits Wohlstand in den einen oder den anderen Wirtschaftsraum pflügen. Im Moment hat der Westen einiges Recht, sich übervorteilt zu fühlen. Doch er verfügt über wenige echte Druckmittel, Peking zum Einlenken zu zwingen. So liegt das Jahrhundert in Chinas Händen. Zeigt Peking die Größe, den Wechselkurs seiner Währung behutsam aber deutlich aufwerten zu lassen, kann es damit etwas schaffen, was einem Marshallplan für das 21. Jahrhundert entsprechen würde.

Der ruhende Pol

Der Yuan-Dollar-Wechselkurs ist sicherlich die wichtigste Demarkationslinie des 21. Jahrhunderts. Aber es gibt noch eine andere umkämpfte Grenze, deren künftiger Verlauf das Gesicht des Säkulums bestimmen wird. Diese zweite Demarkationslinie verläuft inmitten des größten Wirtschaftraums auf dem Planeten. In diesem Binnenmarkt leben 306 Millionen Menschen, jährlich werden dort Güter und Dienstleistungen für mehr als 13 Billionen Dollar erzeugt. Die Rede ist nicht von den USA, sondern von der Europäischen Union.

Dieses merkwürdige Gebilde zwischen Staatenbund und Bundesstaat kann auch weiterhin einen defensiven Machtblock im internationalen Gefüge bilden. Um die Relationen zu verdeutlichen: Noch produziert diese Europäische Union rund dreimal so viel wie das Reich der Mitte, und das bei weniger als einem Viertel seiner Einwohner. Seine besondere politische Struktur lässt dieses Quasi-Imperium an das Heilige Römische Reich des Mittelalters erinnern: zum Angriff unfähig, aber respektabel in der Verteidigung. Vielleicht ist allerdings ein anderer Vergleich zutreffender, der mit dem Alten China nämlich, das sich, der eigenen Expansionen müde und bedrängt von eroberungslustigen Barbaren, für den Bau der Großen Mauer entschied.

Die Große Mauer der Europäischen Union ist der Euro, der anders als Dollar und Yuan im Weltkrieg der Währungen keine aggressive Streitmacht, sondern eine Defensiv-Devise darstellt. Geschaffen, um die Macht der Deutschen Mark und der Bundesbank zu brechen, eignet sich der Euro anders als der Dollar oder der Yuan nicht als Angriffswaffe. Seine Mission ist der Friede. Im Idealfall könnte das kontinentale Geld sogar dem internationalen Währungssystem zu einer neuen Symmetrie verhelfen. Gelingt es, die Währungsunion an den Prinzipien des soliden Haushaltens auszurichten, hätte das europäische Geld genügend Schwerkraft, um zwischen dem absteigenden Dollar und dem aufsteigenden Yuan den ruhenden Pol zu bilden. Doch wollen die Europäer den Euro retten, müssen sie sich beeilen. Die Zeit arbeitet gegen sie.

Die Krise des Westens

Das 21. Jahrhunderts ist das erste Jahrhundert seit gut einem halben Jahrtausend, das nicht von einer Expansion dessen geprägt sein wird, was wir westliche Kultur nennen. Der Aufstieg Chinas und Asiens insgesamt scheint allen möglichen und auch wahrscheinlichen Rückschlägen zum Trotz unabwendbar. Das Kippen der globalen Machtachsen wird nicht ohne den einen oder anderen schmerzhaften Ruck ablaufen. Die bisher heftigste Erschütterung war die Finanzkrise. Sie ist kein Zufallsereignis, sondern erwuchs zwangsläufig aus der Art, wie westliche

Regierungen unter den Bedingungen einer alternden Wohlfahrtsgesellschaft Geldpolitik betrieben. Für den demokratischen Sozialstaat ist das Ausbleiben von Wachstum eine tödliche Gefahr, auf die er reflexartig mit der Aufnahme von Schulden reagierte. Die kreditfinanzierten Konjunkturprogramme schufen neues (künstliches) Wachstum, doch wo dieser Weg auch beschritten wurde: Seit der Finanzkrise eilen die Schulden dem Wachstum davon. Im Paradigma des Papiergeldes sind Dollar, Euro, Pfund und Yen Schuldscheine, die Jahr für Jahr weniger gedeckt sind. Da die finanzielle Hauptlast der Alterung erst in den nächsten Dekaden auf Amerika, vor allem aber auf Japan und Europa zukommen wird, lässt sich schwer ein Szenario denken, in dem der Wert dieser Devisen nicht ausgehöhlt wird.

Die vergangenen zwei Jahrzehnte haben offenbart, auf welch unsicherem Fundament unser Wohlstand ruht. Zunächst verglühte mit Japan die vermutlich fortschrittlichste Volkswirtschaft der Welt in einer Art Supernova. Schon in den Neunzigerjahren musste die ehemalige Wunderökonomie mittels einer Nullzinspolitik und weitreichenden Markteingriffen aufgefangen werden. Immer die Gefahr einer neuen Großen Deflation vor Augen intervenierte die Regierung mit Konjunkturprogrammen, während die Notenbank in Gestalt von »quantitativer Lockerung« den Kapitalmarkt manipulierte. Das alles hat kein nennenswertes nachhaltiges Wachstum zurückgebracht, allenfalls die Abwärtsspirale aufgehalten.

So grausam das japanische Schicksal war, trösteten sich amerikanische und europäische Beobachter damit, dass Ökonomie, Politik und Gesellschaft des Inselreichs einige Besonderheiten aufweisen. Es sei ein hermetisch abgeschlossener Kumpanenkapitalismus ohne ausreichende Kontrollmechanismen gewesen. Autoritätsgläubigkeit und Filz hätten der letztlich von Ausländern unverstehbaren Nation den Schlamassel eingebrockt. Diese Selbstvergewisserung des »Japan ist anders« wurde in der ersten Dekade des neuen Jahrhunderts zerschmettert. Schon im ersten Jahr der Finanzkrise 2008 sahen sich die USA und die meisten europäische Staaten zu den gleichen Maßnahmen gezwungen, die vorher noch als »japanisch« verpönt gewesen waren: Nullzins- oder Nahe-Nullzins-

Politik, milliardenschwere Konjunkturprogramme und schließlich direkte Markmanipulation mittels Anleihekäufen. Aus der Japanisierung der industrialisierten Welt können einige Schlussfolgerungen über den Zustand und die Zukunft des internationalen Geldsystems gezogen werden. Die Erkenntnisse sind alles andere als beruhigend.

Warum ereilte Japan das japanische Schicksal zuerst? Die Antwort lautet: weil bei dem Land zwei Faktoren zusammenkamen, die im Falle Europas und Amerikas versetzt und mit einiger zeitlicher Verzögerung eintraten. Ohne jede Übertreibung lässt sich sagen, dass Japan die erfolgreichste Ökonomie der zweiten Hälfte des 20. Jahrhunderts war. Seine Wachstumsraten übertrafen die des Wirtschaftswunderlands Deutschland bei Weitem. Das Exportmodell war dem seiner Konkurrenten so sehr überlegen, dass seine Unternehmen in den alten Industrieländern ganze Industriebranchen zerstörten oder zerstört hätten, wären ab den Achtzigerjahren nicht verstärkt verbrämte protektionistische Schutzzäune hochgezogen worden.

Die Schattenseite dieses Erfolgs war, dass Japan seit den Siebzigerjahren besonders viele dämonische Dollars ins Land zog – weitaus mehr, als Japan recyceln konnte. Das blähte den Banken- und Versicherungssektor zu einem karikaturesk verzerrten Riesenmonster, einer Art Finanz-Godzilla, auf. Wie der Film-Godzilla musste auch der Finanz-Godzilla an seiner eigenen mutanten Übergröße zugrunde gehen.

Die interessante Frage ist, warum Japan das Schicksal der andauernden Wachstumsschwäche bereits in den Neunzigerjahren und damit gut anderthalb Jahrzehnte vor Europa und Amerika ereilte. Anders gefragt: Warum führte nicht bereits das Platzen der New-Economy-Blase 2000 im Westen zu einem ähnlichen Kollaps wie in Japan?

Schicksal Demografie

Hier liefert die Demografie Hinweise: Wie jeder moderne demokratische Sozialstaat der Nachkriegszeit trägt auch die Wohlfahrtssupermacht Japan Züge eines demografischen Schneeballsystems. Die Generationen im Arbeitsleben müssen die steigenden Kosten für Gesundheit und Rente tragen. Das geht gut, solange genügend Nachwuchs oder Wirtschaftswachstum vorhanden ist. Bleiben aber Kinder oder ausreichend hohe Produktivitätsgewinne aus, gerät das System ins Rutschen. Der Unterschied zum Rest der industrialisierten Welt liegt in der demografischen Struktur. Japan erreichte einen ersten Höhepunkt der Alterung früher als andere Industrieländer, und zwar in den Neunzigern. Das originäre Wachstum war daher zu schwach, um die Verheerungen der Dämonische-Dollars-Blase auszugleichen, zumal dem Exportmeister Japan mit der Öffnung der ehedem kommunistischen Volkswirtschaften, vor allem Chinas, mächtige Konkurrenz erwuchs.

Mit graduellen Unterschieden haben jedoch fast alle europäischen Volkswirtschaften und auch die USA ihren demografischen Zenit (gemessen am Anteil der produktivsten Jahrgänge an der Gesamtbevölkerung) überschritten. Auch die Bevölkerung der Bundesrepublik Deutschland ist neuerdings im Schrumpfen begriffen. Die ersten Babyboomer-Jahrgänge werden im Laufe dieser Dekade aus dem Berufsleben ausscheiden, wie es in Japan bereits in den Neunzigerjahren der Fall war. Es läuft daher ganz nach dem japanischen Drehbuch, wenn die europäischen Regierungen und die Zentralbank im großen Stil ökonomisch eingreifen, um Wachstum zu inszenieren.

Diese mit Krediten oder über die Notenpresse finanzierten Maßnahmen können ebenso wenig dauerhaft volkswirtschaftliche Dynamik schaffen wie die japanischen Interventionen. Das gespenstische Szenario eines Abgleitens in die Deflation oder die Depression wird daher auch bei zwischenzeitlichen Erholungen nicht schwinden. Im derzeitigen Paradigma wird die durch dämonische Dollars verursachte Krise durch neue dämonische Dollars bekämpft, unterstützt durch dämonische Euros, dämonische Pfunde und dämonische Yen.

Am Ende wird es immer wieder auf ein Wettrennen hinauslaufen: Kann die Weltwirtschaft insgesamt schnell genug wachsen, um die von den alternden Industriestaaten aus Verzweiflung geschaffenen dämonischen

Dollars zu absorbieren? Nur wenn das der Fall ist, scheint eine nichtrevolutionäre Lösung denkbar.

Ein schlechtes Geschäft

Einzelne Industriestaaten wie Deutschland können dann sogar darauf hoffen, dass sie über den Warenexport genügend Wachstum generieren, um die Menge an Gütern mit der Menge an Geld in Einklang zu bringen. Auch Länder wie Griechenland könnten profitieren, indem sie Dienstleistungen, zum Beispiel im Tourismus, an die Menschen aus erfolgreichen Exportnationen verkaufen.

Legen Geldmenge und Schulden jedoch weiterhin überproportional zu, steuert alles auf einen radikalen Bruch zu. Die dämonischen Dollars werden dann auf der Suche nach einer Bleibe weiter um den Globus jagen. Finden sie eine, so lassen sie sich dort nieder und erzeugen eine Spekulationsblase – ehe sie wieder aufgescheucht werden und weiterziehen.

Wo sind die dämonischen Dollars momentan anzutreffen? Auch und vor allem in Staatsanleihen. Die Bewertung japanischer Regierungstitel mit zehnjähriger Laufzeit, die die Rendite auf 1,1 Prozent drückt, ist 2010 ebenso irrational, wie die Anleiherallye der vergangenen 20 Jahre rational war. Das muss jedoch nicht bedeuten, dass ein Platzen dieser Blase unmittelbar bevorsteht. In Japan handelt es sich streng genommen nicht einmal um eine Spekulationsblase. Zutreffender wäre vielleicht der Begriff »Interventionsblase«, da es staatliche Institutionen sind, die sie nähren.

Auch lang laufende Titel der USA und vieler europäischer Staaten erscheinen angesichts der Perspektiven deutlich überbewertet. Amerika hat sich auf einen extremen Verschuldungskurs begeben, und in der EU deutet sich an, dass selbst relativ solide wirtschaftende Staaten am Ende die Schulden der Unsoliden übernehmen müssen. So mutet denn auch eine deutsche Zehnjahres-Bundesanleihe mit 2,2 Prozent Rendite (soviel warf sie im Sommer 2010 ab) nicht wie ein gutes Geschäft an. Zwar sind die Inflationsraten aktuell niedrig und mögen noch eine Zeit lang niedrig bleiben. Doch angesichts des enormen Rohstoffbedarfs der Schwellenländer und der dort zu erwartenden Lohnsteigerungen ist das eine äußerst unsichere Wette. Der globale Nachfrageschub wird das Preisniveau auch hierzulande früher oder später nach oben hieven.

Langfristig kann die Prognose über die finanzielle Solidität der Industrieländer kaum günstig ausfallen. Der Schuldenfluch lässt sich realistisch betrachtet nur auf zweierlei Weise brechen, und beide sind für Sparer alles andere als beruhigend. Die Alternativen lauten Staatsbankrott mehrerer großer Länder und eine damit einhergehende neue Depression oder eine Entschuldung mittels Hyperinflation, was einer kalten Enteignung der Anleihenbesitzer gleichkäme. Das 1971 gestartete Experiment des Papiergelds tritt in eine entscheidende Phase, und die Chancen auf einen günstigen Ausgang sind gering.

Sozialstaat und Papiergeld

Solange die Bevölkerungsentwicklung in den Industrieländern günstig war, konnten die potenziell geldwertvernichtenden Effekte dieses Systems ausgeglichen werden. Die Inflation blieb praktisch latent. Doch seitdem der demografische Trend gedreht hat, wird die Versuchung übermächtig, die Notenpresse als Waffe im Krieg gegen die Krise einzusetzen, wobei unter Krise wahlweise wirtschaftliche Stagnation, Deflation oder Depression verstanden wird.

Der Mangel an Wachstum ist für moderne demokratische Sozialstaaten, die ihrer Natur nach einem Schneeballsystem ähneln, existenzbedrohend: Da die Ansprüche prinzipiell immer weiter wachsen, geht die Rechnung nur auf, solange eine genügend starke Konjunktur Geld in die Kassen spült, ökonomischer Stillstand bedeutet für die sozialen Systeme das sichere Ende. So erklärt sich auch die Vehemenz, mit der die Regierungen auf den 15. September 2008 reagiert haben. Etwas anderes als Wachstum darf nicht sein. Zur Not muss ein permanenter Ausnahmezustand ausgerufen werden. Damit nimmt die Gefahr zu, bei der monetären Krisenbekämpfung über das Ziel hinauszuschießen und statt einer milden Inflation eine bösartige Inflation zu provozieren.

Bei der privaten Geldanlage muss es folglich darum gehen, dem Laboratorium des großen Experiments so gut wie möglich zu entkommen. Das große Experiment – das ist ungedecktes Papiergeld, das beliebig vermehrt werden kann. Die Dollars, Euros, Pfunde und Yen des Nach-Bretton-Woods-Standards zählen dazu.

Langfristig ist jeder Bürger daher gut beraten, einen Teil seines Vermögens aus den alternden Papiergeld-Ländern abzuziehen. Als Ausflucht bieten sich drei Anlageklassen an: Rohstoffe, Schwellenländer vor dem demografischen Knick sowie Unternehmen, die vom Aufstieg der ersten beiden begünstigt werden.

Da die Demografie vor allem gegen die Japaner, gegen die Europäer und (wenngleich in schwächerer Form) auch gegen die Amerikaner arbeitet, ist bei Yen, Euro und Dollar eine Aushöhlung zu erwarten. Am klarsten wird sich der Wertverlust im Vergleich zum Gold abzeichnen, das immer mehr in die Rolle eines privaten Reservegeldes hineinwächst. So unwahrscheinlich die Wiedererrichtung eines internationalen Goldstandards ist, so wahrscheinlich ist, dass Sachwerte für Geldanlage und Altersvorsorge in Zukunft eine noch weitaus größere Rolle spielen werden. Anders als Papiergeld, das heute de facto meist ohnehin elektronisches Geld ist, lassen sie sich nicht beliebig vermehren. Knappheit und weitgehende Unabhängigkeit von den Regierungsapparaten bürgen für Wertbeständigkeit.

Allerdings gibt es auch eine Reihe von Papierwährungen, die sich in den kommenden Jahren und Jahrzehnten als weitaus wertstabiler erweisen werden als die Zahlungsmittel der alternden Industrienationen. Dazu zählen zum einen die Devisen wirtschaftlich dynamischer und relativ niedrig verschuldeter Schwellenländer und zum anderen die Währungen von rohstoffreichen Ländern mit guten Aussichten auf einen langfristigen Aufwärtstrend und gesunder demografischer Struktur.

Flucht aus dem Experiment

Viele der Staaten mit potenzieller Flucht-Währung liegen in Asien. Ein Beispiel für ein wachstumsstarkes, finanziell solides Land ist Singapur. Zusätzlich zu seiner klassischen Spezialisierung als Zulieferer für die Elektronikindustrie hat es sich zu einem Finanzzentrum der östlichen Hemisphäre entwickelt. Während Europa sich mit Kapitalflucht konfrontiert sieht, verzeichnet der Stadtstaat einen Zustrom an Geldern, der den Wechselkurs des Singapur-Dollar nach oben treibt.

Auch Brasilien, Indien und Indonesien weisen ein Wachstum auf, das den Außenwert ihrer Währungen in den kommenden Jahren kräftigen sollte. Brasilianischer Real und indonesische Rupiah gehörten zu den gefragtesten Devisen der Jahre 2009 und 2010. Der Real legte von Anfang 2009 bis Mitte 2010 um 28,3 Prozent, die Rupiah um 22,6 Prozent zu. Diese beiden Länder verfügen zudem über große Rohstoffvorkommen, sodass ihre Währungen implizit mit Gold, Rohöl und anderen Schätzen der Erde unterfüttert sind. Der klassische Lieferant von Energie und Erzen auf der Welt ist Russland, sodass auch der Rubel zu den Gewinnern der neuen finanziellen Weltordnung zählen könnte. Indessen werden die Aussichten der russischen Währung von einer wenig verheißungsvollen Demografie und einer schwer einzuschätzenden Innen- und Außenpolitik des Kreml überschattet. Mindestens ebenso sehr Rohstoffwährungen sind der Australische Dollar und der Kanada-Dollar, die beide das Zeug haben, sich weitaus fester zu entwickeln als Euro, Yen oder Greenback. In der Alten Welt ist die Norwegische Krone dank der riesigen Ölreserven des skandinavischen Landes die Rohstoffwährung par excellence.

Nicht zu vergessen ist bei alledem natürlich der Chinesische Yuan, die wahrscheinliche künftige Leitwährung der Welt. Alles deutet darauf hin, dass das chinesische Geld in den nächsten Jahren und Jahrzehnten an Wert gewinnen muss. Verteuert sich der Yuan, gewinnen auch alle Vermögenswerte der Volksrepublik, also Anleihen in Landeswährung, Immobilien und Aktien. Da das Reich der Mitte keine offene Volkswirtschaft ist, erweist es sich für private Anleger allerdings noch äußerst schwierig, dort Grund und Boden zu erwerben. Auch der Anleihenmarkt ist quasi unzugänglich. Bleibt also die Beteiligung an chinesischen Firmen. Unternehmen, die den Großteil ihres Geschäfts im Inland abwickeln, profitieren von einer Aufwertung der Landeswährung. Für sie ermäßigen sich mit einem steigenden Yuan die Importpreise. Gerade weil China eine solch brodelnde Volkswirtschaft hat, muss jedoch mit brutalen Rückschlägen gerechnet werden. Die Berichte über Pekings Devisen-Manöver sollten stets aufmerksam verfolgt werden.

Währungskriegsreporter

Für uns Bürger sind Dollar, Euro und Yuan harmlose Zahlungsmittel. Wir gehen damit einkaufen, bekommen unser Gehalt darin und legen uns etwas fürs Alter zurück. Wir vertrauen auf den Wert des Geldes. Für die große Politik aber haben Währungen eine andere Funktion. Politiker setzen sie im internationalen Spiel um die Macht als Angriffs- oder Verteidigungswaffe ein. Nixon löste in den Siebzigerjahren den Dollar vom Gold, um freie Hand für seine Kriegs- und seine Sozialpolitik zu haben. Mitterand und Delors zwangen Europa mit Kohls Unterstützung in den Neunzigern in den Euro, um den Einfluss der Bundesbank zu brechen. Heute sind es die Chinesen, die mit dem Kurs des Yuan aufs Listigste Weltpolitik treiben – nicht selten auf Kosten des eigenen Volkes.

Schlachtschiffe und Flugzeugträger zu besitzen ist auch im 21. Jahrhundert nicht von Nachteil. Aber wer die Macht über die Währungen hat, kann Wohlstand umverteilen, ohne eine einzige Division zu mobilisieren. In diesem Sinn ist Geldpolitik Weltpolitik. Heute mehr denn je.

Mit Wechselkursen oder Währungsunionen werden Schlachten um Macht und Wohlstand gewonnen oder verloren. Die Kämpfe sind zum Glück nicht so blutig wie die mit Panzern oder Bombern, aber sie werden das Gesicht des 21. Jahrhunderts ebenso sehr prägen wie die großen Schlachten des Ersten und des Zweiten Weltkriegs das des 20. Jahrhunderts prägten. Insofern ist es mehr als gerechtfertigt, vom Weltkrieg der Währungen zu sprechen.

So unzugänglich die Welt der Devisen auf den ersten Blick erscheinen mag, so gewaltig sind die Auswirkungen von Wechselkursverschiebungen auf die globale Verteilung von Wohlstand. Chinas Aufstieg zur wirtschaftlichen Supermacht lässt sich nicht verhindern, und das wäre auch nicht wünschenswert. Doch sollte die Öffentlichkeit eine kritischere Beobachterposition zu währungspolitischen Entscheidungen der Pekinger Führung einnehmen. Und auch die problematischen Aktionen der europäischen und amerikanischen Notenbanker sollten im öffentlichen Diskurs künftig weitaus mehr Beachtung finden, als dies bisher der Fall war.

Entscheidungen von welthistorischer Tragweite finden sich nicht immer auf Seite eins der Zeitungen. Zuweilen verstecken sie sich in kleinen Meldungen im Finanzteil.

Wenn dieses Buch ein wenig beigetragen hat, den Sinn dafür zu schärfen, dann hat es seine Aufgabe erfüllt.

2. Reflexionen über Europa und sein Geld

Auch innerhalb der europäischen Währungsunion verläuft eine Demarkationslinie. Und wenn die Zeit diese ideologische Grenze überwuchert
hatte, so ist sie spätestens am 9. Mai 2010 freigelegt worden. Indem sich
die Währungsunion in den kommenden Jahren neu konstituiert – und genau das ist mit den Ereignissen des Mai 2010 unausweichlich geworden –,
wird der deutsch-französische Antagonismus wieder zutage treten. Der
bundesrepublikanischen Haltung, zu sparen und neuerdings auch andere als Gegenleistung für Kreditgarantien zum Sparen zu nötigen, wird in
Europa viel Misstrauen entgegengebracht. Aus Sicht vieler Partner wächst
Deutschland in die Rolle eines Stabilitätsunholds hinein. Paris stellt dem
das zumindest oberflächlich attraktivere Konzept europäischer Finanz-
solidarität entgegen. Lässt sich zwischen beiden Positionen ein Ausgleich
herstellen? Sind stabiles Geld und europäische Idee miteinander verein-
bar? Der alte Kontinent wird in den kommenden Jahren einmal mehr zum
monetären Laboratorium werden.

Die Zukunft der Zone

Viele der jetzt kursierenden Konzepte für eine Vertiefung der Währungsgemeinschaft sind altbekannt: Schon in den Neunzigerjahren bargen sie
so viel politische Sprengkraft, dass die Entscheider es vorzogen, sie nicht
weiterzuverfolgen. Fast alle rütteln letztlich an der Souveränität der Mitglieder und sind, wenn überhaupt, nur durch einen langen und qualvollen
Prozess der europäischen Konsensfindung zu erreichen. Am Ende fast aller Auswege steht eine vollkommen veränderte Währungsunion. Doch es
existiert auch eine Lösung, bei der die Eurozone genau so bleiben könnte, wie sie ist – ohne Reform ihrer Institutionen und ohne nationalstaat-
lichen Souveränitätsverlust. Es wäre eine Lösung, bei der allein Einsicht,
Vernunft und umsichtige politische Entscheidungen eine Stabilisierung
der Gemeinschaftswährung bewirken. Es wäre, nebenbei erwähnt, eine

Lösung, die die deutschen Steuerzahler nicht oder nicht nennenswert belasten würde. Es ist mit anderen Worten ein schöner Traum, der wahrscheinlich nie Wirklichkeit werden wird. Dennoch soll diese Option hier gestreift werden.

Ein schöner Traum

In diesem Traumszenario erkennen die Defizitsünder, dass sie das Vertrauen der internationalen Finanzmarktakteure nur dann wiedererlangen können, wenn sie auf einen Kurs der strikten Haushaltskonsolidierung umschwenken. Sparen, sparen, sparen wäre dann auf Jahre das Motto der Regierungen. Tatsächlich ist genau das seit Ende 2009 die Linie des griechischen Ministerpräsidenten Giorgos Papandreou: Bis 2012 soll das Haushaltsdefizit auf die drei Prozent reduziert werden, die der Maastricht-Vertrag vorsieht. Den Griechen wurden und werden im Zuge dieser Reform-Agenda ungekannte Sozialkürzungen zugemutet. Bisher haben die Hellenen auf diesem Weg der Konsolidierung beachtliche Erfolge erzielt. Doch wie stehen die Chancen, dass auch im Jahr vor der nächsten Parlamentswahl 2013 noch eisern gespart wird? Dass Athen seit der Euro-Mitgliedschaft erst ein einziges Mal das Drei-Prozent-Kriterium erfüllen konnte, weckt zumindest Zweifel. »Darben für den Euro« könnte schnell zum Reizwort für die Austeritätsgegner werden. Mit einer populistischen Gegenbewegung ist zu rechnen.

Sich allein durch Sparen zu sanieren, würde indes bedeuten, dass Griechenland auf Jahre in einem Zustand der künstlich herbeigeführten Rezession versinkt. Die Preise, vor allem aber auch die Löhne im Land müssten so lange schrumpfen, bis Hellas' Firmen wieder auf den Weltmärkten mitmischen könnten, und das dauert umso länger, je sparsamer die anderen Europäer sind. Das Sparen muss daher durch Strukturreformen begleitet werden. Doch diese produktivitätsteigernden Maßnahmen sind erfahrungsgemäß leicht zu fordern und schwer zu verwirklichen.

Selbst die größten Sparanstrengungen können nicht verhindern, dass der griechische Schuldenberg in den nächsten Jahren weiter wächst – auf

150 Prozent der Wirtschaftsleistung Mitte der Dekade. Von Haushaltsüberschüssen, mit deren Hilfe der Berg abgetragen werden könnte, ist in keiner Planung die Rede, und das wäre auch nicht realistisch. Derweil muss Athen Jahr für Jahr den Gegenwert von sechs Prozent der griechischen Wirtschaftsleistung für Zinsen aufwenden. Die Maßgabe Entschuldung durch Wachstum würde also nur bei einer lang andauernden Hochkonjunktur funktionieren, die mit Zuwächsen des Bruttoinlandsprodukts einhergeht, wie sie zuletzt nur von asiatischen Boomnationen vermeldet wurden. Für Griechenland ist ein Aufschwung schon aus dem Grund unwahrscheinlich, dass die Sparanstrengungen selbst zunächst konjunkturdämpfend wirken.

Wenngleich Griechenland das Extrembeispiel darstellt, sehen sich die anderen Peripherieländer Portugal, Irland, Italien und Spanien prinzipiell in der gleichen Zwickmühle: Sparen sie zu stark, würgen sie die wirtschaftliche Erholung ab, die nötig ist, um dem Staat steigende Einnahmen zu bescheren. Sparen sie zu wenig, wächst der Schuldenberg unaufhörlich weiter – dann ist die Insolvenz nur eine Frage der Zeit.

Die überbordende Verschuldung ist nur das Symptom, nicht jedoch die Ursache. Solange die wirtschaftliche Leistungsfähigkeit der Kern- und Peripheriestaaten derart weit auseinanderklafft, ist der Euro eine Währung ohne Boden. Über die konkrete Hilfe hinaus müssen weitere, viel grundlegendere Ausgleichsmechanismen etabliert werden, soll die Union nicht zerfallen. Keiner davon ist unproblematisch, und keiner davon ist aus Sicht des deutschen Steuerzahlers zum Nulltarif zu haben.

Transferunion

Ein nahe liegender Gedanke ist, die Währungsunion durch eine Sozialunion zu ergänzen. Wenn die Lebensverhältnisse sich zu weit voneinander entfernen, könnten Ausgleichszahlungen die Entwicklung von Spannungen verhindern oder zumindest abmildern. Die Befürworter nennen Föderationen wie die Bundesrepublik Deutschland oder die USA als

Vorbild: In Deutschland findet zwischen armen und reichen Bundes-
ländern ein Finanzausgleich statt. Auch die USA kennen solche Trans-
fers, wenngleich sie dort meist über die Sozialkassen der Social Security
laufen. Das Problem mit der Idee der Transferunion liegt darin, dass das
gesamteuropäische politische Bewusstsein nur gering ausgeprägt ist. Sogar in dem wiedergewonnenen deutschen Nationalstaat gehörte der So-
lidaritätszuschlag für die östlichen Bundesländer, für die »Landsleute im
Osten«, zu den unpopulärsten Politikentscheidungen, und es ist zu erwarten, dass die Ablehnung eines »Griechen-Soli« im Wahlvolk noch weitaus
heftiger ausfallen würde. Meinungsumfragen bestätigten immer wieder,
dass die große Mehrheit der Deutschen (aber zum Beispiel auch der Niederländer) direkte Finanzhilfen an die Peripheriestaaten, die in den Ge-
nuss der Gelder kämen, gelinde gesagt nicht befürwortet. Die Vorstellung,
Steuern an einen Brüsseler Fiskus zu überweisen, lässt vielen schlicht die
Haare zu Berge stehen.

Kritiker der Idee merken zudem an, dass die Europäische Union bereits jetzt keine unwesentliche Transfergemeinschaft darstellt. Deutschland überweist im Jahr netto 8 Milliarden Euro nach Brüssel. Griechenland wiederum bezieht, als Beispiel genommen, aus den Kohäsionsfonds
und anderen Quellen bis 2014 insgesamt 16 Milliarden Euro. Die jährlichen Zuwendungen von 4 Milliarden entsprechen immerhin rund
1,6 Prozent der hellenischen Wirtschaftsleistung. Darüber hinausgehen
zu wollen, könnte einen jener politischen Grabenkämpfe provozieren,
die die Europäische Union über Jahre lähmen. Eine tiefer gehende Kritik bezweifelt generell den Nutzen solcher Geldtransfers zwischen Nationen, die ganz unterschiedliche ökonomische Strukturen aufweisen.
Was nützt es, wenn über den Wasserkopf Brüssel Geld nach Spanien
kanalisiert wird, das dann dort nur wieder Immobilienblasen nährt? Zu
wissen, dass das Gros des jetzigen EU-Haushalts der Agrarförderung
zugute kommt, stärkt nicht gerade das Zutrauen in die Fähigkeit der Eu-
rokraten, das Geld sinnvoll einzusetzen. So wichtig die Landwirtschaft
für den Erhalt traditioneller Kulturlandschaften in der Bourgogne oder
im Bordelais sein mag – die Vorstellung, dass diese Gelder der Wettbewerbsfähigkeit Gesamteuropas im 21. Jahrhundert förderlich sind, erscheint doch relativ abwegig.

Wirtschaftsregierung

Die Ungleichartigkeit der Euro-Ökonomien lässt manche über einen radikaleren Ansatz nachdenken. Während sich die Pro-Kopf-Einkommen in der Tat seit Jahrzehnten angleichen, haben sich die einzelnen Wirtschaften voneinander wegentwickelt. Die Deutschen haben sich, vereinfacht gesagt, aufs Exportieren, die Spanier oder Griechen aufs Konsumieren spezialisiert. Der bundesrepublikanischen Wirtschaft bescherte das hohe Außenhandelsüberschüsse, den Ökonomien der Peripherie negative Salden in der Leistungsbilanz. Das 47-Millionen-Einwohner-Land Spanien hatte vor der Finanzkrise das in absoluten Zahlen zweithöchste Handelsdefizit der Welt – hinter den Vereinigten Staaten, deren Volkswirtschaft fast neun Mal so groß ist. Setzt sich die Entwicklung fort, so unterwirft das die Währungsunion einer immer größeren Belastung, schon allein, weil die Defizitländer auf unablässige Kapitalimporte angewiesen sind, um so weiterzumachen. Ähnlich wie beim Goldstandard der Zwanzigerjahre, ist ein solches System von Staaten, die über eine einheitliche Währung aneinandergekettet sind, anfällig für Störungen. Vorschläge gehen nun dahin, den deutschen Export-Extremismus ebenso abzumildern wie den spanischen Konsum-Hedonismus. Je nach Standpunkt werden eher die Deutschen aufgefordert, mehr für den Binnenkonsum zu tun, oder eher die Spanier, ihre Konkurrenzfähigkeit zu verbessern. Für die Deutschen läuft das darauf hinaus, ihre Ausgaben zu erhöhen, für die Peripherieländer, Kosten zu senken. Eine Wirtschaftsregierung könnte hier gezielt Konzepte oder sogar Richtlinien erarbeiten, welche die Ungleichgewichte innerhalb des Euroraums nach und nach abbauen würden. Das würde die Währungsunion kohärenter und stabiler machen und im Idealfall sogar die Wettbewerbsfähigkeit der gesamten EU kräftigen. Welchen Erfolg eine Wirtschaftsregierung haben könnte, wäre ganz davon abhängig, wie sie ausgestaltet wäre. Eine schwache, nicht weisungsberechtigte Institution ohne Sanktionsmechanismen hätte unweigerlich die gleiche Schwäche wie der gescheiterte Stabilitäts- und Wachstumspakt. Bei Missfallen würden sich die nationalen Regierungen einfach über die Vorgaben hinwegsetzen. Eine starke Wirtschaftsregierung hingegen, deren Richtlinien in nationales Recht umgesetzt werden müssten, würde eine Neugründung der Union erforderlich machen. Sie wäre der Einstieg in einen europäischen Bundesstaat. Beim jetzigen Stand der Dinge sieht es nicht so aus, also könnte die dafür notwendige politische Unterstützung in Eliten und Bevölkerung gewonnen werden, aus den gleichen Gründen, die einer homogeneren Steuer- und Finanzpolitik entgegenstehen.

Allerdings sollte auch das gegenteilige Szenario nicht ausgeklammert werden, dass der Versuch einer Reform der Währungsunion scheitert. Geschieht nichts, könnte der Euro über kurz oder lang zur Disposition stehen. Im Jahr 2010 mag das Szenario eines Auseinanderfallens der Eurozone zwar noch als weit hergeholt erscheinen, seit der Lehman-Pleite ist die Wahrscheinlichkeit aber bereits merklich gestiegen. Je nach Gang der Dinge könnte das Ende des Euro auf mindestens zweierlei Weise erfolgen, wobei einige Zwischenstufen denkbar sind: Erstens durch eine Auflösung der Eurozone vom Rand her oder zweitens durch einen Austritt Deutschlands. Ersteres wäre ein »Ausfransen«, Letzteres ein »Entkernen« der Währungsunion.

Ausfransen

Anfang 2010 hat der amerikanische Wirtschaftswissenschaftler Martin Feldstein einen interessanten Vorschlag zur Wiederherstellung der griechischen Konkurrenzfähigkeit gemacht. Das Land sollte eine Zeit lang »Urlaub« von der Währungsunion nehmen, also vorübergehend die Drachme wieder einführen und sie so lange zu anderen Währungen abwerten lassen, bis Griechenlands Firmen im internationalen Wettbewerb wieder mitmischen können. Dann könne ein gestärktes Hellas zu einem veränderten Wechselkurs wieder in die Eurozone zurückkehren.

Abgesehen davon, dass der Maastricht-Vertrag weder einen solchen Austritt auf Zeit noch überhaupt einen Austritt vorsieht, unterschlägt Feldstein ein fatales Detail. Der Tag, an dem Athen Abschied vom Euro nähme, wäre unweigerlich auch der Tag, an dem es den Staatsbankrott erklären müsste. Zwar könnten die Firmen fortan billiger produzieren, ihre Schulden würden aber mit großer Wahrscheinlichkeit weiterhin auf Euro lauten. Gleiches gilt für die Regierung. All diese Verbindlichkeiten müssten aus Gründen des Vertrauensschutzes wohl auch künftig in Euro bezahlt werden. Das Ausmaß der Abwertung wäre vermutlich beträchtlich. Seit dem Beitritt zum Währungsverein sind die Kosten der hellenischen Unternehmen um 40 Prozent stärker gestiegen als die der europäischen Kernländer. Würde Athen versuchen, diesen Nachteil über eine billigere Währung zu nivellieren, könnten Zins und Tilgung in der »Hartwährung« Euro schon bald fehlen. Griechenland würde es in sehr kurzer Zeit ähnlich ergehen wie Argentinien 2001/02, das sich ebenfalls in einer fremden Devise verschuldet hatte – dem amerikanischen Dollar. Als die Landeswährung abzuwerten begann, kam das Land trotz einer nur halb so hohen Defizitquote wie der griechischen sehr bald in Zahlungsnöte. Wenn die Pleite allerdings ohnehin nicht aufzuhalten ist – und der vom IWF erwartete Anstieg der Staatsverschuldung auf fast 150 Prozent des BIP spricht dafür –, dann ist die Rückkehr zur Drachme gleichwohl eine denkbare Option. Schließlich gelang es den fernöstlichen Tigerstaaten nach der Asienkrise von 1997 nicht zuletzt dank der abgewerteten Landeswährungen, schnell wieder an Wettbewerbsfähigkeit zu gewinnen.

Währungsputsch

Wahrscheinlich wäre Griechenland ohnehin schon vorher ruiniert. Würde die Athener Regierung auch nur öffentlich über einen Rückzug aus der Währungsunion diskutieren, hätte das eine Kapitalflucht aus dem Land zur Folge. Die griechischen Sparer würden versuchen, ihr Geld noch als Euro ins Ausland zu bringen, ehe es in eine mutmaßliche Weichwährung umgewandelt wird. Der Ansturm auf die Geldhäuser würde einen Finanzkollaps auslösen und das Bankwesen des Landes binnen kürzester Zeit ruinieren. Der einzige Weg, ein solches Chaos zu vermeiden, wäre eine monetäre Hauruckaktion. Ein solcher Austritt aus der Währungsunion über Nacht wäre wirtschaftlich vielleicht sinnvoll, juristisch und politisch aber höchst problematisch. Zyniker mögen freilich anmerken, dass die meisten Völker Europas über die Abschaffung ihrer nationalen Währungen nicht mitentscheiden durften. Warum also über deren Wiedereinführung? Die Exekutive könnte einen solchen »Währungsputsch« mit einer nationalen

Notlage begründen und sich im Nachhinein die Absolution durch das Parlament erteilen lassen.

Die Rückkehr zur Drachme oder einer anderen Landeswährung technisch umzusetzen ist schwierig, aber nicht unmöglich. In einem ersten Schritt würde es vermutlich ausreichen, jedem Bürger genügend Ersatzgeld für die Übergangszeit zukommen zu lassen. Dieses Ersatzgeld könnte durchaus provisorischen Charakter haben, etwa Euro-Noten mit dem Stempelaufdruck »Neu-Drachme« (dies immer als Beispiel). Das Buchgeld auf dem Konto würde automatisch umgestellt, eine Woche oder einige wenige Wochen der »Bankenruhe« wären dazu vermutlich ausreichend. Nach dieser Zeit der geschlossenen Finanzinstitute könnte dann auch sukzessive der Umtausch von altem Bargeld in neues abgewickelt werden. Das größte und (im Twitter-Zeitalter) womöglich unüberwindliche Hindernis bleibt jedoch, die Vorbereitungen für die Währungsumstellung geheim zu halten. Das gilt umso mehr für den Fall, dass die Abkehr vom Euro in Absprache mit den Partnern erfolgt: Je mehr Stellen eingebunden oder eingeweiht sind, desto unwahrscheinlicher wird, dass nicht doch etwas durchsickert. Und sickert etwas durch, wären die Folgen dramatisch: Rette sich wer kann, wäre das Motto der griechischen Sparer und Investoren.

Daher könnten sich die Griechen (oder andere Peripherienationen) am Ende für den nichtgeheimen Weg entscheiden: die geraume Zeit vorher angekündigte Rückkehr zur Landeswährung. Diese transparente Vorgehensweise erfordert jedoch autoritäre Maßnahmen: Damit das Land in den Monaten vor der Umstellung nicht finanziell ausblutet, müsste die Kapitalflucht von vornherein unterbunden werden. Dazu wären rigide Devisenkontrollen und zusätzlich wohl inländische Zahlungsverkehrsbeschränkungen unerlässlich, die mit den EU-Verträgen schwerlich in Einklang zu bringen sind. Im Extremfall müsste ein Land, das sich vom Euro verabschieden will, daher in Erwägung ziehen, aus der Europäischen Union auszutreten – mit allen Konsequenzen, die ein solcher Schritt mit sich brächte. Allerdings sollte nicht vergessen werden, dass ein Staat, der eine derart radikale und riskante Entscheidung trifft, eine auf Ewigkeit angelegte Währungsehe zu beenden, mutmaßlich schon ziemlich tief in der

Tinte sitzt. Das vorübergehende Tohuwabohu einer Kapitalflucht oder einer Staatsinsolvenz könnte der Regierung als das kleinere Übel erscheinen. Denn die Alternative heißt womöglich nicht enden wollende Depression infolge einer zu starken Währung.

Entkernen

In den nächsten Jahren könnte die Situation entstehen, dass die Mehrheit der Eurostaaten daran arbeitet, den Auftrag der EZB über den Sündenfall vom 9. Mai hinaus aufzuweichen, sei es über Personalentscheidungen oder gar über institutionelle Änderungen. Vermutlich würde diesen Bestrebungen jedoch deutlicher Widerstand aus Deutschland entgegengebracht werden, jenem Land, das die EZB-Vorläuferin Bundesbank als Gralsburg des stabilen Geldes beherbergte. Sollte sich dieser Konflikt nicht beilegen lassen, könnte sich letztlich auch Berlin zu einem radikalen Schritt veranlasst sehen: der Abkehr von der Währungsunion. Nicht Griechenland oder ein anderer Peripheriestaat würde dann wieder eine nationale Währung einführen, sondern die Bundesrepublik Deutschland. Auf paradoxe Weise könnte sich der Austritt des Euro-Kernlandes sogar als Rettung für die Randeuropäer erweisen: Durch die Attraktivität seiner Anleihen als sicherer Hafen hat die Bundesrepublik nicht unerheblich dazu beigetragen, dass das europäische Geld in der Finanzkrise relativ stark blieb. Gemessen an der Kaufkraftparität war der Euro bei einem Kurs von 1,50 Dollar um bis zu 30 Prozent überbewertet. Gerade in dieser Ausnahmesituation wäre den früheren Weichwährungsländern eine stärkere Abwertung höchst willkommen gewesen. Ohne den deutschen Ballast hätten es die Vereinigten Staaten von Peripheria, die Randzone der Währungsunion von Irland über Portugal, Spanien und Italien bis hin zu Griechenland, viel leichter gehabt.

Ein Ausscheiden Deutschlands aus der Währungsunion wäre aus mehreren Gründen einfacher durchzuführen als zum Beispiel ein isolierter Austritt Griechenlands. Anders als Athen müsste Berlin nicht mit einer Kapitalflucht rechnen, da die Neu-D-Mark vermutlich eher auf- als abwerten würde. Zwar könnte der Zustrom von spekulativem Kapital aus dem europäischen Ausland Turbulenzen auslösen, ein Ansturm auf die Banken mit folgender Finanzkrise wäre jedoch nicht zu erwarten. Zur Not könnte spekulativen Exzessen mit einer sanften Devisenbewirtschaftung entgegengewirkt werden.

Hätte die Wiedereinführung der Mark für Deutschland Vorteile? Ja. Vermutlich würden die Finanzierungskosten durch günstige Zinsen weiter sinken. Außerdem dürften Verbraucher mit tendenziell niedrigen Preisen für importierte Güter rechnen. Die wiedergewonnene Souveränität würde es der Bundesbank zudem erlauben, eine Geldpolitik zu praktizieren, die an inländischen Interessen ausgerichtet ist. Aber hätte es für Deutschland nur Vorteile? Nein, denn die mutmaßliche Stärke der neuen Mark würde der Exportindustrie zusetzen. Zwar sind es Weltkonzerne wie Daimler, BASF oder Siemens durchaus gewohnt, mit einer aufwertenden Heimatwährung zu operieren. Ausfuhrorientierte Mittelständler jedoch würden die Hitze spüren, zumal solche mit Konkurrenten in den europäischen Peripherieländern, die nun preislich deutlich attraktivere Angebote machen könnten. Die Bundesrepublik müsste sich einen solchen Schritt gründlich überlegen und gegen die Kosten des »Steuro« aufrechnen.

Monetärer Provinzialismus

Vollkommen offen erscheint, ob die Rest-Eurozone einen Austritt Deutschlands überleben würde. Anders als Griechenland oder Italien hatten manche Länder schon Jahre vor der Einführung des Euro und vor dem Maastricht-Vertrag ihre Währungen an die deutsche gebunden. Vor allem die Zentralbanken der Niederlande und Österreichs konnten beim Kampf um die Geldwertstabilität ähnlich beachtliche Erfolge vorweisen wie die Bundesbank. Diese mitteleuropäischen Staaten würden wahrscheinlich einige Neigung verspüren, weiterhin dem D-Mark-Block angehören zu wollen, was mit einem Verbleib in der Eurozone natürlich unvereinbar wäre. Das Ergebnis wäre die Spaltung Europas in zwei monetäre Blöcke. Die große Unbekannte bei diesen Planspielen ist die europäische Führungsmacht Frankreich.

Die Grande Nation ist nicht nur geografisch zwischen Spanien und Deutschland angesiedelt. Seit der Politik des »franc fort« bemühte sich das Land um eine stabile Währung, sah sich aber dennoch immer wieder zu »Anpassungen«, sprich Abwertungen zur D-Mark gezwungen. Auffällig ist jedoch, dass der Abwertungsdruck im Laufe der Jahre geringer wurde. Frankreich kann daher seit der späteren Mitterand-Ära mit einigem Recht zu den Hartwährungsländern gezählt werden. Gleichwohl weist Frankreich auch einige Merkmale eines Peripheriestaates auf, zum Beispiel ein nennenswertes Handelsdefizit. Ersteres würde eher für eine Orientierung am D-Mark-Block, Letzteres eher für eine Beibehaltung des Euro sprechen.

Eine Währungsunion ohne Deutschland würde zweifelsohne von Frankreich dominiert. Für Paris würde sich allerdings die Frage stellen, was dadurch gewonnen wäre. Schließlich war es ein wichtiges Ziel französischer Europapolitik, den östlichen Nachbarn mithilfe eines gemeinsamen Geldes einzuhegen. Gewiss könnte sich eine von der Algarve bis zur Ägäis und von Irland bis nach Kreta reichende Währungsgemeinschaft einem »Diktat der Bundesbank« besser widersetzen. Es lässt sich jedoch schwer eine Europäische Union mit einem Franc- und einem D-Mark-Block denken, die sich nicht in Interessengegensätzen zerreiben würde, zumal dann das ganze Kapitel osteuropäischer Einflusssphären wie durch einen weltpolitischen Windstoß wieder aufgeschlagen wäre.

So nachvollziehbar und vielleicht sogar geboten eine Zweiteilung der Währungsunion ökonomisch sein mag, für die politische Integration des Kontinents wäre sie fatal. Die Europäische Union könnte den daraus resultierenden Streit wohl allenfalls als besser ausgestattete Freihandelszone überleben. Im Zeitalter der globalen Herausforderung würde sich Europa in einen monetären Provinzialismus verabschieden.

DANKSAGUNG

Dieses Buch erhebt keinen wissenschaftlichen Anspruch, aber es erhebt den Anspruch, Wissen zu schaffen. Beim Schreiben ging es mir darum, durch Neukombination und Neuinterpretation bekannter und weniger bekannter Fakten etwas Licht in die dunkle Welt der Währungen zu bringen.

Ein Buch ist in vieler Hinsicht ein intellektuelles Gemeinschaftsprodukt. Der *Weltkrieg der Währungen* schuldet seine Genese dem anregenden geistigen Klima in der Wirtschafts- und Finanzredaktion von *Welt* und *Welt am Sonntag*. Es bereitet Freude, mit Menschen von diesem Format und Temperament zusammenzuarbeiten.

Besonders danken möchte ich meinen Kollegen Kathrin Gotthold, Daniel Mandler, Lina Panitz und Nando Sommerfeldt, die Teile des Manuskripts in unterschiedlichen Stadien seiner Entstehung gelesen haben. Sie gaben zahlreiche wertvolle Hinweise und halfen, viele Mängel auszumerzen.

Mehr als ein Wort des Dankes gebührt meinem Freund und Kollegen Holger Zschäpitz, der mit seiner unermüdlichen Neugierde und seiner hartnäckigen Art, vermeintlich Selbstverständliches infrage zu stellen, mein Interesse für das Schicksal unseres Geldes mitentfacht hat. In den gleichen Monaten, als ich am *Weltkrieg der Währungen* arbeitete, verfasste Holger Zschäpitz ein Buch zum Thema Staatsverschuldung. Wenngleich er zu etwas optimistischeren Schlüssen kommt, zeigt auch er, dass unser Geld- und Finanzsystem schwer krank ist und dringend einer Reform bedarf.

Nicht unerwähnt bleiben sollen Jörg Eigendorf, Thomas Exner und Michael Fabricius. Ihnen danke ich dafür, dass sie den *Weltkrieg der Wäh-*

rungen vom ersten Moment an wohlwollend begleitet haben. Sie hielten mir in schwierigen Zeiten den Rücken frei, und wenn ich ein Problem hatte, standen ihre Türen immer offen.

Wertvolle inhaltliche und stilistische Hinweise kamen auch von meinen Freunden Heiko Klesen, Matthias Pahl, Rüdiger Stumpf und Ulli Wejdling. Die kritischen Finanzmarktbeobachter Erwin Grandinger und Reinhard Hellmuth haben durch berechtigte Einwände und Hinweise dazu beigetragen, das Manuskript besser zu machen. Alle verbliebenen Fehler sind, selbstverständlich, allein dem Autor anzulasten.

Danke sagen möchte ich auch meinem Fachlektor Moritz Malsch sowie dem Team des FinanzBuch Verlags in München. Besonders hervorgehoben seien dort meine begeisterungsfähige Lektorin Fatima Cinar sowie Felicitas Kraus und Verena Reill, die für die Pressearbeit verantwortlich zeichnen, und natürlich mein engagierter Verleger Christian Jund.

Meine Agentin Heike Wilhelmi von der Medienagentur Wilhelmi in Hamburg habe ich stark im Verdacht, die beste Literaturagentin der Welt zu sein. Sie hat nicht nur die gesellschaftliche Relevanz des Themas von Anfang an erkannt, sondern auch in allen Phasen Schützenhilfe geleistet, die weit über das Maß des Üblichen hinausgeht. Danken möchte ich auch meiner Kollegin Inga Michler, dass sie den Kontakt hergestellt hat.

Zu guter Letzt danke ich meiner Ehefrau Elisabeth. Die geradezu übermenschliche Geduld, die sie dem fremden Mönch mit den merkwürdigen Interessen in ihrem Heim entgegengebracht hat, kann ich ihr nicht hoch genug anrechnen. Dank gebührt auch meinen Kindern, die ihren Vater in den vergangenen Monaten allzu selten zu Gesicht bekamen. Ihnen ist dieses Buch gewidmet. Unweigerlich wird die Zukunft des Geldes auch ihre Zukunft mitbestimmen.

Daniel Eckert, im Juli 2010

LITERATUR

Ahamed, Liaquat: *Lords of finance. The bankers who broke the world.* New York 2009: Penguin.

Aldcroft, Derek: *From Versailles to Wall Street. 1919–29.* London 1987: Penguin Books (Pelican History of World Economics in 20th Century).

Bandulet, Bruno: *Das Maastricht Dossier. Deutschland auf dem Weg in die dritte Währungsreform.* München 1993: Wirtschaftsverlag Langen Müller Herbig.

Baring, Arnulf: *Scheitert Deutschland? Abschied von unseren Wunschwelten.* Stuttgart 1997: DVA.

Bernstein, Peter L.: *Die Macht des Goldes. Auf den Spuren einer Faszination.* München 2005: FinanzBuch Verlag [engl. Erstauflage 2000].

Bickerich, Wolfram und Noack, Hans-Joachim: *Helmut Kohl. Die Biographie.* Berlin 2010: Rowohlt.

Blanchard, Olivier; Dell'Ariccia, Giovanni und Mauro, Paolo: *Rethinking Macroeconomic Policy.* IMF Staff Position Note. February 12, 2010.

Bolzen, S., Eder, F., und Hassel, F.: *Für die Rettung des Euro war kein Preis zu hoch.* Welt online vom 15. Mai 2010.

Calverley, John: *Bubbles. And how to suvive them.* London 2004: Nicholas Brealey [S. 48 über Japan, die Schulden und die Deflation].

Calverley, John: *When bubbles burst. Surviving the financial fallout.* London 2009: Nicholas Brealey [revidierte Fassung des Buches von 2004, v. a. Pathologie der Spekulationsblasen, S. 125–138].

Chancellor, Edward: *Devil take the hindmost. A history of financial speculation.* London 2000: Plume.

Duncan, Richard: *The Dollar Crisis. Causes, Consequences, Cures.* Singapur 2005: John Wiley & Sons (Asia).

Eichengreen, Barry: *Golden Fetters. The Gold Standard and the Great Depression 1919–1939.* Oxford/New York 1995: Oxford University Press.

Eichengreen, Barry: *Vom Goldstandard zum Euro. Die Geschichte des internationalen Währungssystems.* Berlin 2000: Wagenbach.

Emmott, Bill: *Vision 20/21. Die Weltordnung des 21. Jahrhunderts.* Frankfurt am Main 2003: S. Fischer [engl. Originalausgabe 2003].

Ferguson, Niall: *Politik ohne Macht. Das fatale Vertrauen in die Wirtschaft.* Stuttgart 2001: DVA.

Ferguson, Niall: *Der falsche Krieg. Der Erste Weltkrieg und das 20. Jahrhundert.* München 2002: dtv.

Ferguson, Niall: *Colossus. The Rise and Fall of the American Empire.* London 2005: Penguin Books.

Ferguson, Niall: *The Ascent of Money. A Financial History of the World.* London 2008: Allen Lane.

Ferguson, Niall und Schularick, Moritz: *The End of Chimerica.* Working Paper 10-037. Harvard Business School. October 2009.

Fleckenstein, William A. und Sheehan, Frederick: *Mr. Bubble. Wie Alan Greenspan die Welt an den Abgrund führte.* München 2008: FinanzBuch Verlag [engl. Erstauflage 2008].

Fogel, Robert: *$123,000,000,000,000. China's estimated economy by the year 2040. Be warned.* In: Foreign Policy, Januar/Februar 2010.

Gaddis, John Lewis: *Der Kalte Krieg. Eine neue Geschichte.* München 2008: Pantheon.

Galbraith, John Kenneth: *Der Große Crash 1929. Ursachen, Verlauf, Folgen.* München 2009: FinanzBuch Verlag [engl. Originalausgabe 1954].

Grandinger, Erwin: *Beyond Repair. Deutschland im Systemwandel. 100 Finanz-Kolumnen aus 10 Jahren in DIE WELT.* Horn 2010: Verlag Berger.

Heinen, Nicolaus: *Schuldenspirale oder Exit-Strategie, Was kann der Stabilitäts- und Wachstumspakt leisten?* Deutsche Bank Research vom 30. September 2009.

Heinsohn, Gunnar: *Söhne und Weltmacht. Terror im Aufstieg und Fall der Nationen.* München 2008: Piper [Erstausgabe 2003].

Hellmeyer, Folker: *Endlich Klartext! Ein Blick hinter die Kulissen unseres Finanzsystems.* München 2008: FinanzBuch Verlag.

James, Harold: *The Creation and Destruction of Value. The Globalization Cycle.* Cambridge 2009: Harvard University Press.

Jay, Peter: *Das Streben nach Wohlstand. Die Wirtschaftsgeschichte des Menschen.* Düsseldorf 2006: Albatros [engl. Originalausgabe 2000].

Judt, Tony: *Geschichte Europas von 1945 bis zur Gegenwart.* Frankfurt am Main 2009: Fischer Taschenbuch [engl. Erstauflage 2005].

Kagan, Robert: *The Return of History and the End of Dreams.* New York 2008: Alfred A. Knopf.

Karabell, Zachary: *Superfusion. How China and America Became One Economy and Why the World's Prosperity Depends on It.* New York 2010: Simon & Schuster.

Kennedy, Paul: *Aufstieg und Fall der großen Mächte. Ökonomischer Wandel und militärischer Konflikt von 1500–2000.* Frankfurt 2005: Fischer Taschenbuch [engl. Erstauflage 1987].

Kennedy, Simon: *"Age of Austerity" Awaits G-20 as Rising Debt Worries Greenspan.* Bloomberg News vom 24. September 2009 (1:05:14).

Kirchhof, Paul: *Das Gesetz der Hydra. Gebt den Bürgern ihren Staat zurück!* München 2008: Knaur Taschenbuch [vor allem S. 317–338; Originalausgabe 2006 bei Droemer].

Konrad, Kai A. und Zschäpitz, Holger: *Schulden ohne Sühne? Warum der Absturz der Staatsfinanzen uns alle trifft.* München 2010: C. H. Beck.

Leuschel, Roland und Vogt, Claus: *Das Greenspan-Dossier. Alan und seine Jünger. Bilanz einer Ära. Wie die US-Notenbank das Weltwährungssystem gefährdet. Oder: Inflation um jeden Preis.* München 2006: Finanz-Buch Verlag.

Leuschel, Roland und Vogt, Claus: *Die Inflationsfalle. Retten Sie Ihr Vermögen!* Weinheim 2009: Wiley-VCH.

Lowenstein, Roger: *Der große Irrtum. Die spektakuläre Geschichte vom Aufstieg und Untergang des raffiniertesten Investmentfonds aller Zeiten.* München 2007: FinanzBuch Verlag [engl. Erstauflage 2000].

Marsh, David: *Der Euro. Die geheime Geschichte der neuen Weltwährung.* Hamburg 2009: Murmann.

Miegel, Meinhard und Wahl, Stefanie: *Das Ende des Individualismus. Die Kultur des Westens zerstört sich selbst.* München 1996: Olzog.

Miegel, Meinhard: *Die deformierte Gesellschaft. Wie die Deutschen ihre Wirklichkeit verdrängen.* Berlin/München 2002: Propyläen.

Möbert, Jochen: *Rekordschulden eines Ex-Sparweltmeisters – Droht Japan ein Schuldenstrudel?* Aktueller Kommentar von Deutsche Bank Research vom 10. Juni 2009.

Möbert, Jochen: *Japan mit Rekordschulden im Konjunkturtal.* Deutsche Bank Research vom 12. August 2009.

Noack, Hans-Joachim: *Helmut Schmidt. Die Biographie.* Berlin 2008: Rowohlt.

Nölling, Wilhelm: *Unser Geld. Der Kampf um die Stabilität der Währungen in Europa.* Berlin 1993: Ullstein.

Persaud, Avinash: *When Currency Empires Fall.* Vortrag gehalten am Gresham College. 10. Juli 2004.

Reinhart, Carmen und Rogoff, Kenneth: *Dieses Mal ist alles anders. Acht Jahrhunderte Finanzkrisen.* München 2010: FinanzBuch Verlag [engl. Erstauflage 2009].

Riße, Stefan: *Die Inflation kommt! Die besten Strategien, sich davor zu schützen.* München 2010: FinanzBuch Verlag.

Schwarz, Hans-Peter: *Anmerkungen zu Adenauer.* München 2004: Deutsche Verlags-Anstalt.

Seitz, Konrad: *China. Eine Weltmacht kehrt zurück.* München 2006: Goldmann [Erstauflage 2000].

Sieren, Frank: *Der China Code. Wie das boomende Reich der Mitte Deutschland verändert.* München 2006: Ullstein.

Slater, Robert: *George Soros. Sein Leben. Seine Ideen. Sein Einfluss auf die globale Wirtschaft.* München 2009: FinanzBuch Verlag.

Soros, George: *Humboldt Lecture.* Rede gehalten am 21. Juni 2010 an der Humboldt-Universität zu Berlin.

Soros, George: *Der Blick geht nach vorn. Fünf Grundpfeiler der Märkte von morgen.* München 2010: FinanzBuch Verlag.

Stanislaw, Joseph und Yergin, Daniel: *The Commanding Heigths. The Battle for the World Economy.* New York 2002: Touchstone [Erstauflage 1998].

Steingart, Gabor: *Weltkrieg um Wohlstand. Wie Macht und Reichtum neu verteilt werden.* München 2008: Piper [vor allem S. 293–312; Erstauflage 2006].

Stürmer, Michael: *Das Deutsche Reich. 1870–1919.* Berlin 2002: Berliner Taschenbuch Verlag.

Stürmer, Michael: *Die Krise weckt die Sehnsucht nach der D-Mark.* Welt online vom 30. April 2010.

Taleb, Nassim Nicholas: *Fooled by Randomness. The Hidden Role of Chance in Life and in the Markets.* London 2007: Penguin Books [Erstauflage 2004].

Williams, Jonathan (Hrsg.): *Money. A History.* New York 1997: St. Martin's Press.

Woodward, Bob: *Greenspan. Dirigent der Weltwirtschaft.* Hamburg/ Wien 2001: Europa Verlag.

Zakaria, Fareed: *Der Aufstieg der Anderen. Das postamerikanische Zeitalter.* München 2009: Siedler.

FUSSNOTEN

1 Karabell 2009: 1.
2 Ahamed 2009: 479, 497.
3 Duncan 2005: 269.
4 Friedman 1992: 10.
5 Friedman 1992: 127.
6 Friedman 1992: 126.
7 Bernstein 2005: 225.
8 Ferguson: 189.
9 Friedman: 115.
10 Friedman 1992: 106.
11 Aldcroft 1974: 93-95.
12 Ahamed 2009: 142.
13 Konrad und Zschäpitz 2010: 166.
14 Ahamed 2009: 235.
15 Interview mit Liaquat Ahamed vom 28. Juni 2010.
16 Marsh 2009: 323.
17 Kennedy 2005: 534.
18 Gassert, Häberlein, Wala 2008: 468.
19 Marsh 2009: 80.
20 Gassert 2008: 483.
21 Persaud 2004.
22 Chancellor 2000: 297.
23 Chancellor 2000: 300.
24 Lowenstein 2007: 267.
25 Blanchard et. al. 2010: 10.
26 Persaud 2004.
27 Kagan 2008: 25. Übersetzung vom Autor.
28 Fogel 2010: $123,000,000,000,000.
29 Ferguson und Schularick 2009: 4.

30 Ferguson und Schularick 2009: 19.

31 Italiens Wirtschaftsleistung, gemessen am Bruttoinlandsprodukt, lag 2009 bei circa 2,3 Billionen Dollar.

32 Kennedy 2005: 657.

33 vgl. Kagan: 36.

34 Baring 1997: 210.

35 Noack und Bickerich 2010: 239.

36 Soros 2010: 14.

37 Kennedy 2005: 339.

38 Vgl. Judt 2009: 566, 598; Marsh 2009: 104.

39 Noack 2008: 37, 51.

40 Taleb 2004.

41 Nölling: 1993: 66f.

42 Marsh 2009: 156.

43 Bandulet 1993: 8.

44 Bandulet 1993: 68.

45 Marsh 2009: 156, 175.

46 Baring 1997: 235-236.

47 Stürmer 2010: Die Krise weckt die Sehnsucht nach der D-Mark.

48 Marsh 2009: 222.

49 Marsh 2009: 247.

50 Baring 1997: 242.

51 Reinhart und Rogoff 2010: 29, 169.

52 Interview mit Liaquat Ahamed vom 28. Juni 2010.

53 Marsh 2009: 189-190.

54 Bolzen, Eder, Hassel 2010: Für die Rettung des Euro war kein Preis zu hoch.

55 Friedman 1992: 250.

56 World Gold Council: Gold Demand Trends. First Quarter 2010: 13.

57 Ebd.

58 World Gold Council: Gold Demand Trends. First Quarter 2010: 14.

59 Ferguson 2001: 200.

60 Ferguson 201: 218.

REGISTER